新时代高校基层党组织建设研究

季晓冬　王秋颖　张春伟　编　著

北京工业大学出版社

图书在版编目（CIP）数据

新时代高校基层党组织建设研究 / 季晓冬，王秋颖，张春伟编著. — 北京 ：北京工业大学出版社，2021.4

ISBN 978-7-5639-7957-8

Ⅰ. ①新… Ⅱ. ①季… ②王… ③张… Ⅲ. ①中国共产党－高等学校－组织建设－研究 Ⅳ. ① D267.6

中国版本图书馆 CIP 数据核字（2021）第 081860 号

新时代高校基层党组织建设研究

XINSHIDAI GAOXIAO JICENG DANGZUZHI JIANSHE YANJIU

编　　著：季晓冬　王秋颖　张春伟

责任编辑：郭志霄

封面设计：知更壹点

出版发行：北京工业大学出版社

（北京市朝阳区平乐园 100 号　邮编：100124）

010-67391722（传真）　bgdcbs@sina.com

经销单位：全国各地新华书店

承印单位：天津和萱印刷有限公司

开　　本：710 毫米 ×1000 毫米　1/16

印　　张：13.75

字　　数：275 千字

版　　次：2022 年 5 月第 1 版

印　　次：2022 年 5 月第 1 次印刷

标准书号：ISBN 978-7-5639-7957-8

定　　价：88.00 元

前 言

高校肩负着人才培养、科学研究、社会服务、文化传承创新、国际交流合作的重要使命。加强高校党的建设工作，是办好中国特色社会主义大学的根本保证，事关“办什么样的大学、怎样办好大学”“培养什么人、怎样培养人、为谁培养人”的根本问题，事关中国特色社会主义事业后继有人，是一项重大的政治任务和战略工程。

党的十八大以来，以习近平同志为核心的党中央在团结带领全党全国各族人民实现中华民族伟大复兴中国梦的征程中，把全面从严治党纳入“四个全面”战略布局，不断进行新的探索，系统回答了党的建设“为什么抓、谁来抓、抓什么、怎么抓”等一系列带有方向性、根本性、全局性、战略性的重大问题，形成了科学系统的党建思想。在这一思想的指引下，中央先后出台《关于坚持和完善普通高等学校党委领导下的校长负责制的实施意见》《关于加强和改进新形势下高校思想政治工作的意见》《关于进一步加强和改进新形势下高校宣传思想工作的意见》等文件，特别是党的十九大对加强和改进高校党的建设做出了全面系统的部署。

高校各级党组织要切实坚定“四个自信”（道路自信、理论自信、制度自信、文化自信），增强“四个意识”（政治意识、大局意识、核心意识、看齐意识），始终把党的政治建设摆在首位，坚决维护党中央权威和集中统一领导，自觉在思想上、政治上、行动上同以习近平同志为核心的党中央保持高度一致，紧跟党中央全面从严治党的步伐，扎实推进党的建设制度改革，坚持党管干部、管改革发展、管人才，使高校成为坚持党的领导的坚强阵地，确保党在世界形势深刻变化的历史进程中始终走在时代前列，在应对国内外各种风险和考验的历史进程中始终成为全国人民的主心骨，在坚持和发展中国特色社会主义的历史进程中始终成为领导核心。

本书第一章为高校基层党组织建设的基础内容与发展历程，依次介绍了高校基层党组织建设概述及理论基础、高校基层党组织建设的发展历程、高校基层党组织建设的基本经验和高校基层党组织建设的组织架构；第二章为高校基层党组织党员的教育和管理，介绍了在高校基层党组织中，对基层党员的教育和管理工作；第三章为高校基层党组织党建工作者队伍建设和师生思想政治教育，依次介绍了高校基层党组织党建工作者队伍建设、高校教师思想政治教育和高校大学生思想政治教育的内容；第四章为高校基层党组织文化建设和廉政建设，介绍了高校基层党组织开展文化建设与廉政建设的必要性和主要内容；第五章为高校基层党组织民主建设与作风建设，介绍了高校基层党组织民主建设和作风建设的发展历史，以及高校基层党组织开展民主建设和作风建设的实施途径等内容；第六章为以高校基层党建推动培育和践行社会主义核心价值观，分别从高校基层党组织的思想建设、组织建设、作风建设三个方面进行了论述；第七章为“互联网 +”时代高校基层党组织建设变革，从“互联网 +”党建新环境角度出发，探索了高校党建工作的创新发展；第八章为新时代高校基层党组织建设的问题与展望，介绍了在新时代的背景下，高校基层党建的新要求和创新的迫切性及基本思路。

本书由季晓冬、王秋颖和张春伟合著，第一章、第二章、第四章、第五章由季晓冬撰写，第三章由张春伟撰写，第六章、第七章、第八章由王秋颖撰写。

在撰写本书的过程中，笔者得到了许多专家学者的帮助和指导，参考了大量的学术文献，在此表示真诚的感谢。本书内容系统全面，论述条理清晰，深入浅出，但由于笔者水平有限，书中难免会有疏漏之处，希望广大同行及时指正。

目 录

第一章 高校基层党组织建设的基础内容与发展历程

马克思主义理论认为，党的基层组织作为整个政党组织体系的基础，是党的基层部分，是党的力量的源泉。从整体上看，马克思列宁主义关于基层党组织建设的理论与实践，以及中国共产党成立以来所进行的基层党组织建设的不断探索，为我国高校基层党组织建设奠定了坚实的理论基础，对在党的工作实践中切实加强当前高校基层党组织建设的理论与实践工作具有重要的指导意义。

第一节 高校基层党组织建设概述及理论基础

一、高校基层党组织建设概述

组织是人类社会的普遍现象，是人类活动、协调、合作的最基本形式。现代社会是一个高度组织化的社会，政党组织是政党物态化的载体。要对党的基层组织建设进行科学研究，前提是对组织、党组织和高校基层党组织这些概念及其基本内涵有一个科学的认识。

（一）组织及其建立与发展的必备条件

1. 组织的含义与基本特征

在现代组织理论中，有关组织的概念是不断发展变化的。美国管理学家切斯特·巴纳德把组织看成一个协作系统，他认为“所谓组织是有意识地调整两个人或更多人的行为或各种活动的一个体系”。美国的理查德·L. 达夫特教授认为“所谓组织，是指这样一个社会实体，它具有明确的目标导向和精心设计的结构与有意识协调的活动系统，同时又同外界环境保持密切的联系”。美国的史蒂文·L. 麦克沙恩在其著作《组织行为学》一书中为组织下了一个简短的定义：组织是向着某个目标而相互依赖工作的人的团体。他主要强调组织目标和组织中人的因素。国内学者郑海航认为“组织是由两人以上的群体组成的有机体，是一个围绕共同目标，内部成员形成一定关系结构和共同规范的力量协调系统”。

综上所述，组织是一个有着共同目标的两个或两个以上人的集合体，该集合体与环境之间相互影响、相互作用。组织由两个或两个以上的人构成，人是组织的基本要素，任何组织都离不开人的参与。组织具有开放性，组织不断与环境进行交换，组织需要对环境的变化做出调整，同时组织也对环境产生影响。

组织的基本特征有以下几点：①实体性。组织的社会实体性是可以被认知的，人们通过特定的组织目标、特定的成员群体、特定的活动场所、特定的象征性符号或标志、特定的规则等，可以认识到某一组织实体的存在。②目的性。组织的目的性是组织的一种客观属性，组织的目的是内生的、动态的，组织是实现这些目的的工具或手段，贯穿于管理实践之中。③协作性。组织的基本功能在于对组织成员为实现组织目标所开展的各种活动的分工与协调。组织是为群体活动进行分工与协调，将个人效率整合成为社会效率提供实际的物质结构的社会载体。协作是组织的基本功能。④结构性。组织的结构性是指构成组织的各种要素相互整合的具体形态，即通过一定的职权关系形成较为稳定的内部结构，这种结构成为一定社会关系的载体。组织的结构性实际上是各种相关要素构成一定管理活动的客观实体。⑤系统性。任何组织都是社会系统性的组织，依靠组织自身目标来塑造组织中的每个成员。组织成员的角色是靠他们自身的目标认同来塑造的，而且目标认同又产生于他们在组织中的位置。组织是一个开放的系统，有着明确的边界，通过边界与外部环境之间不断地进行双向的能量和信息的交换，调整内部各构成要素之间的平衡，并维持组织与环境间的动态平衡，不断地推进组织变革和发展。

2. 组织建立与发展的必备条件

组织建立与发展必须具备如下条件：一是共同的价值观和信仰。没有共同的价值观和信仰，组织将无法凝聚人心、集中人力。任何组织都把共同的价值观和信仰作为组织的灵魂，价值观和信仰能否实现，决定着组织的前途。选择合适的价值观和信仰是任何组织建立并得以良好发展的先决条件。二是共同利益。组织要长期存在和发展必须既要有形而上的观念性的内容，又要有看得见的形而下的内容，即利益追求。人是利己和利他的综合体，无论是利己还是利他都离不开“利”，建立组织的目的就是趋利避害，不言利益的组织是不存在的。三是严密的纪律。纪律是组织价值观和信仰得以实现的保证，是利益能否获得的关键。组织上解决纪律问题需要考虑以下事项：①要有好的纪律，这个纪律要有利于组织的壮大和发展，有利于组织目标的实现，有利于组织成员素质的提升和完善。②纪律面前人人平等，因人而施的纪律是难以执行、难以持久的。③纪律执行要有力度，不执行或执行不力的纪律无异于一纸空文。④和谐的关系。任何组织都必须内求团结，外求发展。内部团结和谐，组织才能生存和发展。共同的价值观和信仰是组织团结的基石。上级组织目标与下级组织目标不一致、组织目标与个人目标不一致、个人利益与个人利益不一致，都会导致组织不和谐。要创造和维护组织的和谐，需要组织有行之有效的民主制度、责权利相统一的机制、领导集体的协调能力。领导集体要善于将组织的长期利益和短期利益、上级组织目标和下级组织目标、组织利益与个人利益以及个人之间的利益统一起来，在各种利益关系中寻找最佳平衡点。⑤实现组织目标的方略和措施。有信仰、有价值观、有利益，如果没有实现信仰、价值观、利益的方略和措施，信仰、价值观就会流于空谈，利益追求就会止于梦想。方略是指方针谋略，措施是指方略的具体化。方针解决方向问题，谋略解决方式问题，措施解决技术问题。方略的制定需要审时度势，措施的安排必须切实可行。通过方略和措施的实施，让组织和组织成员既能得到眼前利益，也能看到美好愿景。⑥强有力的领导集体。这是组织的头脑和脊梁。有了脊梁，组织才能立得起、站得住；有了头脑，组织才能思考，才能指挥，领导集体才能做出新决策、谋划出新战略、走出新路子，才能适时地提出新思想、新战略、新措施，强化组织的工作开展，发挥出组织应有的效能。

（二）基层党组织及其设置与作用

1. 党组织的含义与层级

党组织都有一套自上而下的组织层级。在纵向上，在通常情况下，有中枢神经系统即中央组织，有基层组织即地方组织。其中，党的中央组织是党的神经中枢，是党的指挥中心。任何类型的政党一般都将党的全国代表大会作为最高的权力机关。党的全国代表大会通常由各地方组织依据党员的人数比例选出代表和在党务工作中担任重要职务的党代表组成。党的全国代表大会有制定、通过党的纲领、章程，选举产生党的中央委员会并任命各类重要工作人员，决定党的政策和路线的职权。中国共产党的全国代表大会及其所产生的中央委员会是全党的神经中枢，集中代表了全国人民的意志和利益，决定着党的发展方向，制定党的路线、方针和政策，是全党最高权威的象征。在长期的革命和建设中，中国共产党之所以成为坚强的领导核心，其中一个重要的原因就是维护了中央组织的权威。党的地方组织即中间组织。在党组织结构中的县、市、地区、省一级的党组织都是党的地方组织，即党的组织结构中的中间组织。党的地方组织是基层组织和中央组织之间联系的纽带，坚持把党的路线、方针、政策和国家的法律法规贯彻到基层组织，并忠实地执行中央和上级党组织的指示以及同级党代表大会的决议，同时督促基层党组织在政治上、思想上、组织上与党中央保持高度一致。地方党组织对本地方的政治、经济、文化建设和社会发展等各方面的工作实行全面领导。“基础不牢，地动山摇”，党的基层组织是党的细胞，在党的运行中发挥着重要的作用，同时担负着团结群众、联系群众、宣传群众、组织群众、在基层落实党的纲领的重要责任。基层党组织是参与选举、训练党员、组织社会调查或进行其他党务工作的基本单位。党的基层组织责任重大，是党的全部工作力和战斗力的基础，是党在社会中的战斗堡垒，在党的建设中发挥着不可替代的重要作用。

2. 基层党组织的设置与作用

建立党的基层组织是无产阶级政党普遍采用的科学的组织方式。马克思、恩格斯在筹备组建第一个无产阶级政党时就明确规定，党支部的组成至少 3 人，而且每一个党支部都应当成为工人联合会的中心和核心。中国共产党是按照马克思主义建党学说建立起来的，具有完备的组织结构，是真正的完全意义上的马克思主义政党。每一个党员都必须编入党的一个党支部并参加其中的活动，这是马克思主义政党的一个组织原则。党历来重视基层党组织建设。在民主革命时期，党的第一次代表大会制定的党纲就明确规定，每个地方有党员 5 人以上的，必须成立委员会。党的第二次代表大会制定的第一个党的章程进一步规定：“各农村各工厂各铁路各矿山各兵营各高校等机关，及附近，凡有党员三人至五人均得成立一组，每组公推一人为组长，隶属地方支部……各组组织，为本党组织系统，训练党员及党员活动之基本单位，凡党员皆必须加入。”党的第二次代表大会以后，历次党代表大会通过的党章更是详细规定了党的组织系统及其结构等各方面的制度安排。新中国成立以后召开的党的历次代表大会，在基层组织建设问题上也始终坚持了上述规定。

基层党组织是党极为宝贵的组织资源。党通过遍布各地、涵盖社会各方面的基层组织，按照民主集中制原则将广大党员组成一个统一的整体。基层党组织作为对党员进行教育和管理的基本单位，是从严治党的第一道“关口”，党依靠基层组织对广大党员进行教育管理和监督，以不断提高党员队伍的素质，提升党组织的活力。基层党组织也是党自身不断发展壮大的重要细胞，党依靠基层党支部培养大批党外积极分子，在条件、时机成熟时做好发展新党员的工作，不断壮大党员队伍。基层党组织作为广大基层党员活动的主要场所，是将千千万万党员联系起来的重要纽带，党的各项建设要靠基层党组织去具体执行和贯彻落实，党的各项任务要依靠基层党组织团结和带领广大党员和群众努力完成。

（三）高校基层党组织的设置、工作职责与功能定位

1. 高校基层党组织的设置

高等学校是大学、专门学院和高等专科高校的统称，简称“高校”。按照《中国共产党章程》的有关规定，高校党组织属于党的基层组织。《中国共产党章程》规定:“实行行政领导人负责制的事业单位中党的基层组织，发挥政治核心作用。实行党委领导下的行政领导人负责制的事业单位中党的基层组织，对重大问题进行讨论和做出决定，同时保证行政领导人充分行使自己的职权。”这就对高校贯彻党委领导下的校长负责制、发挥领导核心作用进行了明确规定。

1996 年 4 月，中国共产党第一个关于高校党组织建设的党内法规——《中国共产党普通高等学校基层组织工作条例》正式颁布。高校党组织作为党的基层组织，主要包含高等学校党的委员会、院（系）级单位党组织、在职教职工党员和学生党员中设立的党支部三个层次。《中国共产党普通高等学校基层组织工作条例》中规定：“高校院（系）级单位根据工作需要和党员人数，经高校党委批准，设立党的基层委员会、总支部委员会、支部委员会。”

2. 高校基层党组织的工作职责

高校党的委员会简称“高校党委”，1998 年 6 月，中国共产党中央委员会组织部、中国共产党中央委员会宣传部、教育部党组联合发布的《普通高等学校党建工作基本标准》中对高校党委的职责进行了明确，主要包括党委对高校工作的领导，领导班子建设，党的总支、支部建设，思想政治教育工作，组织机构和党务干部队伍建设等方面。其中，关于党委对高校工作的领导规定了四个方面的内容。一是坚持党的基本纲领、基本理论和基本路线，坚持社会主义办学方向，执行党和国家的教育方针、教育法规。二是解放思想，实事求是，切实领导高校的改革与发展，改革思路清晰，努力方向明确，主动适应改革开

放和社会主义现代化建设的需要，有切实可行的改革和发展规划，全面提高教育质量和办学效益，遵循高等教育规律。三是不断深化和完善高校内部管理体制改革，形成精干、高效的运行机制。机制的有效运行有利于吸引优秀人才来校任教，稳定骨干队伍并能有效调动教职工的积极性，有利于加强教师队伍、党政管理队伍和职工队伍建设，在提高党政管理队伍、教师队伍的政治理论水平、道德和业务素质，提高管理水平和工作效率等方面有新的进展。四是能够正确处理突发事件并驾驭复杂局面，努力促进高校政治局面的安定和团结。

3. 高校基层党组织的职能定位

基层党组织的功能定位是基层党建的重要影响因素。党的十七届四中全会通过的《中共中央关于加强和改进新形势下党的建设若干重大问题的决定》指出："党的基层组织是党全部工作和战斗力的基础，是落实党的路线方针政策和各项工作任务的战斗堡垒。必须坚持围绕中心、服务大局、拓宽领域、强化职能，进一步巩固和加强党的组织，着力扩大覆盖面、增强生机活力，使党的基层组织充分发挥推动发展、服务群众、凝聚人心、促进和谐的作用，使广大党员牢记宗旨、心系群众。"这在实际上已给党的基层组织赋予了明确的功能定位。所谓的职能，是人、物、机构所应起的作用。高校基层党组织的主要职能有以下几个方面：

第一，政治引领职能。加强党对高校的领导是由社会主义高校的性质和培养目标决定的。高校基层党组织在基层组织中是政治核心，对本单位的改革和发展发挥着导向引领和保障作用。要紧紧围绕培养社会主义事业合格建设者和可靠接班人来扎实推进高校基层党建工作，有效地发挥高校基层党组织在教学育人中的政治引领作用，落实好社会主义办学方向的原则要求。

第二，保证监督职能。《中共教育部党组关于加强普通高等学校基层党组织建设的意见》中明确指出，院（系）级党委（党总支）要支持行政负责人独立行使职权，充分发挥政治核心和保证监督作用。保证监督是一个问题的两个方面，二者不可截然分割。没有有效的监督，保证是"无源之水"，失去监督的保证也就失去了存在的意义。

第三，参与决策职能。2007 年 12 月 24 日，第十六次全国高校党建工作会议召开。该会议提出，要建立党政联席会议制度，院系工作中的重要事项，要经过党政联席会议，按照民主集中制的原则集体研究决定。院系党政之间要职责明确、分工协作、形成合力。

第四，管理教育职能。党的基层组织是党员教育、管理、监督的基本单位。

基层党组织作为党执政的基础，意义重大，担负着教育、管理、监督党员履行义务、保障党员权利不受侵犯，以及发展吸收新党员、惩治和预防腐败等日常党建工作任务。党要管党、从严治党要求基层党组织必须教育、管理、监督党员，特别是党员干部。充分行使管理教育职能是高校基层党组织真正实现其有效性的重要渠道。加强对高校基层党组织建设，充分发挥其在教学、科研、管理和服务中的战斗堡垒作用。

第五，联系服务功能。全心全意为人民服务是党的根本宗旨。毛泽东曾指出："我们共产党人区别于其他政党的又一个显著的标志，就是和最广大的人民群众取得最密切的联系。全心全意地为人民服务，一刻也不脱离群众；一切从人民的利益出发，而不是从个人或小集团的利益出发……"

高校基层党组织的主体是党员，服务对象是群众。党员要服务于群众，这向高校基层党组织提出了要求，必须坚持以人为本的理念，以服务师生、服务社会为核心，以认真做好高校基层党组织服务高校科学发展、服务师生全面进步、服务学生成长成才为基础性工作，开展各项活动，增强党组织对党员的人文关怀和关心帮助，在工作、学习、生活等点滴方面均体现出党组织对党员的真心关爱和照顾，激发党员对党组织的信任感、依赖感、归属感、认同感，调动党员的积极性，进一步增强党员队伍的活力，努力做好服务群众、服务师生、关爱党员的工作，确保党组织内部的和谐。

二、高校基层党组织建设的理论基础

（一）马克思列宁主义基层党组织建设理论

梳理理论是从事研究的基础，高校基层党组织建设理论要从马克思列宁主义理论中寻求理论支撑。马克思主义政党始终高度重视基层党组织建设问题，将其视为关系政党生存与发展最重要的问题。基层党组织是整个党组织体系的基本构成部分，是党的力量源泉。

1. 马克思、恩格斯基层党组织建设理论

19 世纪 40 至 90 年代，马克思、恩格斯在理论与实践上均深入探索了无产阶级政党建设，在世界上建立了第一个完全意义上的无产阶级政党，形成了一系列建党思想。1847 年，马克思、恩格斯创建了共产主义者同盟。它以科学社会主义作为指导思想，是世界上第一个完全意义上的无产阶级政党，并通过了《共产主义者同盟章程》这个具有经典意义的党内法规。1848 年 2 月，马克思、

恩格斯共同完成了国际无产阶级政党的第一个纲领性文献《共产党宣言》。马克思、恩格斯的无产阶级政党建设思想是共产党建设的理论渊源。

马克思、恩格斯建党学说对加强和改进基层党组织建设的重要论断主要体现在以下几个方面：

第一，无产阶级要保持党的先进性必须建立自己独立的政党。马克思、恩格斯强调，无产阶级政党在同资产阶级与小资产阶级结盟时，不能充当资产阶级民主派的随声附和的合唱队，一刻都不能忘掉坚持自己的独立性，而应该使自己的每一个党支部都变成工人联合会的中心和核心。恩格斯指出，我们党内可以有来自任何阶级的个别人物，但我们绝对不需要任何代表资本家、中等资产阶级或中等农民利益的集团。面对其他社会阶级中一些人要求入党的愿望，恩格斯要求他们对无产阶级世界观要无条件接受。加强和改进基层党组织建设不仅要在功能和地位上保持党的基层组织在基层的独立性、先进性，也要发挥其先锋模范作用，使之成为基层和广大群众的中心和核心。

第二，无产阶级政党必须以科学的世界观作为指导思想的理论基础，必须制定正确的纲领和策略，辩证唯物主义与历史唯物主义使共产党有一个新的科学的世界观作为理论的基础。党的纲领作为向全世界公开说明自己的观点、自己的目的、自己的意图的纲领性文件，是一面公开树立起来的旗帜。加强和改进基层党组织建设，必须坚持将中国化的马克思主义作为指导思想，必须制定正确的纲领和策略，使基层党组织在广大群众中树立威信，引领群众思想进步。

第三，无产阶级政党必须坚持民主集中制，实现权利和义务的统一。马克思、恩格斯指出："批评是工人运动生命的要素。"无产阶级政党是工人阶级有组织的部队，强调党组织本身是民主的，也需要集中和权威，但既反对密谋组织和活动的"独裁"，又反对无政府主义的绝对"自治"。马克思在《国际工人协会共同章程》中特别指出，没有无权利的义务，也没有无义务的权利。加强和改进基层党组织建设必须坚持民主集中制原则，保障党员民主权利，坚持享有权利和履行义务的统一，维护党组织的集中统一，发挥党员的积极作用。

第四，支部建设必须坚持规范化、制度化要求。马克思、恩格斯在《共产主义者同盟章程》中对支部建设相关内容和要求进行了系统的阐述，规定了"每个支部选举主席和副主席各一人""支部的组成至少三人至多二十人""接收新盟员须经支部事先同意，由支部主席和充当介绍人的盟员办理"等内容，规范了党支部建设。加强和改进基层党组织建设必须使之制度化、规范化。

2. 列宁基层党组织建设理论

列宁在理论和实践中，结合马克思、恩格斯的党建理论与俄国革命的实际情况，不断完善党的组织形式和斗争手段，深入探讨基层党组织工作的任务和方法，使马克思、恩格斯的基层党组织建设理论得以进一步完善、丰富和发展，构成基层党组织建设的坚实的理论基础。在列宁基层党组织建设理论指导下，苏联共产党基层党组织在十月革命、卫国战争及社会主义建设中发挥了社会主义国家保卫者、社会主义建设战斗堡垒和先锋队的作用。

列宁基层党组织建设理论的观点具体概括为以下几个方面：

第一，基层党组织必须贯彻民主集中制。民主集中制强调将工人阶级革命政党固有的民主和集中相结合，是党的活动和组织机构的指导原则。早在 1899 年，列宁就在其著作中指出："必须成立统一的因而也是集中的党。"他认为，党内团结保证的关键就在于集中统一的党组织，"为了保证党内团结，为了保证党的工作集中化，还需要组织上的统一……如果没有正式规定的党章，没有少数服从多数，没有部分服从整体，那是不可想象的"。列宁早期强调民主集中制，并与马尔托夫等人就民主集中制和集中制在党的组织原则上展开多次争论，指出面对革命处于低谷、党组织涣散的情况，坚持并巩固集中制对于维护党的威信、实现党的统一的必要性。民主集中制作为苏联共产党的组织原则，对苏联共产党的建设产生了深远影响。

第二，将基层党组织的工作与工会等群众组织的工作结合起来。在苏维埃政权建立初期，列宁就认为在发挥各级党组织积极作用的同时，也要发挥各个群众组织，如工会、青年团等的作用，并认为党只有通过这种方式才能带领百倍千倍于自己的力量，克服种种困难，战胜敌人。他对党支部的工作提出批评："必须扩大我们对工人群众的影响。党支部表现得很不主动，它们在当地的活动本来是很能影响非党群众的。必须重视俱乐部工作，从群众中吸收党的工作人员。"列宁再次指出："把千百万劳动群众组织起来，是革命最有利的条件，也是革命取得胜利的最深的泉源。"

第三，基层党组织和广大党员要发挥模范带头作用。党员的模范带头作用是指在开展革命斗争或从事学习、工作和社会活动中，党员要冲锋在前。此外，基层党组织还要发挥桥梁、纽带作用来保持党和群众的密切联系，党员要做军事斗争和社会工作的骨干。列宁根据不同阶段的不同情况，向基层党组织和党员提出新的要求。这样不仅能将他们的积极性充分调动起来，还能够激励他们持久地创造性地工作，成为真正的带头者和先锋队。

（二）马克思主义中国化基层党组织建设理论

在中国共产党建党伊始，中国共产党人对基层组织建设高度重视，善于将马克思列宁主义基本原理与中国具体实际相结合，与中国的国情相结合，创造性地不断发展并完善了马克思列宁主义基层党组织建设的理论。

1. 毛泽东基层党组织建设思想

面对强大的敌人，我们党仍能保持不败的重要原因就在于始终高度重视加强基层党组织建设。毛泽东认为，基层党组织要根据不同地区不同的地域情况，起到不同的作用，要依据不同的基层组织的层级明确其不同的地位。在建党初期，毛泽东与其战友亲自建立基层党组织。1922 年，毛泽东时任湖南党组织负责人，先后派李立三和刘少奇等在安源路矿产业工人中建立了党支部。1925 年 6 月，毛泽东在韶山创建了中国农村最早的党支部之一的中共韶山特别支部。1927 年，毛泽东在红军连队中建立了第一批党支部，创造性地提出了“连有支部，排有小组，班有党员”。

以毛泽东同志为核心的党的第一代领导集体也初步地探索和阐释了高校基层党组织的领导地位和作用。在新中国成立前，国统区高校只有少数有地下党组织，基本没有公开活动的基层党组织，根据地和解放区的院校均实行校（院）长负责制。1958 年，毛泽东在视察天津大学时指出：“高等学校应抓住三个东西：一是党委领导；二是群众路线；三是把教育同生产劳动结合起来。”1958 年，《中共中央国务院关于教育工作的指示》中明确规定：“在一切高等学校中，应当实行学校党委领导下的校务委员会负责制。”1961 年 9 月，中共中央批准试行的《教育部直属高等学校暂行工作条例（草案）》明确规定了高等学校的领导制度和主要任务，指出“高等学校党的委员会，是中国共产党在高等学校中的基层组织，是学校工作的领导核心，对学校工作实行统一领导”。可见，以毛泽东同志为核心的党的第一代领导集体实现了对马克思主义党建理论的丰富、完善和发展，为高校基层党组织建设的发展奠定了基础，指明了方向。

2. 邓小平基层党组织建设思想

邓小平始终高度重视发挥基层党建的作用。1956 年，党的第八次全国代表大会第一次明确“党的基层组织”的概念。邓小平所作的《关于修改党的章程的报告》，对我们党成为执政党后的基层组织建设问题进行了说明，明确规定党的领导机关的政治责任包括经常检查和改进基层党组织的工作。1962 年，在扩大的中央工作会议上，邓小平提出要健全党支部和党小组的生活制度，建立基层党组织的经常性工作。1975 年，邓小平在以整顿经济工作为中心的全面整顿工作中强调，要对党尤其是党的基层组织进行整顿。1977 年，在谈到调整各级领导班子时，邓小平特别指出要包含党的基层组织。1980 年，他在《贯彻调整方针，保证安定团结》中再次提到改革基层党组织的领导，指出党是依靠全体党员和党员的各个组织，来联系广大的人民群众的，是社会基层单位中的政治核心，是党联系广大群众的基本纽带。基层党组织是党的组织基础，工厂、公司、院校所有各级党组织，要管好所有的党员，做好群众工作，使党员在各自的岗位上发挥先锋模范作用，使党组织真正成为各个企事业单位的骨干力量，真正成为教育和监督所有党员的组织，保证党的政治路线的执行和各项工作任务的完成。以邓小平同志为核心的党的第二代领导集体对高校基层党组织的作用和地位做了明确规定。

第二节 高校基层党组织建设的发展历程

一、新中国成立前高校基层党组织的建设（1920—1949 年）

在中国共产党发展的不同时期，中央主要领导人多数或来源于高校，或有高校经历，在国家和党的危急关头起关键性作用的人物多有高校经历，宣传马克思主义，把马克思主义中国化、大众化的骨干力量也多有高校经历。历史证明，具有高校经历的知识分子在党的建设中发挥着极其重要的作用。

（一）1920—1927 年高校基层党组织建设

五四运动时期形成的先进知识分子群体，为接受马克思主义提供了客观的社会基础，他们从俄国的革命中看到了新的希望。青年学生热衷谈主义，尤其是《星期评论》《新青年》的影响使一部分知识分子转而倾向社会主义。1920 年 3 月，李大钊、邓中夏、黄日葵、高君宇等发起成立北京大学马克思主义学说研究会。1920 年 10 月，由李大钊、张申府、张国焘三人发起成立北京共产党早期组织，这是中国最早的一个学习和研究马克思主义的团体，李大钊为负责人，罗章龙、刘仁静、邓中夏、高君宇、何孟雄等先后加入，成员大多为北京大学马克思主义学说研究会的骨干。当时以北京大学为原点，马克思主义已经形成了向全国辐射的传输网络。马克思主义的传播点大多设置在各地学校尤其是高校之中，校园是共产党人的主要活动舞台。

1921 年 7 月 23 日，中国共产党第一次全国代表大会在上海举行。据相关资料可知，参加此次会议的 13 个代表都是知识分子，在全国 53 名党员中，52 名是知识分子，只有郑凯卿一人是武昌文华大学的校工。其中，35 人有过高校经历，并且 22 人还是高校的在校师生。

1921 年 8 月，毛泽东、何叔衡利用船山学社的社址和经费在长沙创办了一所传播马列主义和培养党的革命干部的短期高校——湖南自修大学。高校的培养目标在于使学员获得从事革命活动的知识和本领，成为改造社会的革命干部。高校把马克思主义的著作定为学员的必读书。为引导学生运动，学校还在校内建立了党支部。湖南自修大学于 1923 年 4 月创办了校刊《新时代》，登载了不少关于研究马列主义理论和解决中国革命实际问题的重要文章。湖南自修大学和补习学校为党培养了很多优秀的干部，如毛泽民、郭亮、夏曦、夏明翰、罗学瓒等。

1922 年，驻华全权代表利金在给共产国际的报告中写道：“中共依靠青年团，轻而易举地在知识分子中，特别是在青年学生中开展大规模的运动。在北京，可以毫不夸张地说，国立大学处在了我们的影响之下。”

到 1923 年中国共产党第三次代表大会召开前，全国已建立的 38 个党的基层组织或地方组织中，高校党组织占有 7 个，并且余下的 31 个党支部也是由具有高校背景的党员建立的或是在他们的直接领导下建立的。共产党人还在一大批高校中传播马克思主义理论，筹建党组织。

1922 年中国共产党第二次代表大会通过的章程指出：“我们既然不是讲学的知识者，也不是空想的革命家，我们便不必到大高校到研究会到图书馆去，我们既然是为无产群众奋斗的政党，我们便要‘到群众中去’，要组织一个大的‘群众党’。”很快，1924 年国共合作后，中国共产党又把党建的重心转向了校园。1927 年 4 月，中国共产党已在 35 个高校建立了党的基层组织。

这一时期的中国高校，不仅吸收、消化和传播了马克思主义，而且成为党孕育、建立和发展骨干力量的重要阵地。

（二）1927—1935 年高校基层党组织建设

1927—1935 年，中国共产党遭受了前所未有的挫折。高校的党建工作也被迫转入秘密状态，规模急剧缩小。

1927 年 4 月 12 日，蒋介石在上海发动反革命政变，4 月 18 日，国民党出动大批军队包围黄埔军校，逮捕校内共产党员、共青团员，并将他们秘密杀害。1928 年，国民党一面大肆搜捕革命青年和进步知识分子，一面对学生进行分化和迫害工作。政府的高压政策引发了青年学生的消沉意志，高校的党组织规模萎缩严重，只有少数的高校保留了支部，党员人数锐减，工作能力减弱。

（三）1935—1949 年高校基层党组织建设

1935 年，中国共产党发布《中国苏维埃政府、中国共产党中央为抗日救国告全体同胞书》，即《八一宣言》，得到民众拥护。1935 年 12 月 9 日爆发“一二•九”运动，这场运动是由中国共产党组织的，得到全国高校的响应和声援。“一二•九”运动的影响深远，其中一项直接的影响是，它给中国共产党在高校的建设带来了新的转机，促成了中华民族解放先锋队，高校党建从此逐步走上了一条良性的发展道路。

“一二・九”运动引起了中共中央的关注。为巩固运动的成果，1936 年春，受党中央指派，刘少奇以中央驻北方局代表的名义，到天津主持北方局工作，着手对辖区的高校党建工作进行总体规划和改革，使中国共产党在北方地区学生中的影响力日渐提高，党支部和党员的规模得到快速扩大，领导和管理体制趋于完备，对其他地区高校的党建工作起到了很好的示范作用。尽管全国各地区高校党建工作发展不均衡，但是已经找到了打破高校党建工作徘徊不前局面的道路。

抗战爆发后，许多进步青年学生，包括大部分学生党员没有跟随学校内迁，而是选择加入抗日武装或进行其他形式的抗日工作，这从客观上弱化了中共在国统区高校的影响力和组织力。少数留在沦陷区的高校，党建工作依托各抗日根据地，采用秘密的建党方式。

在这个阶段，中国共产党仍采用多种方式在高校发展党的组织。在解放区高校中，中国共产党一般按照公开的方式建党。而在国统区高校中，中国共产党则要采取更为谨慎的做法：一是通过党员进行个别考察；二是通过学运在斗争中考察，党组织先在日常工作中培养学运的积极分子，然后又将学运的积极分子派回去做经常性的工作，这样交错反复不断考察，直至发展条件成熟；三是通过党组织做侧面调查。经过上述三项考察工作，就可确定党组织的发展对象了。此后，介绍人不断向党组织汇报该对象的情况，认为条件成熟后，再向党组织提出发展要求，之后层层审核上报，经总支一级负责人同意后，介绍人才去找该对象谈话，介绍其入党。

之后国家全面解放与这一时期高校党建工作的开展和广大学生的大力支持是分不开的。

二、新中国成立后、改革开放前高校基层党组织的建设（1949—1976年）

1949年10月1日，中华人民共和国成立，中国结束了半殖民地半封建社会的历史，进入了新民主主义向社会主义转变的历史新时期。

1949—1966年，新中国建立、发展和巩固了人民民主专政，国民经济迅速恢复，基本完成了社会主义改造，开始全面建设社会主义。在这个时期，党不断学习、继承、总结老解放区和苏联高等教育的办学经验，对接管、恢复、整顿和调整后的高校进行改造，建立了高等教育的新体系，初步确立了党在高校中的政治核心地位。

1949—1956年，有的高校实行校长负责制，有的高校实行以校长为核心的校务委员会负责制的领导体系。1953年，中央决定高校的党组织改为党委，党委成员以行政负责人的身份贯彻党的方针政策，党组织不直接领导行政，但在政治上仍起核心作用。

1956年，中央进一步从体制上明确了党对高校的领导。在这个时期，党健全了政工机构，充实了政工干部队伍，开设了马克思主义理论的相关课程，各级党组织的职责得到了进一步规范，党的领导地位、党的委员会的作用和思想政治工作得到了进一步加强，思想政治工作的职能、途径、方式、方法得到进一步改进，使党和国家的教育方针落到了实处，培养了一批又一批又红又专的社会主义建设者。

在此时期，中共在高校的建党方式、发展对象、工作方式以及中心任务上都有了一系列新的变化。在发展党员的问题上，中共采取首先吸收学生，其次吸收讲师、助教，最后吸收大学教授的方针；在干部建设的问题上，中共一面调配大批干部充实高校各级领导机关，一面又通过整党整风的办法整肃党的干部队伍。此外，中共还通过生产劳动和政治运动两种方式，培育高校党员的群众观念，坚定高校党员的阶级立场。这些做法都直接强化了中共在高校中的执政党的身份和地位。

1966—1976年高校基层党组织建设发展缓慢。

三、“文化大革命”后高校基层党组织的建设（1976年至今）

1976年，我国进入了新的历史发展时期。1978年12月，党的十一届三中全会开启了我国改革开放的历史新时期，也揭开了党的建设的历史新篇章。改革开放以来，中国普通高等学校党建发展经历了一个拨乱反正，恢复整顿，逐步加强、巩固、提高和完善的过程。

（一）1976—1989 年高校基层党组织建设

1977 年，邓小平对教育工作发表了一系列重要指示，恢复高考，加速了高等教育战线拨乱反正的步伐，打开了教育战线全面恢复整顿的局面。此后，高校在党委的领导下，开始正本清源，全面贯彻党的教育方针，重建思想政治工作队伍，加强思想政治工作，加强马克思主义理论教育，针对 20 世纪 70 年代末高校师生中出现的资产阶级自由化思潮，突出进行了坚持四项基本原则教育和改革开放教育。通过这些努力，我国基本恢复了稳定团结的局面。

1980 年发布的《关于加强高等学校领导班子建设的意见》和《关于加强高等学校思想政治工作的意见》，进一步明确了高校党建工作的目标和方向。高校根据文件精神，开始对高校领导体制进行试验和探索。这一时期高校党的领导体制改革逐步展开，党建工作不断加强，思想政治工作方面取得了明显进展。

（二）1989—2002 年高校基层党组织建设

从 1989 年党的十三届四中全会到 2002 年党的十六大召开，这是党历史上的一个重要时期，也是全面推进党建新的伟大工程的重要阶段。特别是以 1992 年年初邓小平南方谈话和党的十四大为标志，我国改革开放和现代化建设进入了一个加快发展的历史新阶段。

1989 年党中央召开十三届四中全会明确指出，要认真加强思想政治工作，努力开展爱国主义、社会主义、独立自主、艰苦奋斗的教育，切实反对资产阶级自由化，要大力加强党的建设，大力加强民主和法制建设。

在这一时期，中共中央、国务院还先后下发了《关于贯彻高等学校党建工作会议精神有关问题的通知》（1990 年）、《关于加快改革和积极发展普通高等教育的意见》（1993 年）、《中国教育改革和发展纲要》（1993 年）、《关于加强党的建设几个重大问题的决定》（1994 年）、《关于深化高等教育体制改革的若干意见》（1995 年）、《普通高等学校党建工作基本标准》（1998 年）、《关于加强和改进思想政治工作的若干意见》（1999 年）等重要文件，重新树立了高校党组织在高校中的政治核心地位。

中共中央办公厅 2000 年 4 月转发《中央“三讲”教育联系会议办公室、教育部党组关于普通高等学校领导班子、领导干部深入开展“三讲”教育的实施意见》，在高校中开展了以“讲学习、讲政治、讲正气”为主要内容的党性党风教育活动，使高校党建工作者普遍受到了一次深刻的马克思主义的再教育。

各地党委组织部门和教育工作部门注重全面提高高校领导班子的思想政治素质和驾驭全局工作的能力，同时使领导班子的年龄结构、知识结构也得以优化。

2000 年 6 月，中共中央组织部、教育部党组印发《关于加强社会力量举办学校党的建设工作的意见》，对社会力量办学中党的建设问题提出了要求，进行了规范。

（三）2002—2012 年高校基层党组织建设

进入新世纪，以胡锦涛同志为总书记的党中央带领全党全国各族人民，推动我国教育事业深化改革、迅速发展，取得了举世瞩目的成就。高校以“三个代表”重要思想为指导，深入学习实践科学发展观，按照中央办好人民满意的教育的要求，在继承中创新，在改革中发展，工作的重点更加突出，成效更加显著。

党的十六大对加强和改善党的领导、全面推进党的建设新的伟大工程进行了整体布局，提出了全面贯彻“三个代表”重要思想。各高校坚持用发展着的马克思主义武装教育师生党员，巩固了马克思主义在高校中的指导地位；坚持社会主义办学方向，促进了高等教育事业全面协调可持续发展；坚持以正面教育、自我教育为主，提高了师生党员素质；坚持加强基层党组织建设，增强了党在广大师生中的凝聚力和影响力；坚持育人为本、德育为先，加强和改进了大学生思想政治教育；坚持把群众满意作为党建工作重要标准，解决了群众反映强烈的突出问题。

根据党的十七大部署，中央决定，从 2008 年 9 月开始，在全党分批开展深入学习实践科学发展观活动；高校理论工作向广度和深度推进，经过共同努力，学习实践活动基本实现了提高思想认识、解决突出问题、创新体制机制、促进科学发展、加强基层组织的目标，取得了明显的成效。2010 年，中央宣传部发布《关于在党的基层组织和党员中深入开展创先争优活动的意见》，开展创先争优活动，进一步发挥了高校基层党组织和广大党员在推动发展、服务师生、凝聚人心、促进和谐等方面的作用。

在组织建设上，高校认真贯彻中央文件精神，干部选拔任用工作更加规范，党委领导下的校长负责制的实践经验不断丰富，党委、行政的议事决策制度更加完善，形成了党委统一领导，党政分工合作，协调配合的工作机制。在中央精神的指导下，高校大力推进基层党组织和党员队伍建设，基本实现“低年级有党员，高年级有党支部”的目标，党组织的战斗堡垒作用和党员的先锋模范作用得到很好发挥。

（四）2012 年至今高校基层党组织建设

2012 年，党的十八大从战略和全局的高度，提出“积极培育和践行社会主义核心价值观”“努力办好人民满意的教育”“教育是民族振兴和社会进步的基石”“推动高等教育内涵式发展”“创新基层党建工作，夯实党执政的组织基础”，为高校开展思想政治工作，进行高等教育和人才培养，以及基层党建工作进一步指明了方向，提出了具体的任务。

截至 2019 年，中共中央组织部、中共中央宣传部、教育部党组已联合召开二十六次全国高等学校党的建设工作会议，为促进高等教育的改革发展稳定提供了坚强有力的政治保证、思想保证和组织保证。该会议强调加强高校党建的根本任务是学习研究宣传马克思主义，培养造就中国特色社会主义事业合格建设者和可靠接班人，强调大学生理想信念教育，立德树人，把培育和践行社会主义核心价值观融入教书育人的全过程，强调思想引领，牢牢把握高校思想工作领导权。

第三节　高校基层党组织建设的基本经验

一、坚持以马克思主义中国化理论成果为指导

习近平系列重要讲话和治国理政思想的主要内容是马克思主义中国化的最新理论成果。党的十八大以来，以习近平同志为核心的党中央领导集体在续写中国特色社会主义这一鸿篇巨制的进程中，站在历史和时代前沿，不断深化对共产党执政规律、社会主义建设规律、人类社会发展规律的认识，形成了一系列治国理政新理念、新思想、新战略。这些新理念、新思想、新战略围绕坚持和发展中国特色社会主义的主题，创造性地回答了在新的历史条件下党和国家发展的一系列重大理论和实践问题，把马克思主义中国化推到了新高度。这是中国特色社会主义理论体系的最新理论成果，是当代马克思主义的最新发展，是指导中国人民在新的历史起点上进行具有许多新的历史特点的伟大斗争的鲜活的马克思主义，为在新的历史条件下深化改革开放、全面建成小康社会、加快推进社会主义现代化建设提供了科学的理论指导和行动指南。

高校党组织始终坚持以马列主义、毛泽东思想、邓小平理论和“三个代表”重要思想、科学发展观和习近平新时代中国特色社会主义思想为指导，深入贯彻落实习近平系列重要讲话精神和治国理政新思想、新理念、新战略，注重理

念的创新。坚持以马克思主义中国化的最新理论成果指导新时期高校党建工作，根据高校党建工作新形势、新情况、新问题，适时转变思想观念，调整高校党建工作思路，创新党建工作新模式，促进高校党建共同迈上新台阶。近年来，高校在探索创新型党组织建设方面，正是在继承马克思主义的基础上，坚持以马克思主义中国化的最新理论成果为指导，不断创新思维方式，更新工作理念，使党组织工作理念与当代中国社会主义建设与实践结合更为密切，更符合当代中国特色社会主义建设实践特征，更符合当今高校党建工作实际，符合高校知识分子思想需求，促进了高校创新型党组织建设，彰显了党与时俱进、开拓创新的精神品格，使创新成为提升高校党建科学化水平的灵魂，能动地推进了党的建设理论创新、实践创新和制度创新。

二、坚持以提高党组织工作成效为导向

当前高校在创新型党组织创建过程中，注重党建工作思路的创新，坚持以提高党建工作成效为导向来推进党组织工作思路的创新，以成果衡量和检验创新成效。这主要体现在四个方面。

第一，推进理论研究出成果。围绕高校中心工作和立德树人的根本目标，针对新时期高校党建工作面临的新情况和新问题开展调查研究和课题研究，重点突出制约高校党建工作发展的制度性、深层次问题，坚持运用马克思主义的立场、观点和方法，厘清解决问题的思路，查找解决问题的途径，拿出解决问题的办法，推出经验性成果，创立新知，不断以创新理论的新成果推动理论创新。

第二，推进业务工作创佳绩。扎实推进党组织工作的开展，以创新的视角谋划工作，以创新实践推动工作创新，高标准对待工作，高效率开展工作，高质量完成工作，通过实实在在的成绩展现创新型组织的品质。

第三，推进方法革新求突破。紧跟时势，不墨守成规，直视创新，鼓励工作方式方法及技术的革新，勇于摒弃落后、过时的方法手段与机制，建立适应当前发展实际与要求的模式或体制机制。

第四，加大创新力度见成效。加大对创新产业的投入力度，注重培育整体创新精神，营造“人人想创新、时时讲创新、事事有创新”的良好氛围，为创新提供保障，以取得丰硕的创新成果。

三、坚持以完善党组织制度为保障

推进高校创新型组织建设，制度是保障。高校在探索创新型党组织的过程中，只有建立了适应创新型党组织建设的相关制度，才能在创新型党组织建设中做到有章可循、有据可依，才能保证在创新型党组织建设过程中不偏离建设的预定目标，保证创新型党组织建设健康有序。

近年来，高校党组织努力加强自身建设，坚持完善党组织制度建设，坚持民主集中制，坚持落实好在党委领导下的校长负责制；依法治校，完善以“三重一大”（重大事项决策、重要干部任免、重大项目投资决策、大额资金使用）制度为核心的重大事项集体决策制度，建立科学合理的激励和约束新机制；认真落实党风廉政建设的主体责任和监督责任，构建符合高等教育发展规律和高校党建发展规律的现代大学制度体系，努力推动制度创新，尊重基层和广大师生的首创精神，按照务实管用、简便易行的原则，及时将有益经验上升到制度层面，实现有效做法制度化、管用经验长效化，建立和完善了一批高校党建工作的相关制度文件，进一步规范了高校党组织自身的工作行为。例如，高校制定完善了一批切合高校实际的党建工作制度规范，以制度创新推动党建工作科学化，为高校创新型党组织建设提供了制度保障。

四、坚持以完善党组织与党员管理为抓手

习近平指出：“无论哪一层级、哪一领域的党组织，都应该严肃认真对待党赋予的职责，按要求进行严格的组织管理。”高校在创新型党组织建设中努力抓好党组织与党员管理，健全和完善党的建设工作机制、保障机制和考评机制，为创新型党组织建设营造有利的现实环境，形成鼓励创新、爱护创新、尊重创新、支持创新的浓厚氛围。根据新时期高校党建工作的新形势、新特点，站在高校教育事业发展全局的高度，积极完善创新型党组织的领导机制、工作机制和服务机制，加快推进创新型党组织的体系建设，建立起一套能相互衔接、严格有序、协调推进的党建工作管理机制，不断提高党建工作的系统性和科学化水平，提升党组织的工作活力，增强高等教育改革发展的工作实效。

第一，严格党内政治生活制度。习近平强调：“党内政治生活是党组织教育管理党员和党员进行党性锻炼的主要平台，从严治党必须从党内政治生活严起。”“在党内生活方面，一个是坚持、一个是加强、一个是创新。”要通过严格党内政治生活，创新党内生活机制，跟上时代发展步伐，激发党的生命活力。要从党的思想建设、组织建设、作风建设、反腐倡廉建设和制度建设实际出发，

从建设学习型、服务型、创新型政党要求着眼，结合世情、国情、党情的深刻变化，传承好、运用好严格党内政治生活的优良传统和成功经验，使之体现时代性、把握规律性、富于创造性，推动党组织和党员管理科学化。

第二，注重党员教育培训。通过党校培训教育、主题党日活动等形式，加强对党员的教育引导，坚定党员的马克思主义理想信念，树立党员对中国特色社会主义的道路自信、理论自信、制度自信和文化自信，增进对中国特色社会主义的道路自觉、理论自觉、制度自觉、文化自觉，发挥自身优势和特点，抓住重点，认真履职，推动党建工作取得新成效。

第三，注重抓好党内专题教育实践活动。党内专题教育实践活动是党要管党、从严治党的重要抓手，是党员干部增强党性修养，保持先进性、纯洁性的重要途径。高校党组织坚持抓好这一党员教育的有力抓手，从思想上与行动上严格要求，多措并举，切实抓出成效。

第四，注重加强对党员的监督管理。党要管党，从严治党，重点在于管好党员和干部。高校党组织要注重加强对党员党建工作者的监督管理，从严执纪问责，维护风清气正的政治生态。高校组织纪检部门要以极其谨慎的态度依法执纪、从严执纪，推进执纪问责常态化、严肃化。不仅要注重党建工作者中违法的干部问责，而且要将问责范围扩大到一般党员干部，做到全方位的执纪监督，杜绝党员“脱管”现象，按照党纪党规及时进行调整，时时肃清党员干部队伍。既要拔“烂树”、除“烂根”，更要治“病树”、正“歪树”，以“惩治一批、拯救一批、警示教育一大批”的思路，维护党员干部队伍这片“大森林”的生态健康。

第四节　高校基层党组织架构

一、党组织综述

（一）中国共产党的组织及其架构

政党组织是政党存在的必备条件和物质载体，也是一个政党能够实现其政治纲领的坚实基础。作为中国人民和中华民族的先锋队，中国共产党担负着把我国建设成为富强、民主、文明、和谐的社会主义现代化国家的历史使命，也肩负着带领中国人民实现共产主义最高纲领的光荣任务，必然需要强有力的组织建设作为保障。

中国共产党的组织架构是依据党的纲领和章程，根据民主集中制原则组织起来的统一整体。中国共产党的组织架构主要包括党的中央组织、党的地方组织和党的基层组织三个层次的组织机构。其中，党的中央组织即中共中央委员会。党的中央组织是党的地方组织和党的基层组织的领导核心，是党的最高领导机构。党的地方组织包括各省、自治区、直辖市、设区的市、自治州、县（旗）、自治县、不设区的市和市辖区委员会。党的地方组织是连接党的中央组织和党的基层组织的纽带，是党组织架构中重要的组成部分；党的基层组织是指，企业、农村、机关、高校、科研院所、社区街道、社会团体、中介组织、人民解放军连队和其他基层单位党的基层委员会、总支部委员会、支部委员会。党的基层组织是党组织的组织基础，处于党的组织架构中的最底层，也是直接与广大人民群众广泛接触的组织层次，是党的组织架构中必不可少的组成部分。

（二）中国共产党的基层组织及其架构

中国共产党作为无产阶级先锋队性质的政党，始终代表中国先进生产力的发展要求，代表中国先进文化的前进方向，代表中国最广大人民的根本利益。中国共产党把全心全意为人民服务作为宗旨，保持党同人民群众的血肉联系，集中体现了中国共产党“立党为公，执政为民”的科学本质。党的基层组织正是党同广大基层人民群众保持密切联系的纽带和桥梁。党的基层组织分布在农村、企业、城市社区、机关、学校、新型社会组织等生活生产的第一线，根植于人民群众之中，同人民群众有着最广泛、最根本的联系。党的纲领路线、方针政策需要通过基层党组织传达落实，基层人民群众的各种意见和建议也需要通过基层党组织进行传达。因此，基层党组织不仅是党的中央组织和党的地方组织了解民生、民情的重要途径，更是广大基层人民群众了解党、认识党的主要窗口。党的基层组织担负着宣传群众、团结群众、组织群众和发动群众的重要责任，充分反映了其发挥着战斗堡垒和排头兵的关键作用。

《中国共产党章程》（以下简称《党章》）第五章第三十二条明确规定：“党的基层组织是党在社会基层组织中的战斗堡垒，是党的全部工作和战斗力的基础。”党的十四届六中全会明确指出，党的基层组织是党的全部工作和战斗力的基础。根据基层党组织建设面临的新情况、新问题，调整组织设置，改进工作方式，创新活动内容，扩大覆盖面，增强凝聚力，使基层党组织都紧密联系群众，充分发挥作用。党的十七大报告指出：“要落实党建工作责任制，全面推进农村、企业、城市社区和机关、高校、新社会组织等的基层党组织建设，优化组织设置，扩大组织覆盖，创新活动方式，充分发挥基层党组织推动发展、服务群众、凝聚人心、促进和谐的作用。”党的十八大报告指出：“党的基层组织是团结带领群众贯彻党的理论和路线方针政策、落实党的任务的战斗堡垒。”这都充分说明了中国共产党对基层党组织工作的重视和基层党组织建设的重要性。

鉴于党的基层组织的关键地位和重要作用，《党章》第五章第三十条明确规定：“企业、农村、机关、高校、科研院所、街道社区、社会组织、人民解放军连队和其他基层单位，凡是有正式党员三人以上的，都应当成立党的基层组织。”

《党章》第五章第三十条规定：“党的基层组织，根据工作需要和党员人数，经上级党组织批准，分别设立党的基层委员会、总支部委员会、支部委员会。基层委员会由党员大会或代表大会选举产生，总支部委员会和支部委员会由党员大会选举产生，提出委员候选人要广泛征求党员和群众的意见。”一般来说，党员人数超过 100 名的基层单位，经上级党组织批准，可以成立党的基层委员会。党员人数超过 50 名的基层单位，经上级党组织批准，可以成立党的总支部委员会。正式党员人数超过 3 名、不足 50 名的基层单位，经上级党组织批准，可以成立党的支部委员会；正式党员人数不足 3 名的，可与邻近单位的党员组成联合党支部。其中，党员人数超过 7 名的党支部，应设支部委员会；党员人数不足 7 名的，只设书记一人，必要时可增设副书记 1 人。有的基层单位党员人数虽然不足 100 名或 50 名，但因特殊情况和工作需要，经上级党组织批准，也可以成立党的基层委员会或总支部委员会。因此，党的基层委员会、总支部委员会和支部委员会构成了党的基层组织的主要架构。

《党章》第五章第三十条还规定：“党的基层委员会、总支部委员会、支部委员会每届任期三年至五年。基层委员会、总支部委员会、支部委员会的书记、副书记选举产生后，应报上级党组织批准。”这为党的基层组织的产生和更新提供了制度保障。

在党的基层组织架构中，党支部作为党的基层组织中的最基层部分，担负着《党章》中规定的党的基层组织应该承担的全部八项基本任务。

一是宣传和执行党的路线、方针、政策，宣传和执行党中央、上级组织和本组织的决议，充分发挥党员的先锋模范作用，团结、组织党内外的干部和群众，努力完成本单位所担负的任务。

二是组织党员认真学习马克思列宁主义、毛泽东思想、邓小平理论、“三个代表”重要思想、科学发展观、习近平新时代中国特色社会主义思想学习党的路线、方针、政策和决议，学习党的基本知识，学习科学、文化、法律和业务知识。

三是对党员进行教育、管理、监督和服务，提高党员素质，增强党性，严格党的组织生活，开展批评和自我批评，维护和执行党的纪律，监督党员切实履行义务，保障党员的权利不受侵犯，加强和改进流动党员管理工作。

四是密切联系群众，经常了解群众对党员、党的工作的批评和意见，维护群众的正当权利，做好群众的思想政治工作。

五是充分发挥党员和群众的积极性、创造性，发现、培养和推荐他们中间的优秀人才，鼓励和支持他们在改革开放和社会主义现代化建设中贡献自己的聪明才智。

六是对要求入党的积极分子进行教育和培养，做好经常性的发展党员的工作，重视在生产、工作第一线的青年中发展党员。

七是监督党员干部和其他任何工作人员严格遵守国法政纪，严格遵守国家的财政经济法规和人事制度，不得侵犯国家、集体和群众的利益。

八是教育党员和群众自觉抵制不良倾向，坚决同各种违法犯罪行为做斗争。

因此，党支部是党的基层组织发挥作用的重要组成单元。党支部常常发挥着党的工作中一线战斗堡垒的作用，在党的领导工作和党的全局工作中具有不可替代的基础地位。

（三）高校的基层党组织

高校作为党领导下的高等教育机构，肩负着对学生进行思想政治教育和科学文化教育的重要使命，是党的基层组织发挥作用的重要阵地。高校的基层党组织架构与党的其他基层组织类似。

长期以来，高校基层党组织贯彻落实党的基本路线和教育方针，在高校各项改革与事业发展中发挥了重要作用。基层党组织建设不断加强，各项工作取得了新的进展，形成了比较完备的组织体系和比较完善的工作制度，党员的教育、管理和监督工作得到加强，党员意识得到增强，组织发展工作更加规范，师德师风建设和大学生思想政治教育工作得到改进，党组织的战斗堡垒作用和党员的先锋模范作用得到发挥，有力地促进了高校的改革发展与稳定。

改革开放以来，我国的经济体制和政治体制改革不断深化，社会利益格局发生了深刻调整，西方国家意识形态的渗透手法也在不断增强。在这种复杂的环境下，为了进一步加强高校基层党组织建设，中共中央在 2010 年 8 月 13 日发布了《中国共产党普通高等学校基层组织工作条例》（以下简称《组织工作条例》）。该条例对普通高校的基层党组织工作的原则和方法做出了详细的规定，进一步明确了普通高校党组织的领导原则和组织原则。

《组织工作条例》第一章第三条规定:“高校实行党委领导下的校长负责制。高校党的委员会(以下简称“高校党委”)全面领导高校工作,支持校长按照《中华人民共和国高等教育法》的规定积极主动、独立负责地开展工作,保证教学、科研、行政管理等各项任务的完成。高校党委实行民主集中制,健全集体领导和个人分工负责相结合的制度。凡属重大问题都应当按照集体领导、民主集中、个别酝酿、会议决定的原则,由党委集体讨论,做出决定;党委成员应当根据集体的决定和分工,切实履行自己的职责。”

对于高校基层党组织的组织设置,《组织工作条例》也进行了明确的规定,要求如下:“高校党委由党员大会或党员代表大会选举产生,每届任期 5 年。党委对党员大会或者党员代表大会负责并报告工作。党员代表大会代表实行任期制。”“规模较大、党员人数较多的高校,根据工作需要,经上级党组织批准,党委可以设立常务委员会(以下简称“常委会”)。常委会由党委全体会议选举产生,对党委负责并定期报告工作。设立常委会的党委每半年至少召开 1 次委员会全体会议,遇有重要情况可以随时召开。”“有正式党员 7 人以上的党支部,应当设立党支部委员会;正式党员不足 7 人的党支部,必要时可以设 1 名副书记。”“高校院(系)以下单位设立党支部,要与教学、科研、管理、服务等机构相对应。教师党支部一般按院(系)内设的教学、科研机构设置,学生党支部一般按照年级、班级或者学科专业设置。”

《组织工作条例》强调发挥党委的领导核心作用,强调党委统一领导高校工作。高校应该形成党委统一领导、党政分工合作、协调配合的工作局面。此外,《组织工作条例》根据高校发展变化的实际情况,对院(系)级单位党组织、教职工和学生党支部的设置方式做出了新的规定。在充实院(系)级党组织和教职工党支部工作职责的同时,专门增加了学生党支部的职责。强调要创新党组织活动方式,把党务工作者队伍纳入高校人才队伍建设的总体规划。要进一步优化基层党组织设置,适应高校组织结构、管理模式、学科设置、办学形式的新变化,在按院(系)所、教研室和班级设立党组织的基础上,积极探索以学科组、课题组、创新团队、学生社团为基础设立党组织的新形式,努力实现党的组织和工作全覆盖。要着力加强基层党组织带头人队伍建设,进一步扩大选人视野,拓宽基层党组织书记来源,注重从学科带头人党员、教学科研骨干党员中选任基层党组织书记。强化教育培训、激励保障、管理监督,使基层党组织书记工作有条件、干事有平台、发展有空间。要创新基层党组织工作内容和活动方式,增强党组织服务教学科研、广大党员和师生员工的功能,充分发挥党支部在推动高校发展、维护高校稳定、促进校园和谐中的战斗堡垒作用。

二、高校学生党支部

（一）学生党支部建设的重要性和紧迫性

青年大学生是祖国的未来，而高校学生党员是当代大学生群体中的精英，是我们党的事业兴旺发达的接班人。高校学生党员队伍是大学生中的中坚力量。在大学生的政治思想、道德品质、专业学习方面，他们起着带头作用、示范作用；在学生的日常活动、社团工作中，他们起着表率作用、凝聚作用；在学校、教师和学生的联系上，他们起着桥梁与纽带作用。因此教育和培养高素质的大学生党员，使党的先进性在青年党员身上焕发光彩，并带动普通大学生发展进步，是党建工作的一个重点。

基层组织是党的最下层的组织，是党的整个组织体系的基石。大学生党支部是依据《党章》设立的高校最基层党组织，是大学生党员教育管理的最基本单元，是党在高校的战斗堡垒，是高校学生组织的政治核心，也是对学生党员进行教育管理的最直接、最有效的载体，在高校中具有十分重要的地位。学生党支部的建设成果直接影响学生党员常态化的培养和教育。

1. 学生党支部建设的重要性

高校学生党支部建设工作是高校党建工作的重要组成部分，是加强和改进高校思想政治教育工作的重要环节，是高校处理重大事件的稳定器，高校学生党支部建设直接关系到党的生命力，关系到人才的培养，关系到高校的稳定与发展。培养一批政治觉悟较高、业务素质优良、思想道德素质较高、能充分发挥先锋模范作用的大学生党员，培养和造就社会主义事业的接班人，是关系到党的发展和实现中华民族伟大复兴的一件大事。

在大学生中建立基层党支部，是高举中国特色社会主义伟大旗帜、贯彻“三个代表”重要思想、认真落实科学发展观、取得全面建设小康社会新胜利的需要，是共产党永葆执政党地位的战略需要。邓小平指出：“中国的稳定，四个现代化的实现，要有正确的组织路线来保证。”党中央一再强调，要积极创造条件，把广大青年知识分子培养成又红又专的社会主义事业接班人。各级党委和政府，社会各个方面，都要以高度的责任感，为实现这一战略任务进行不懈的努力。

党的十七大报告指出：“贯彻尊重劳动、尊重知识、尊重人才、尊重创造的方针，坚持党管人才原则，统筹抓好以高层次人才和高技能人才为重点的各类人才队伍建设。”高校则担负着培养各类人才更特殊的责任。大学生是祖国的未来、事业的希望，大学生党员则可能成为各条战线上的人才。可以说，高校培养出什么样的人才，直接关系到我们干部队伍的素质，关系到我们党和国家未来发展掌握在什么人手里。面对复杂的外部环境，学生党员的教育和培养显得尤为重要。

2. 学生党支部建设的紧迫性

（1）加强高校学生党支部建设是做好学生党员培养工作的前提

学生党支部是由学生党员组成的学生群体。在群体形成和发展过程中所积淀下来的组织文化和核心价值将对组织成员进行熏陶、感染和引导，使组织成员产生对组织目标、行为准则及价值观念的“认同感”，自觉地按照组织的共同价值及行为准则去工作。

（2）加强高校学生党支部建设是做好学生思想政治工作的基础

加强学生党支部的建设不仅可以有效地做好学生党员的思想政治工作，还可以在学生群体中树立起思想政治工作的导向和氛围。学生党员是学生群体中的先进分子，学生党支部亦是学生团体中的先进组织，更是学生思想政治工作的先锋队。当党员受到肯定和赞许之后，其他学生就会把党员看成榜样加以模仿，从而有利于我们思想政治工作的开展。

（二）学生党支部的组织形式和主要职责

学生党支部在学生思想政治工作中引领思想积极要求进步的学生群体，发挥着重要作用。

1. 学生党支部的组织形式

（1）学生党支部的组成

党支部的设置要以《党章》为依据。正式党员人数超过 3 名、不足 50 名的基层单位，经上级党组织批准，可成立党支部。党支部的领导机关是支部党员大会所选出的党支部委员会，在党员大会闭会期间，负责处理党支部的日常工作。所以，党支部既要对党员大会负责，又要对上级党组织负责。要定期向党员大会报告工作，接受党员大会的审查和监督。

每个党员，不论职务高低，都必须编入党的一个支部、小组或特定组织，参加党的组织生活，接受党内外群众的监督。为便于组织党员学习和开展活动，根据党员数量和分布，党员可分成若干党小组，党小组不是党的一级组织。

高校学生党支部的组织形式多样，主要包括以下几个方面。

按照院（系）自然班级或年级分布划分党支部。这是目前采用最多的一种组织方式。正式党员较少的低年级本科生基层党组织，党员比例一般在 5% 以内，通常采用院（系）年级或若干班级学生党员组合成学生党支部，党支部书记由辅导员或者学生党员担任；高年级本科生基层党组织，党员比例一般在15% ～ 35%，正式党员达到 3 名或 3 名以上的班级直接成立党支部，党支部书记一般由学生党员担任；研究生基层党组织，党员比例一般在 40% ～ 55%，通常党支部建立在班级内，由学生党员担任党支部书记。

按照学生宿舍或社区分布划分党支部。由于学分制在高校普遍实施，学生的学习形式发生了变化，学生的作息时间不尽相同，院（系）自然班级的作用日渐弱化。同时，由于高校后勤社会化，学生宿舍或者社区等学生生活场所已经成为一个相对独立、开放的小社会，因此，少数高校将学生党支部建在了宿舍或社区，由辅导员或者学生党员担任党支部书记。

按照学生社团划分党支部。学生社团是培养和发展大学生兴趣爱好的青年组织，是凝聚青年力量、丰富校园文化、培育和传承大学精神的重要载体。学生社团遍布全国高校校园的各个角落，扮演着丰富校园文化生活、提升校园文化品位、引领校园文化时尚的重要角色。学生社团成员具有相似的兴趣和爱好，在议事、行事等方面容易达成一致。同时，社团中的学生党员组建党支部，形成社团先进分子的团队，既有利于学生党员先锋模范作用的发挥，又有利于社团健康向上的思想观念、文化氛围的发展。

按照教学单位或者科研单位划分党支部。常见的教学或科研单位划分有教研室、学科组、课题组、创新团队、导师组等，研究生党支部采用这种组织形式的较多。在研究生阶段，学生集中上课时间短，多数时间集中在教研室或者实验室，深入学习和研究的内容一般是课题组或导师、导师组的研究方向，因此，同一导师或者导师组的不同年级的学生在一起的时间更长，作息时间更统一，共同研讨的话题也更多，便于建立党支部和开展活动。有些高校也会将按此标准划分的学生和教工党员共同编入党支部中，以便管理和开展工作。

（2）支部党员大会

支部党员大会（全体党员都应参加的会议）是党支部组织党员学习、过组织生活、开展活动、讨论决定重要问题的形式。支部党员大会至少每三个月召开一次。党小组会一般每月召开一次。

选举支部委员会成员、选举上级党代表大会代表、接受预备党员、预备党员转为正式党员、推选优秀党员、对党员进行党的纪律处分等重要问题，一般应由党员大会讨论，并经正式党员表决，以到会人数超过半数以上为通过。

（3）支部委员会

按照《党章》规定，必须由支部党员大会选举产生支部委员会，并由上级党组织批准。支部委员会每届任期 2 年或 3 年，每月至少开会一次。

正式党员人数超过 7 名的党支部应设立支部委员会。支部委员会一般设委员 3 ～ 5 人，最多不超过 7 人，其中设书记 1 人，必要时增设副书记 1 人。

高校学生党支部正式党员人数未超过 7 名的，设党支部书记 1 人，一般由学生辅导员担任，必要时增设副书记 1 人，一般由学生党员担任。正式党员人数超过 7 名的，支部委员会一般设委员 3 ～ 4 人，其中设书记 1 人，组织委员 1 人，宣传委员 1 人，必要时增设副书记 1 人。

（4）党支部和共产主义青年团的关系

中国共产主义青年团（以下简称“共青团”）是中国共产党的先进青年的群众组织，是广大青年在实践中学习中国特色社会主义和共产主义的学校，是党的助手和后备军。共青团的地方各级组织受同级党的委员会领导，同时受共青团上级组织领导。高校是青年人最为集中的场所之一，是培养党的助手和后备军——共青团，推荐先进分子加入党组织的重要阵地。

高校共青团组织受高校党委和共青团上级组织领导，院（系）共青团组织受院（系）党委和高校共青团组织领导。

高校团员比例可达到 95% 以上，共青团基层组织团支部一般建立在自然班上，是班级尤其是本科阶段的班级推优入党、进行政治思想教育、确保学生安全稳定、组织活动的重要力量。在党支部发展党员的工作中，必须有对应团支部的推荐意见；在党支部评价考核的工作中，必须有对应团支部的评价、意见和建议。

高年级本科班级和研究生班级党员人数较多，一般将党支部建立在班级上，党支部带动团支部开展工作的作用更加明显。随着党员比例的逐渐增加，党支部的带头作用逐渐替代团支部的带头作用。

2. 学生党支部的主要职责

高校的党支部是党在教职工和大学生中的战斗堡垒，是党的全部工作和战斗力的基础。高校党支部的任务除《党章》规定的八项基本任务外，根据高校的特点，还需围绕以下方面做好工作。

第一，学习、宣传、执行党的路线、方针、政策和上级党组织的决议。建立学习型党支部。发挥党支部的战斗堡垒作用，在广大学生中具有较强的感召力，共同维护校园安全稳定。开展健康向上、丰富多样的支部活动，支部建设充满活力。

第二，加强对党员的教育、管理和监督，定期召开组织生活会和民主生活会，积极开展批评与自我批评。发挥学生党员的先锋模范作用，影响、带动广大学生坚定信念、勤奋学习、全面发展、遵纪守法、弘扬正气。

第三，培养、教育入党积极分子，做好发展党员的工作，做好预备党员的教育、考察和转正工作，不断扩大党员队伍。

第四，积极了解学生的思想状况，经常听取党员、团员和群众的意见和建议，并向有关部门进行反映。根据青年学生的特点，有针对性地做好思想政治教育工作。关心和帮助学困生、贫困生等特殊学生，从日常学习、生活和点滴小事做起，创建良好的学风、校风。

3. 学生党支部建设的注意事项

高校学生党支部承担着学生党员的培养和考察、组织和发展、教育和管理等任务，是党在青年学生中发挥创造力、凝聚力和战斗力的基础，是团结和带领广大学生勤奋学习、立志成才、全面发展的重要组织力量。因此，学生党支部的建设应该引起各级领导的高度重视——像重视学科建设一样重视学生党支部的建设，统筹规划、合理安排，有效处理好学生党支部建设与校风学风建设的关系，处理好学生党支部建设与教学管理的关系，处理好学生党支部建设与校、院级党组织建设的关系，要把学生党支部的建设纳入高校的整体发展规划之中，要从人力、物力、财力、待遇等方面给予政策支持，确保学生党支部的有效建设和工作的不断创新。在工作中，相关部门要注意以下几点：

（1）深入调查研究大学生思想状况是做好党支部工作的前提

要使基层党支部工作有的放矢，就要首先了解学生党员以及普通学生的思想状况。要全面了解大学生的思想状况，除了平时经常接近学生，建立完善的信息反馈体系外，做好调查研究也是一个非常重要而有效的方法和途径。

（2）找准学生党员的兴奋点是加强党支部建设的出发点和归宿

要做好学生党建工作，关键在于思想建设。大学生知识丰富、思维活跃、不因循守旧、勇于突破创新，但也存在社会阅历少、思想不够成熟、易受外界影响、想问题做事情容易走极端等问题。应结合大学生的思想特点，从深层次认识问题和解决问题，使工作有的放矢，找到学生思维的兴奋点和工作的结合点。同时，要注意解决思想问题和解决实际问题相结合，关注不同群体学生的需求，尤其是切实解决经济困难学生和学习困难学生的问题。

（3）重视制度建设是做好党支部工作的保障

在制度建设中，可以通过制定党支部状态评估体系，明确党支部的工作目的和工作职责，以及在党支部目标下每个党支部成员的职责和任务，特别是党支部成员在理论学习、志愿服务、专业学习、诚信协作等方面的要求。通过制定规章制度，使党支部和党员的职责和任务具体化，可以使党员个人的目标和党支部的目标最大限度一致，从而能够有效提高党支部的凝聚力，提高党员完成个人目标的主动性，降低执行任务的成本，进而有效引导学生党员的成才方向，强化学生党员的先进性意识。

（三）学生党支部在建设中存在的问题和应对措施

1. 学生党支部建设中存在的问题

中共中央在《关于新形势下加强和改进高等学校党的建设和思想政治工作的若干意见》中提出“切实做好发展党员工作，把学生作为培养和发展党员的重点”后，各个高校加大了学生党员的发展力度，学生党员人数逐年增加。然而，在学生党员队伍壮大的同时，也出现了一些问题。

（1）从高校制度以及青年学生自身方面分析

大学生党员虽然是学生中的先进分子，但由于其年龄特性、成长环境以及长期以来应试教育的影响，仍然具有较弱的适应能力，还需要长期不懈地对其进行再教育。

高校学生党支部设置多样化，成员流动性大。学生党支部可以按专业或按年级设置，也可以建立在班级。但无论哪种设置方式，都有其优势和不足。由于每年新生入学和毕业生离校，党支部党员的流动不可避免。

高校学生党员的培养周期短。本科学生一般在读时间为四年，从递交入党申请书，经过一系列培养和考察，到加入党组织，最长不超过四年。若按照一年级有党员、二年级有党小组、三年级在班级就可以建立党支部的要求，新生入学不到一年就有可能发展入党。这样的速度势必会造成对入党积极分子的培养和考察不全面、不仔细，直接影响学生党员的质量。

学生党员队伍不断发展，少数高校党支部的设置相对滞后。自高校扩招之后，学生数量急剧增加，加之高校强有力的思想政治宣传教育收到了可喜的成效，使越来越多的大学生积极向党组织靠拢。随着积极分子的不断增加，在严格规范的大学生入党工作程序下，学生党支部日常管理的工作量与日俱增，少数高校的党支部设置不合理，党支部中学生党员过多。党支部的高度集中，使组织发展、开展活动都很困难，即使组织了也难免流于形式，收不到良好的效果，更不用说有创新点、有吸引力了。

学生党支部管理缺少一支强有力的干部队伍。目前，从事学生党员教育管理工作的大部分是学生辅导员、党务工作者、团务工作者和学生党员骨干等专兼职学生干部或党务组织员。这支干部队伍存在着整体年龄结构偏小、理论知识水平不足、社会和工作经验欠缺、工作任务繁重等问题，不仅影响到了基层党组织工作的规范性和细致性，还影响到了党员教育和管理的实效性。

（2）从组织发展制度的不足以及现存的工作误区方面分析

党员发展重数量而轻质量。在学生党员发展问题上，一些高校过分追求数量上的增长，而忽视了学生党员发展的质量；过分追求速度和规模，而忽视了对入党积极分子的培养，没有做到“成熟一个，发展一个”。相应的后果是党员发展的标准和程序松动，有的学生条件不够成熟，对党的基本知识了解不多，思想基础不牢，而被吸收入党；有的学生没有端正入党动机，思想上没有向党组织靠拢而被吸收入党等。

入党后教育和培训比较少。目前高校大学生党员的教育和管理处于一种相对弱化状态，党员教育缺乏连贯性，在较大程度上存在着“重入党前教育，轻入党后教育”的现象。不少高校的学生党支部书记由从事学生工作的辅导员兼任，不同程度地存在着以行政管理手段代替思想教育工作的现象，致使党员的入党后教育和培养工作处于停滞状态。

组织发展工作中存在不严谨的地方。在党员发展过程中，推优制度、公示制度、入党联系人制度等有待进一步完善和落实，入党关口有待进一步把控。一些学生党支部没有严格地执行组织程序，甚至出现共青团“推优”被辅导员点名指定的现象。一部分学生认为推优制度只是一种形式，作用不大或者对此一无所知。

忽略组织生活质量。部分学生认为自己所在党支部组织生活的质量一般，内容单调枯燥，主题不鲜明，实效性不强，缺乏生动、创新、有感召力的教育形式和活动方式。少数学生甚至会出现很少有组织生活的情况，特别是一些毕业班和研究生高年级学生党员因为常常忙于找工作、完成课题和论文，组织生活的频率和质量均得不到保障，党支部组织生活质量降低，这样势必造成组织向心力、凝聚力、战斗力的下降和对组织认同度的降低。

以上问题的出现，影响了党在群众中的威信，降低了党员队伍的质量，削弱了基层党组织的战斗力。因此，我们必须认真加以改进。

2. 针对存在的问题应采取的应对措施

解决上述诸多问题的关键就是组织机构、制度的完善与教育管理形式的变革。高校可针对学生党支部建设、学生党员的教育和管理工作采取以下措施。

（1）立章建制、规范管理，切实健全和完善高校学生党支部的组织建设首先，合理规划，科学建制，确保学生党支部建设的整体性和有效性。高校学生党支部具有建制时间短、党员较分散、人员变动大等特点，如何解决学生党支部在建设中的不稳定性和不一致性问题，如何全面统筹学生党支部建设，提升学生党支部的战斗堡垒作用，已成为高校加强党建工作的难题。

一方面，高校要深入调研，根据工作需要，科学、有效地组建学生党支部。可以结合专业、年级、党员人数，本着“成熟一个支部，建立一个支部”的原则将学生党支部划分为多个小支部——支部的总数是随着年级而变动的——这样，不管是召开纳新支部会、预备党员转正会，还是组织生活会、学习讨论会或开展其他活动，每一个积极分子都能参与进来，每一名预备党员都能被充分讨论，每一位党员都能积极发表意见，如此既能调动广大党员的积极性，又能增强每一个党员的责任心，收到良好的效果。

另一方面，高校要根据实际情况，建立不同的管理模式。例如，由学院党委书记或副书记牵头，辅导员以及各党支部书记为成员的院（系）学生党支部建设委员会；由学院党委副书记或年级辅导员牵头，本年级学生党支部委员为成员的年级学生党支部建设委员会。在院（系）学生党支部建设委员会中设立三个常务部门——组织发展部、宣传教育部、监督测评部，分别由辅导员或班主任担任部长，按照分工明确、各尽其职、通力协作的原则，直接指导各学生党支部开展工作。各党支部定期向年级学生党支部建设委员会报告工作，各年级学生党支部建设委员会负责人和三个常务部门负责人定期向院级学生党支部建设委员会报告工作，从而形成学院党委抓总体、学生党支部书记联席会抓协调、学生党支部具体实施的工作体制。

其次，规范程序，健全制度，确保高校学生党支部各项工作有章可循。一是通过建立和健全入党积极分子培养制度、党员培养联系人制度、民主评议制度、积极分子和发展对象调查公示制度、发展对象考察与报告制度、发展对象预审制度等章程，建立规范化的入党积极分子培养、考察、发展制度，严把“入关口”。二是通过健全党员会议制度、党支部组织生活会议制度、民主生活会议制度、党课制度、党支部考核和民主评议制度、党支部整改制度、基层党组织评优制度等一系列学生党支部的管理制度，规范学生党支部工作程序。三是通过健全党员考核与民主评议制度，对学生党员的政治思想表现、执行纪律情况、完成任务情况、参加组织生活和交纳党费情况等进行评价，建立学生党员个人考评档案，采取定性与定量相结合的办法，以强化学生党员的教育与管理。

（2）搭建平台、强化指导，大力培养和造就高素质的党务工作者

首先，高校要充分发扬民主精神、严格考核制度，不拘一格用人才。在高

校学生党支部委员配备上，可以由党建教师指定思想素质过硬、学习成绩优良、作风正派的学生党员临时担任，也可以充分发扬党内民主，通过竞选、全体党员民主投票的方式，选举产生支部委员，还可以采取高年级优秀党员跨年级、跨支部指导的办法，不断培养新的学生党务干部。

其次，高校要能大胆放手、敢于放权，在实践中锻炼学生党支部的带头人，增强党员的自我管理能力。为了充分地调动广大学生党员的积极性、主动性和创造性，要充分发挥学生党员骨干在学生党员中的模范带头作用，弥补学生党员管理队伍的不足，使高校学生党支部真正成为富有影响力和凝聚力的坚强战斗堡垒。学生党支部的日常工作，可以起用优秀学生党员干部担任党支部书记或者副书记，注重以学生党员为骨干，充分发挥学生党支部书记、副书记、支部委员的积极性、主动性，放手让他们去承担入党积极分子的培养与考察、党员发展材料的整理和会议的召开、党员活动的开展、党员评议和考核等工作，让学生党员既成为党支部工作的对象，又成为党支部开展工作的骨干力量，使学生党员在角色转换中，既积极主动参与培养发展新党员的工作，又努力锻炼社会工作能力，使自己在实践中不断锻炼党性，不断提高能力，不断成长进步。同时，他们还可以凭借与其他同学关系平等、接触密切等优势，出色地完成各项工作任务。

（3）在党员教育方面，多方面引进和创新优质教育资源和手段

在当前信息网络时代，新的教育模式为党员教育带来了更多的资源和更有效的教学手段。例如，慕课和翻转课堂的教育模式兴起，迅速得到了国内外高校的关注，呈现爆发式的发展态势。这种模式以学生为中心，更利于教师因材施教，也更易于达到更好的教育效果。学生可以通过网络获得优质的教育资源，可以根据自身的基础和特点安排学习计划，可以通过网络开展自主的讨论。教师可以专注于系统地设计课程，增强教学的吸引力，协助学生解决在学习过程中遇到的问题，设计多种方式检验学生的学习效果。

慕课和翻转课堂相结合的教学模式所体现出的优势适宜应用在高校学生党员的教育中。可由师资较强的高校或者部门制订系统的学习计划，制作慕课资源，从而有效地解决高校党建教育资源不均衡的现状。由高校从事党建和思想政治教育工作的教师和辅导员开设翻转课堂，结合高校自身的特点和需求开展党员教育工作。学生既可以根据自己的学习时间安排灵活的慕课学习，对日常零散的时间充分加以利用，通过网上讨论加强学习效果，又可以在翻转课堂上同教师和辅导员面对面交流讨论，增强理论与实践的结合，循序渐进地在慕课的指导下系统地学习党的基础理论知识。此外，慕课的制作会结合大量的文字、

图片、视频、动画等多媒体，将比较枯燥的基础理论知识与党的历史、国内外政治和经济形势等结合起来，增强学生主动学习的动力。

3. 对学生党支部建设的进一步思考

在新形势下，学生党支部的建设需要根据时代的要求，不断创新，与时俱进。下面几点可以为新时期学生党支部的建设提供一些新的思路。

（1）努力创新学生党组织的设置，以适应新时代高校快速发展的要求

随着时代的发展，特别是高校教育教学改革的不断深入，学生党组织出现了学生管理体制多样化、学生党员分散化等变化。这些变化从客观上要求基层党组织的设置不能搞一刀切，而是应从有利于党的领导、有利于高校的发展和学生成才、有利于加强党员教育和管理的原则出发，实事求是、灵活多样地调整和创新基层党组织的机构设置。除了以班级、年级为单元建立党支部外，高校还可以尝试把党支部建立在社团组织、宿舍中，在规定的注册党支部的基础上成立临时活动党支部，以扩大党组织的覆盖面，增强党组织的影响力，从而带动党组织自身建设。

（2）进一步探索更加适合当代大学生特点的组织生活

党员的教育和培养要依托一定的载体来进行。在新形势下，当代大学生思想政治教育的环境、对象、任务、途径都发生了很大的变化。党的组织生活必须与时俱进，体现时代性，才能增强教育的吸引力、感染力、针对性和实效性。要努力改变传统的集中学习、统一教育的单向说教方式。在设置理论学习内容时，要考虑不同年级、不同学历、不同家庭社会背景的入党积极分子、预备党员和正式党员的不同情况，有针对性地、由浅入深地设计和开展教育活动。引导学生主动学习和讨论历史、哲学、经济学、社会科学等人文社会科学，开阔学生的眼界，增强学生的人文素养和政治素养，使其形成健康的世界观、人生观和价值观。要把坚持优良传统和弘扬时代精神结合起来，既要进行中国共产党人的革命传统教育，树立正确的利益观，又要使与改革开放和发展社会主义市场经济相适应的新思想、新观念、新道德深入人心；既要解决思想问题，又要解决实际问题；既教育人，又服务人。在具体的组织形式上，应根据当代大学生的思想特点和社会热点，开展多种形式的组织生活，使封闭的组织生活与开放的组织生活相结合，并尽可能地把理论学习和社会实践结合起来，真正使组织生活的教育入耳、入脑、入心。

（3）充分发挥信息网络技术优势，不断拓展学生党建工作空间

在网络技术普及的今天，高校要结合当前网络时代、移动终端渐兴等社会

发展形势，及时更新教育的手段，如微博、网络游戏、网络媒体、网络社区等，必须树立利用科技增强党建工作生命力的新观念。在继承和发扬优良传统的基础上，高校要不断增加党建工作的科技含量，在手段、方法上进行创新，这是顺应时代潮流的必然选择，也是适应先进生产力发展的必然要求。

综上所述，在新形势下的高校学生党建工作面临着许多新情况，但是只要始终坚持党的领导，不断学习和创新工作方法和思路，寻找解决问题的新方法和新途径，让思想与行动始终做到与时俱进，就会在不断的探索中准确把握学生党支部建设的规律，将已有的工作不断推向新的阶段。

三、高校教工党支部

高校教工党支部是党在高校最基层的组织，是党联系教工的桥梁和纽带，而教工党员在教工中的比例超过 1/2，所以其又是承载和落实高校教育事业的主干力量。因此，加强基层教工党支部建设是高校党建工作的主要任务，是增强党的凝聚力、战斗力的重要途径，是实施高校教书育人、管理育人和服务育人的可靠保证。

（一）教工党支部的组织形式和主要职责

1. 教工党支部的组织形式

党支部的设置要以《党章》为依据——正式党员人数超过 3 名、不足 50 名的基层单位，经上级党组织批准，可成立党支部。很长时间以来，高校一般都采用“高校—院（系）—系（教研室）”的管理模式，在这种模式下，教工党支部一般建在系（教研室）上，即以教学单位进行划分。

随着高等教育的改革和发展，特别是一些高校正处在由教学型大学向教学研究型大学转型的关键时期，学科建设、科学研究已经成为部分高校的中心工作，交叉学科、跨学科研究、教学科研双肩挑等现状导致教师无法固定在单纯以学科、科研或教学单位进行划分的组织模式中。因此教工党支部的划分要根据高校院（系）的具体情况来进行组织，一般要遵循以下原则。

一要便于组织、管理和开展工作。除控制党支部人数外，高校还应当考虑党员组成结构、学科分布、科研分布、教学分布、工作时间、地点等因素，结合党员的特点、需求，设计和开展工作，以利于党支部对党员实施有效的组织、教育、管理。

二要便于发挥党组织优势，服务于中心工作。将党支部尽可能地建立在能够相对独立完成教学、科研任务的工作实体上，要将党支部的工作向专业学科领域延伸，向教学、科研创新团队、课题组成员延伸，不断加强党支部的组织覆盖面，增强党支部的影响力，促进高校教学科研事业的发展。

三要便于发挥党组织先进性，开展群众监督，执行激励机制。党支部要在教学、科研、学科团队中发挥先锋模范带头作用，要服务于群众；要依靠群众开展有效的民主评议，进而不断改进党支部建设；要依靠各学科、各专业的优势来鼓舞党员、激励党员。

2. 教工党支部的主要职责

第一，做好本职工作，宣传、执行党的路线、方针、政策、决议，充分发挥党员的先锋模范作用，团结、组织党内外的干部、群众和学生，努力完成高校所担负的教书育人、科学研究、组织管理等方面的任务，围绕高校、院（系）的中心工作，推动发展。

第二，密切联系群众、服务群众，加强基层服务型党组织建设。党的十八大报告明确提出，以服务群众、做群众工作为主要任务，加强基层服务型党组织建设。党支部和党员扎根于群众之中，是做好群众工作最基本、最直接、最有效的力量。宣传群众、发动群众、组织群众的过程，实际上就是服务群众的过程。要把“一切为了群众、一切依靠群众”的要求落实到党支部建设中。

第三，建立学习型党组织，组织党员认真学习马克思列宁主义、毛泽东思想、邓小平理论、“三个代表”重要思想，学习科学发展观、习近平新时代中国特色社会主义思想，学习党的路线、方针、政策和决议，学习党的基本知识，学习科学、文化、法律和专业知识。

第四，对党员进行教育、管理、监督和服务，提高党员素质，增强党性，严格党的组织生活，开展批评和自我批评，维护和执行党的纪律，监督党员切实履行义务，保障党员的权利不受侵犯。

第五，凝聚人心，促进和谐，充分发挥党员和群众的积极性、创造性，发现、培养和推荐优秀人才，营造合作多赢、共同奋进的良好校风、院风和学风。

第六，挖掘、重视和培养教学、科研一线青年优秀人才加入党组织，最好经常性地进行党员发展工作。

第七，监督党员干部和其他工作人员严格遵守国家法律法规，严格遵守国家财务制度和人事制度，廉洁自律。

第八，教育党员和群众自觉抵制不良倾向，严守学术道德，抵制学术腐败和欺诈、抄袭等社会现象，坚决同各种违法犯罪行为做斗争。

3. 院（系）党支部的主要职责

①保证、监督党和国家的方针、政策及高校各项决定在本院（系）的贯彻执行。

②参与本院（系）教学、科研、行政管理工作中的重要问题的决策，支持院长（系主任）在其职责范围内独立负责地开展工作。

③加强本院（系）党组织的思想、组织、作风建设。

④领导本院（系）的思想政治工作。

⑤做好本院（系）干部的教育和管理工作。

⑥领导本院（系）的工会、共青团、学生会等群众组织。

（二）教工党支部建设中存在的问题和应对措施

1. 教工党支部建设中存在的问题

教工党支部和党员的整体形象较好，党支部的各项工作能够正常开展，党员在各自的岗位上也能够发挥模范带头作用，但是还存在一些亟待解决的问题。

第一，有些教工党支部的工作运行不和谐。教工党支部和所在院（系）、教研室、科研团队及实验室在教学、科研、管理等工作上配合不好、协调不畅，“党务”和“政务”工作形不成合力，形成“两张皮”。有些院（系）对教工党支部建设的重要性和紧迫性认识不足，还没有制定和落实党政联席的具体实施办法，教工党支部游离于本单位的重大工作和事项之外，地位尴尬。有些教工党支部不能够围绕中心工作，服务大局，对行政工作指手画脚，增加了管理的复杂度和困难度。

第二，有些教工党支部组织生活质量不高、形式单一、内容贫乏，要么枯燥，与实际工作脱节，要么以教学科研工作或行政工作替代党务工作。组织生活往往出现临时应付的现象，组织活动随意性大，有政治活动时就勉强安排，组织学习无规律，党支部管理松懈，民主评议流于形式，党员之间缺少深层次的思想交流。加之多数教工党员教学任务多、科研压力大，与组织生活在时间上经常冲突，常常造成组织生活没有保障，难以见到真正效果。

第三，有些教工党支部党务干部不足或工作投入不够。有些思想政治理论水平较高、业务水平较好或工作能力较强的党员不太愿意做党支部工作，这一方面是由于业务工作占用精力太多，另一方面是由于有些高校在教工党务干部队伍的管理、培训、晋升机制上存在使用多、培养少、责任重、激励轻的现象。此外，高校中还存在党务干部自身理论学习不够，党员之间缺少深层次的思想交流，党支部难以形成有效合力和号召力的情况。

第四，少数教工党员的先锋模范作用不突出。有些教工党员不积极参加党支部的组织生活，在党内和社会生活中不讲组织原则，对一些消极腐败现象不能够旗帜鲜明地加以反对，甚至自身出现学术抄袭、作假、腐败等现象，不能够团结周围的群众、服务群众，讲条件、谈待遇，无法营造和谐的工作氛围。

第五，有些教工党支部管理与激励机制不健全，对教工党员的教育和管理抓得不严，抓得不紧，甚至存在“不去管、不愿管、不敢管”的“三不管”现象。民主评议存在走过场、不得罪人、不正面提出意见的现象，无法真正、深入地开展批评和自我批评。上级部门对教工党支部在经费、场地、政策、建设等方面缺乏关心和支持。

2. 针对存在的问题应采取的相应措施

首先，科学合理地设置党支部，优化党政管理机制。教工党支部设置要遵循院（系）行政办学规律，与教学、科研、行政管理部门相对应，与专业、系、教研室、科研团队、实验室相结合进行设置，要围绕学科专业建设、人才培养的核心工作，要利于党支部对党员的教育、管理、监督，也使党支部开展活动有抓手。要根据院（系）管理的实际，切实制定和执行党政联席的制度和措施，让党支部参与所在单位、部门、团队的重大事项的决策。党支部书记要善于把党的工作渗透到行政工作中，主动配合行政领导在其职责范围内独立开展工作，既要分工明确，又要互相配合，形成合力。

其次，选好党支部党务干部，培养党支部骨干力量。重视教工党支部书记、党支部委员的选拔、培养和激励，把党性意识强、热爱党务工作、有较强业务能力与工作水平、具备一定党务工作能力的同志选拔到党支部书记岗位上来。切实加强对党支部书记和支部委员的培训工作，不断提高他们的综合素质和业务能力，从制度上解决他们的长远发展问题和后顾之忧。

再次，创新机制，加强教工党员的教育和管理。要适应新形势，增强组织活力；要严格党组织生活，对活动方式加以改进，定期开展活动。利用网络、新媒体、社会实践、师生党支部共建等多种平台和形式，将其作为丰富教育的手段；组织教工党员参加知名专家、学者和优秀党员的报告或交流会，提高教育内容的质量；结合教学、科研、学科建设、服务与管理工作，结合业务学习、校院发展，结合教书育人、人才培养等实际工作，组织开展党员大讨论、党员岗位竞赛等活动，巩固、深化和检验学习效果，提高党员的综合素质。

最后，加强群众监督，有效实施民主评议和激励机制。做好群众的动员和保障工作，设计合理的民主评议办法，让群众可以说真话、愿意说真话，让党支部和党员在民主评议中看到自身的不足并加以改进，使党支部自身建设和党员自身发展形成不断进步的局面，使群众不断提升认同感和信任感。

第二章 高校基层党组织党员的教育和管理

中国共产党发展的历史充分证明，高校学生党员、教工党员是党员队伍中新生力量的主要组成部分，是知识水平较高的群体，是最具生机与活力的群体，是中国特色社会主义事业的接班人和建设者。积极做好高校基层党组织建设工作，特别是党员的教育和管理工作，是事关党的执政基础和我国社会主义事业前途命运的一项重要战略任务。

第一节 高校基层党员教育和管理概论

一、高校基层党员教育和管理的主要目标

《中共中央组织部、中共教育部党组、共青团中央关于加强和改进在大学生中发展党员工作和大学生党支部建设的意见》中明确要求："要以提高素质、增强党性、发挥作用为目标，建立健全新形势下大学生党员长期受教育、永葆先进性的长效工作机制，深入扎实地做好大学生党员教育工作。……要加强对大学生党员的管理，积极探索大学生党员管理的新机制新办法。坚持和完善党的组织生活制度，严格党的组织生活，督促大学生党员认真履行义务，保障大学生党员正确行使权利，注重从政治上、思想上关心爱护大学生党员。"

党的十八大报告提出，以增强党性、提高素质为重点，加强和改进党员队伍教育管理。这是新形势下加强党员队伍建设的根本要求，也是高校基层党员教育和管理的主要目标。

（一）建设高素质的党员队伍

大学生的素质在各个历史阶段有多种划分和阐述。有的学者将大学生素质划分成思想道德素质、人文修养素质、专业素质和心理素质；有的学者将大学生素质划分成思想政治素质、人文素质、法律素质和道德素质等。

思想道德是综合素质的基础和前提，既包括科学的世界观、人生观、价值观，也包括科学的方法论、高尚的道德观和健康的心理。作为大学生党员，在世界观方面，要能够掌握辩证唯物主义和历史唯物主义。用唯物辩证法武装头脑，防止形而上学；用唯物史观武装头脑，作为观察各种社会现象的科学方法，解放思想，实事求是，一切从实际出发。在人生观方面，要能够树立正确的人生价值的目标，把劳动和对社会的奉献作为人生追求的价值，树立积极进取、乐观向上、厚德载物、自强不息的人生态度。在价值观方面，要能够摆正社会价值和个体价值、道德价值和功利价值之间的关系，树立社会主义核心价值观，即“倡导富强、民主、文明、和谐，倡导自由、平等、公正、法治，倡导爱国、敬业、诚信、友善”。大学生党员要能够运用科学的方法高效、可靠地获得科学知识。要能够确立社会主义道德观念，使自己的道德观念和道德行为进入社会主义道德规范的轨道，具有社会公德、职业道德和家庭美德。要具备健康的心理，具有坚强的意志，具有抗挫折、抗压迫、抗失败的能力，保持正确的生活态度，百折不挠，艰苦奋斗。

大学生党员应当是大学生中的优秀群体，这不仅体现在优良的学习成绩和较高的专业水平上，更体现在过硬的思想政治素质、优秀的人文修养和健康的心理上。对于大学生党员的教育和管理，我们不仅要他们学习政治理论、践行政治诉求，更要从人的综合素养方面对大学生党员进行深入教育和培养。

（二）保证党的路线、方针、政策和决议顺利贯彻实施

党性是一个政党固有的本性，是阶级性最高而集中的表现。中国共产党是中国工人阶级的先锋队，是中国各族人民利益的忠实代表，是中国社会主义事业的领导核心。其所固有的明显区别于其他政党的特性，就构成了其党性。中国共产党在长期的革命斗争和社会主义建设实践中，形成了鲜明的党性原则，概括起来主要包括以下几个方面：

①坚持以马克思列宁主义、毛泽东思想、邓小平理论、“三个代表”重要思想、科学发展观、习近平新时代中国特色社会主义思想为行动指南。

②为实现共产主义远大目标而奋斗终生。

③把全心全意为人民服务作为根本宗旨。

④自觉遵守和维护党的团结统一和组织纪律。

⑤始终同人民群众保持密切联系。

⑥勇于开展批评与自我批评，坚持真理，修正错误。

大学阶段是学生世界观、人生观、价值观形成的重要时期，大学生对党性的认识、学习和理解直接关系到大学生的入党动机，大学生党员对党性的深入理解和践行，又直接关系到大学生党员对党的忠诚程度。

（三）保持党员的先进性和发挥党的政治优势

高校的党组织要将大学生中的优秀分子作为重点培养对象吸收进党组织，以增加党的吸引力和凝聚力，将党组织建设成为优秀大学生的集体。因此，大学生党员从被培养、被选拔之初，就决定了他们是大学生中的优秀群体。大学生入党不是一个终点，而是一个起点，高校对大学生党员的教育和管理直接关系到大学生党员先进性的体现，直接关系到大学生党员创先争优氛围的形成。无论是社会环境、大学管理模式还是大学生心理，都随着时代的变迁和社会的进步发生着改变。对大学生党员的教育和管理要求实效，就必须在基本要求的前提下，采取新机制、新办法，让传统的制度和要求焕发出新的生机和活力，让高校不仅成为培养学生专业知识的摇篮，还成为培养学生思想和政治素养的沃土。对大学生党员的教育和管理，主力是教师党员。只有党员的教育、管理和监督工作得到加强，党员意识得到增强，组织发展工作更加规范，师德师风建设和大学生思想政治教育得到改进，党组织的战斗堡垒作用和党员的先锋模范作用得到发挥，才能够有力促进高校的改革发展与稳定。

在长期的革命、建设和改革实践中，中国共产党形成了自己鲜明的特色和巨大的政治优势：集中的先进分子、严密广泛的组织、密切联系的群众、从实践中不断总结并坚持下来的理论和路线。这些政治优势是党的先进性和凝聚力的集中体现。党组织经常性的党员教育和管理工作，是检验党的政治优势发挥程度的指标。

二、高校基层党员教育和管理的总体要求

高校开展基层党员的教育和管理工作，必须严格按照《党章》的规定，并针对当代高校师生的特点，建立一套符合高校师生发展党员的标准和体系，实施科学的、系统的党员教育工程，有目的地、有针对性地进行跟踪考察、再教育，不断提高党员的思想政治素质和分析问题、解决问题的能力，不断增进党员的自修能力，使之真正达到一名合格的共产党员的要求。教育和管理工作的总体要求如下。

（一）重视工作的思想性和严肃性

高校基层党建工作首先就是要抓学生的思想政治教育。对于入党积极分子和学生党员，要把中国特色社会主义理论体系、《党章》等作为学习和实践的主要内容。要让师生党员坚定共产主义理想信念，牢固树立全心全意为人民服务的宗旨，自觉执行党的纪律，带头遵守国家的各项法律法规，全面提高自身的综合素质，增强党组织的战斗力，着重解决党员在理想信念、宗旨观念、组织纪律和发挥作用等方面存在的突出问题。

认真贯彻从严治党的思想，在加强入党积极分子教育、培养和考察的同时，坚持“合格一个，发展一个”的宗旨发展党员，严把“入口关”。坚持民主评议制度，对照标准认真、客观地评议每个党支部和每名党员，发现党支部和党员中存在的问题，广泛吸收党员和群众的意见和建议，及时、有效地进行处理和整改。

（二）重视工作的系统性和长效性

高校对党员的教育和管理是一项系统工作，也是一项必须长期坚持的工作，要建立长效机制。在教育和管理的渠道上，既有高校的“两课”（马克思主义理论课和思想政治教育课）等课内教育，也有讲座、研讨、辩论等课外活动；既有校内的教育活动，也有校外的社会实践。在教育和管理的形式上，既有党员自学，也有专题讲座；既有集中培训，也有分散学习；既有党校学习培训，也有党员的日常管理、学生党支部的建设。在教育和管理的人员上，既有教师，也有管理人员；既有朋辈，也有校友；既有亲友，也有社会各个方面。在教育和管理的阶段上，既有针对低年级的广泛的基础理论教育，也有针对高年级的时事主题讨论；既有针对入党积极分子的党课培训，也有针对党员的再教育。此外，高校还要完善对学生党员的考核评价体系。只有对高校基层党员的教育和管理进行系统性的设计和实施，才能够让高校师生形成终身学习的良好风气。

（三）重视工作的理论性和实践性

大学是学生建立世界观、人生观和价值观的重要阶段，也是培养学生综合素质的重要阶段，因此，要把高校基层党员的教育和管理作为高校教育中的一个重要环节，理论联系实际，就既要注重马克思列宁主义、毛泽东思想、邓小平理论、“三个代表”重要思想、科学发展观、习近平新时代中国特色社会主义思想的基础理论学习，也要注意紧紧围绕经济建设的中心，紧密结合时事政治、国情、社情、民情和学情不失时机地进行思想政治教育，激发广大师生的爱国热情和工作热情。

（四）重视工作的针对性和实效性

要根据时代发展的要求和形势，结合高校、岗位、学科专业、文化层次、年龄、家庭等不同背景和情况，紧密结合党的中心工作和师生的思想、工作实际，坚持实事求是，有针对性地选择师生最关心的问题，在学习内容、时间安排、方法步骤、重点解决的问题等方面提出具体要求，因人、因地、因时开展教育，使党员的教育和管理贴近高校实际，贴近工作实际，贴近师生实际，让思想政治教育入脑、入心。要把教育和管理的实效性作为考察工作效果的重要指标之一。

三、高校基层党员教育和管理的基本原则

加强高校基层党员的教育和管理，从宏观层面上讲，是落实党要管党、从严治党方针的客观要求，也是进一步巩固党在高校中的领导地位，发扬和体现党的先进性的必然要求。高校的基层党建工作应遵循如下几个基本原则。

（一）坚持突出学习实践马克思主义、毛泽东思想、邓小平理论、“三个代表”重要思想、科学发展观、习近平新时代中国特色社会主义思想这条主线原则

要把学习实践马克思主义、毛泽东思想、邓小平理论、“三个代表”重要思想、科学发展观、习近平新时代中国特色社会主义思想贯穿于大学生党员教育和管理的始终，教育引导广大学生党员广泛学习党的历史，深入理解政治理论，并与实践相结合，坚定理想信念。

（二）坚持传统方式与现代手段相结合的原则

高校基层党员的出现已经有较长时间，经过不断的摸索与实践，形成了一些行之有效的好经验、好做法以及好传统，在工作过程中应继续贯彻落实。同时，高校基层党员应积极运用高校所具有的优势资源，依托网络信息平台，结合大学生的特点，不断提高基层党员教育和管理方法的科技含量和吸引力，以达到增强教育管理实效性的目的。

例如，做好高校基层党建的“红色1+1”活动，让大学生走出校园，走向农村，走向社区，不仅要将大学生党员的知识和文化传播到社会中，也需要将大学生党员放在社会的熔炉中进行历练。建设“微党课”“红网”等网络教育平台，共建共享，党员和积极分子在“微党课”上受教育，在“红网”上留足迹，关注红色教育，也受到他人关注。在大学生党员教育工程的“红网”上，设立“基层党员之家”，实现对基层党员的网上集中管理。只有经历共同建设的过程，

才有共同分享的快乐，才有共同推广的动力。学生党课采用慕课和翻转课堂的教学模式，可以改变传统的学生党员教育模式，弥补学生党员教育中存在的问题，将在线学习与面对面的教学、新知识与技能的学习及其实践和迁移有机地结合起来。在优质教育资源的共享促进教育均衡发展的同时，切实提高高校学生党员教育的实效性，提高学生党员的工作能力与综合素质，提升高校学生党员的战斗力和凝聚力。

（三）坚持教育管理与社会服务相结合的原则

高校基层党员的教育管理工作不是一项独立的工作，需要与服务中心工作、促进经济社会发展有机结合，需要沿着"围绕发展抓党建、依靠党建促发展"的思路，对高校基层党员进行正面教育和积极引导，让基层党员在日常的学习、科研、工作和生活中充分发扬共产党员的先进性，为经济社会发展做出贡献。

（四）坚持静态管理与动态管理相结合的原则

高校基层党员的显著特征就在其基层性。学生党员发展比例较大，发展速度较快，流动性较大，在对其进行教育管理的过程中，要通过有效措施及时准确地掌握他们的基本情况，采取灵活多样的方式，实施动态化管理。高校基层党员学习能力较强，思想意识较活跃，交流平台较广泛，能够有时间、有精力、有平台地进行系统化的学习。因此，高校要努力营造良好的学习氛围，培养学生终身学习的意识和习惯。

（五）坚持教育育人、管理育人、服务育人的原则

对高校基层党员进行教育、管理和服务，本身就是一个育人的过程。要秉承以人为本、积极主动的态度，强化服务意识，在热情服务的过程中进行严格的教育和管理，要让师生切身感受到组织的关怀与温暖，要让师生存在强烈的光荣感、责任感与归属感，在不同的领域充分发挥共产党员的先锋模范作用。各级党员干部更要发挥带头作用，带头参加学习，带头给党员上党课或进行专题报告，带头开展批评与自我批评，带头查找问题和制定落实整改措施，带头参加主题实践活动，带头帮助基层和师生员工解决实际困难和问题，为党员做出表率。

（六）坚持与时俱进、开拓创新的原则

以改革的精神研究新情况、解决新问题、总结新经验，创新工作机制，拓展工作领域，改进工作方法，会使高校基层党组织和党员队伍始终充满生机和活力。

做好高校基层党员的教育和管理工作，是在新形势下加强高校党建的一项

重要内容。高校应该从思想上重视这项工作，并使师生党员深刻认识到创建中国特色社会主义伟大事业的深远意义。要始终以马列主义、毛泽东思想、邓小平理论、“三个代表”重要思想、科学发展观、习近平新时代中国特色社会主义思想为指导，认真学习贯彻科学发展观。在具体工作实践中，应按照中央的部署，结合高校实际，高度重视，以积极主动的态度、坚强有力的组织领导、深入扎实的工作举措，不断探索新途径、新方式，切实做好基层党员的教育、管理与服务工作。

第二节　高校基层党员的教育工作

加强党员教育是中国共产党的光荣传统。毛泽东在《中国共产党在民族战争中的地位》中曾写道:“指导一个伟大的革命运动的政党,如果没有革命理论,没有历史知识，没有对于实际运动的深刻的了解，要取得胜利是不可能的。”延安整风运动就是全党一次富有成效的马克思主义学习运动。1990 年《中共中央关于加强高校党的建设的通知》中提出：“必须用马克思主义占领高等学校的思想文化阵地。学校党委要组织马克思主义理论队伍和党政干部、教师参加社会主义建设和改革的实践，参加反对资产阶级自由化的斗争，研究并回答党员和群众提出的思想理论问题。特别要在青年中注意培养一批坚定的马克思主义者。”2000 年，各高校中开展了以“讲学习、讲政治、讲正气”为主要内容的党性党风教育活动。2004 年《中共中央组织部关于进一步做好新形势下发展党员工作的意见》中提出：“坚持不懈地用邓小平理论和‘三个代表’重要思想武装广大党员，组织党员认真学习党章，使他们坚定共产党人的理想和信念，牢记党的宗旨，发扬党的优良传统和作风。同时，组织、引导党员学习科学、文化和业务知识，学习法律知识，全面提高党员队伍的整体素质。”2005 年以实践“三个代表”重要思想为主要内容的保持共产党员先进性教育活动在高校中乃至全国各行各业的党组织中蓬勃开展。2009 年《中共中央关于加强和改进新形势下党的建设若干重大问题的决定》中提出：“世界在变化，形势在发展，中国特色社会主义实践在深入，不断学习、善于学习，努力掌握和运用一切科学的新思想、新知识、新经验，是党始终走在时代前列引领中国发展进步的决定性因素。必须按照科学理论武装、具有世界眼光、善于把握规律、富有创新精神的要求，把建设马克思主义学习型政党作为重大而紧迫的战略任务抓紧抓好。”2008 年，全国各地分批次在全党中开展了深入学习实践科学发展观活动。2010 年修订的《组织工作条例》中指出：“高等学校党的组织应当构建多层次、多渠道的党员经常性学习教育体系。对党员进行马克思列宁主义、毛泽东思想教育特别是中国特色社会主义理论体系的教育，党的基本路线、基本纲领和党的基本知识教育，并教育党员努力掌握科学文化知识和专业技能，不断提高政治和业务素质。”

加强党员教育是党执政的必要内容。党的领导水平和执政水平、党的建设状况、党员队伍素质要与党所肩负的历史使命相适应，这就要求党员必须自觉、认真、勤奋、深入、广泛地学习，保持和发展党的先进性，巩固党的执政地位。

加强党员的教育是当前国内外环境的必然要求。国际形势纷繁复杂，科技进步日新月异，经济进入全球化时代，网络信息冲击着传统社会的发展，国家和党的建设任务艰巨繁重。这就要求党员必须始终站在时代的前列，武装科学的理论，掌握知识的前沿，推动历史的进步。对于党员来说，学习既是掌握知识、增强本领、做好工作的手段，也是提高境界、增强党性、陶冶情操的重要途径。

一、党员教育的基本内容

高校基层党员教育的内容是要回答在党员教育工作中，用什么样的理论、思想来教育党员和要求入党的积极分子，这是根据党的基本路线、党的中心任务、党员目标和党员教育对象的思想实际情况确定的，它服从于、服务于高校基层党组织的中心任务，是党员教育工作目的和任务的具体化、整体化。同时，高校需要结合自身实际，自觉抓好高校基层党组织建设，牢固高校基层党组织建设的基础，并随着党的中心工作的推进和党员的思想变化而不断充实和发展教育的内容。

从党的思想理论教育来说，要紧紧围绕“用马克思列宁主义、毛泽东思想、中国特色社会主义理论体系武装全党”这个党的思想建设的根本任务来展开，把中国特色社会主义理论的教育提高到新水平。要教育党员完整地、准确地把握中国特色社会主义理论的基本观点、精神实质和科学体系。要把思想理论教育同研究新情况、解决新问题结合起来，着眼于马克思主义理论的运用，着眼于对实际问题的理论思考，着眼于新的实际和新的发展，既推动实际问题的解决，又深化对理论的理解，从而提高全体党员运用理论武器分析、解决实际问题的能力。要把理论教育同改造世界观、增强党性结合起来。武装头脑最重要的是改造世界观。要教育党员树立、掌握正确的世界观和方法论，从而提高工作中的原则性、预见性、系统性和科学性，防止片面性和绝对化。党的思想理论教育的基本内容，主要包含以下几个方面。

（一）理想信念教育

理想信念是决定人的思想行动的最基本的因素，也是全部党员教育工作的灵魂所在。对于共产党员来说，共产主义理想信念是必须具备的思想政治素质和强大的精神支柱，是正确认识世界、改造世界的行动指南。

从思想上入党是培养合格党员的基本要求，因此，首先要使培养对象从理想信念上具备一定的认识，解决好为什么入党的问题，即入党动机。端正的入党动机要经过个人的不断学习、领悟、提高和党组织的精心培养才能形成。真正有说服力的教育，不是只讲入党要吃苦在先、牺牲奉献，更主要的是讲入党对青年健康成长的好处。

①入党能够促进学生树立科学的信仰。这样能够培养大学生科学的理论思维和理论自觉。践行马克思主义的实际体验能激发大学生运用马克思主义世界观、方法论的热情。

②入党能促进学生提高道德境界。共产党人的道德是党员行为和准则，这不是一般的道德，而是代表最广大人民的根本利益的、最先进的、最高层次的道德。以这样的道德培养大学生，必将使他们的道德境界具有本质上的提升。

③入党能促进学生的生命价值获得升华。有意义的生命在于奉献，共产党员要坚持党和人民的利益高于一切，吃苦在前，享乐在后，克己奉公，多做贡献，这样的人生才有意义。

④入党能够促进学生全面发展。中国共产党是个“大家庭”，党员互相关心，互相帮助，共同提高，入党有助于一个人的全面发展。

（二）思想理论教育

党员思想理论教育主要包括马克思主义基本理论教育、党的基本路线教育、党的基本知识教育、中国特色社会主义理论教育、共产主义思想和道德教育、党纪国法教育、形势教育等。

学习马克思主义基本原理，就是教育党员掌握和运用马克思主义立场、观点和方法来解决在现代化建设实践中遇到的问题。当前，我们特别要学习好马克思主义哲学，掌握科学的世界观和方法论，以认识和解决在改革中遇到的新情况、新问题。

（三）世界观、人生观和价值观教育

树立正确的世界观、人生观和价值观，是基层党建的首要问题。党支部要通过“三观”教育，使党员把握好党性原则与市场经济原则的辩证统一，处理好物质利益与奉献精神的关系，树立个人利益服从党和人民的利益、全心全意为人民服务的世界观、人生观、价值观。要让学生党员发挥模范带头作用，带领青年学生学习和践行社会主义核心价值观。

（四）党的基本知识教育

进行党的基本知识教育，就是向党员进行党史、《党章》和党的相关文献的基本知识的教育。党史是党的发展历程和实践经验，《党章》是党的政治纲领和根本大法。要教育每个共产党员严格按照《党章》的要求，做一名合格的共产党员。党的基本知识教育的主要内容是党的历史、党的性质、党的指导思想、党的纲领和路线、党的根本宗旨、党的组织原则、党的纪律、党的作风、党的建设的基本原理、党员的基本条件、党员的权利和义务等。要通过党的基本知识教育，增强党员的党性观念，使他们严守党的纪律，做合格党员，充分发挥先锋模范作用。

（五）党性教育

党性教育是党员教育区别于其他教育的显著特点，是贯穿于党员教育的一条主线。加强党员党性教育，其根本目的是提高党员的思想政治觉悟、道德修养水平，增强其组织纪律观念，提高其马克思主义理论、科学文化知识水平，提高党员认识世界和改造世界的能力，不断提高党员为实现党的奋斗目标和现实任务所需要的素质和本领。其核心问题是要使党员牢固树立共产主义的理想、信念和人生观、价值观、道德观，自觉保持和发展党的优良传统与作风。其根本目标是不断提高党员坚持党的基本理论和贯彻执行党的基本路线的自觉性、坚定性和创造性。

（六）党的优良传统和作风教育

党在长期革命斗争实践中，总结积累了一套马克思主义的优良传统和作风，即毛泽东在党的七届二中全会上提出的“务必使同志们继续地保持谦虚、谨慎、不骄、不躁的作风，务必使同志们继续保持艰苦奋斗的作风”，这是我们取得革命和建设胜利的重要保证。对党员特别是年轻党员坚持进行党的优良传统和作风的教育，具有非常重要的意义。要教育党员懂得在新的历史时期继承和发扬党的优良传统。

（七）文化科学技术和业务知识教育

这是新时期全面提高党员素质、进行党性修养的一个重要内容，是实践党的基本路线的基本要求，是发挥党员先锋模范作用的重要前提和条件。邓小平提出“科学技术是第一生产力”的著名论断。所以，从科学技术和业务教育来说，要紧紧围绕科研、推广、开发实际，不断提高广大师生党员积极投身科技发展的热情。在构建和谐社会的今天，共产党员只有具备一定的文化科学技术和业务方面的基本知识，才能在实践中发挥先锋模范作用。要教育党员增强学习文化科学技术和业务知识的责任感和紧迫感，特别是在当前，必须始终保持清醒头脑，立足社会主义初级阶段的实际，科学分析我国全面参与经济全球化的新机遇、新挑战，全面认识工业化、信息化、城镇化、市场化、国际化深入发展的新形势、新任务，深刻把握我国发展面临的新情况、新问题，认真学习、掌握和运用现代科技知识，自觉地走科学发展道路，努力开拓中国特色社会主义更广阔的发展前景。

（八）党纪国法教育

党的纪律是全党意志的体现，是党的各级组织和全体党员必须遵守的行为准则。只有纪律严明，才能保证党的理论、路线、方针和政策的贯彻落实，才能维护党的团结和统一。党员要自觉贯彻依法治国的基本方略，自觉遵守国家法律法规，坚决同各类违法违纪行为做斗争，以实际行动维护国家和人民的利益。

从党建工作的实际情况来说，高校基层党的教育的出发点和归结点，就是要为高校的改革、发展，为人才培养、知识贡献和实现预定的办学目标提供强有力的思想组织保证，或卓有实效的服务。因此，高校基层党的教育工作必须树立“服务”和“保证”观念，确保党的教育能够与时俱进、卓有成效。党的建设和实践教育的基本内容主要包含以下几个方面。

第一，对于教工党员，要紧紧围绕高校的根本任务和中心工作来组织、开展党的教育活动，使党组织的工作积极、主动、有机地渗透和结合到学校的中心工作中去，而不是游离于外。要将学校教学、科研、学科建设、人才培养、管理服务的要求和内容，作为教工党员学习的主要内容，把党务工作渗透到教学、科研的各项工作中去，既使党务工作有真正的载体，丰富的组织生活内容，又使教学科研的各项工作呈现出团结向上的生机和活力，从而防止党建工作与业务工作脱节的现象发生。

第二，要以人为本，把人心的凝聚、人的素质的提高作为党的教育的一个基本点。要发扬党的群众工作、思想工作的优良传统，切实发挥政治优势。通过及时、具体、深入的工作，为党员、群众解决工作、学习、生活中的困难。在党内，要关心普通党员的个人问题，把解决他们的实际问题作为一件大事来落实。要通过高校基层党组织的教育活动来设计和开展党员的素质教育，不仅要把高校基层党组织作为一个优秀分子的聚集基地，还要把高校基层党组织打造成为优秀分子的培养基地。

第三，高校基层党的教育要努力开展思想政治工作的理论研究和讨论，积极探索思想政治工作的新途径、新方法，不断改进思想政治工作。政工部门要逐步形成密切配合的工作机制，宣讲党内文件，组织时事政策讲座，开展理想信念教育、法制教育、形势政策教育，把依法治校和以德治校较好地结合起来。弘扬正气，唱响主旋律，为高校各项工作的开展和青年学生的健康成长奠定良好的思想基础。要针对不同的思想、社会上的思潮，组织党员和积极分子进行深入调查、研究和讨论，坚定党员和积极分子的理想信念。

第四，要在高校的全体党员中深入开展党性、党风、党纪教育；全面推行党风廉政建设责任制，建立健全监督机制和反腐倡廉的监督网络；严肃党纪政纪，查办违纪案件。特别要加强党员集体活动、活跃组织生活、营造民主监督与教育的氛围，倡导充分的批评与自我批评，畅通党员管理“进”与“出”的渠道等，以促进党员和干部作风的根本好转，使全体党员在各自的岗位上认真履行义务、正确行使权利、模范遵守党纪国法和各项规章制度，在教学、科研、管理和服务以及其他各项工作中发挥先锋模范作用，为高校的改革、发展、稳定保驾护航。

当前，高校学生党支部在党员教育工作中存在着“重前轻后”的倾向，把教育培训重点放在党员发展之前，而往往对党员发展之后的理论培养有所忽视，致使有些大学生党员存有一种“入党之前拼命干、入党之后松一半”的心态。而且，学生党支部对大学生党员的理论培养流于“以会议传达会议精神、以文件落实文件要求”的形式，一般通过学习、讨论、总结三个步骤，千篇一律，三个步骤一完成，教育也就完成了。至于理论是否真正深入人心，则很少有人认真考虑过。因此，在对大学生党员进行理论教育时，要注重教育的内容，增强教育的实效性。

要加强理想信念教育、社会责任感教育和党性修养的锻炼。很多大学生党员待人处世从自己角度考虑得较多，却很少从社会、他人的角度进行思考。应加强对大学生党员的理论教育，增强大学生党员的社会责任感和使命感。党性教育坚持以人为本、以情感人，要把教育人与关心人结合起来，既要启发教育大学生党员牢记全心全意为人民服务的宗旨，服从全局利益，树立正确的利益观，又要帮助他们解决学习生活上的实际困难。要注意将“灌输”与“渗透”结合起来。要根据大学生党员的特点，发扬民主精神，平等地与他们进行沟通，增进了解，摆事实，讲道理，倾注真情，通过种种潜移默化、润物无声的渗透式教育来提升大学生党员的党性修养。

要结合当前大学生党员对时事的关注，积极组织校内外的专家、教授通过开展讲座和互动论坛等形式，答疑解惑，从而促使大学生党员形成正确的观念，采取理性的行为。教育大学生党员要明确自己是改革开放和社会主义现代化建设的骨干力量，只有掌握市场经济的规律和科学文化知识，学好为人民服务的本领，才能永立在改革开放的潮头上。

二、党员教育的基本方法

在高校做好党员教育工作的主要方法，有以下三方面：

（一）制订党员教育工作计划

党员教育是一项系统工程，要根据教育对象、环境、时间、资源、阶段成效等进行计划和统筹。在高校中，院（系）分党委或党总支、基层党支部制订党员教育工作计划，所处的层级不同，内容分别有所侧重。院（系）分党委或党总支要根据国家、社会、高校的要求，结合院（系）的工作实际，在党中央或上级党组织提出的战略意义的基础上，提出党员教育工作的具体意义，将教育工作的步骤细化到可落实的程度，提出具体的学习目标、学习的时间节点、学习的组织模式、学习的监督或考核办法等。基层党支部要充分考虑到党员工作、学习和生活的实际，根据上级党组织的要求，制订的计划要有具体步骤和内容、具体时间、具体执行人和参与者、具体的预估成效等。

要正确制订计划，就必须要做好前期准备工作，要了解党员的思想和工作情况，要学习掌握一个时期的形势、政策、任务和要求，吃透精神，把握正确的方向。计划分为长期计划、中期计划和短期计划。长期计划一般可以贯穿于学生在高校的学习期间，将3～5年作为一个周期，既可以制订培养一届学生的党员教育计划，也可以作为同一年级阶段不同届学生的党员教育计划。长期计划不宜过细，只提出教育的方针、目标、原则和基本设想即可。中期计划可以是一个学期或者一个学年内的教育计划，相对较为具体，既有具体任务、教育内容，又有时间节点、预估成效、检验标准等。短期计划可以是一个月或者是临时安排的教育计划。

（二）保障计划有效实施

首先，要加强宣传和动员，营造良好的教育学习氛围。其次，要制定相关的学习制度，如请销假制度、课堂纪律制度、考核制度等。再次，要对党员教育计划的实施情况进行监督，既可以是上级对下级的检查，也可以是同级之间的相互检查、相互学习。最后，要建立教育学习的闭环反馈机制，即在教育过程中及时、广泛地了解积极分子和党员的学习感受和学习效果，及时纠正、补充计划实施中出现的偏差、遗漏，切实增强党员教育的实效性。

（三）进行党员教育工作的总结和反思

总结主要包括主题教育工作或活动的总结和年度总结，此外还要根据情况，适时进行阶段性总结。总结可以对工作进行梳理，肯定工作中的成绩，发现问题，进行反思，加以改进。党员教育工作总结的内容主要有：教育工作的总体思路是什么，基本原则是什么，进行了哪些教育，党员的反馈如何，成效、经验和教训是什么。年度总结还需要分析新一年面临的形势是什么，党员教育中的主要问题是什么，下一步的设想是什么等。总结要经过支部委员会讨论通过后，作为党组织的一项工作，向党员大会报告，报送上级党组织并在党组织的工作手册中备案。

三、党员教育的基本形式

在高校做好党员教育工作的基本形式有以下四个方面：

（一）学习培训

学习培训主要由校级、院（系）级党校、理论社团和基层党支部组织，包括集中教育和自主学习。集中教育主要包括上党课、举办培训班、举行报告会、进行专题学习和时事讨论等形式，它能够有计划地对党员进行系统性教育，能够结合时事政要、校情让党员就某一专题进行深入的学习和探讨，能够给党员提供学习讨论和沟通的平台。上党课是基层党员教育最基本的一种形式，一般应当在每学期组织一次党课学习。党课既可以由党建工作者、思想政治课教师来讲授，也可以邀请专家、学者、校友等来讲授，亦可以由党支部中的优秀党员来讲授；既可以采取集中授课的形式，也可以采取观看专题录像、电影以及参观、讨论等灵活多样的形式。党课学习要注意观点正确，内容鲜活，形式丰富，语言生动，让学习贴近师生的思想和需求，深入人心，取得实效。党员在上党课时还要注意对学习情况的讨论和检验，可采用撰写论文、学习心得的方式，或通过考试等方式进行考核。党员可结合自身的学习、工作和生活情况，制订自主学习计划。各级党组织要加强自主学习的引导和指导，通过开展知识竞赛、学习宣讲、评选表彰等活动激发党员学习的积极性和主动性，设立学生党员接待室、党史学习研究兴趣小组，开设党员之家、党史展览室等，营造良好的学习氛围。基层党支部委员要参加专题的工作培训，掌握工作性质、工作内容、工作流程和工作要求。

（二）组织活动

组织活动主要由基层党委、党支部组织开展，包括选拔培养过程和执行组织制度。

选拔培养过程主要包括积极分子培养、推优、入党、宣誓、转正等。从撰写入党申请书和思想汇报、开展谈话谈心、填写各阶段表格、列席或参加党组织活动，到团支部推优、征求多方面意见、参加党员发展大会、宣誓、转正大会等，每一阶段都是对入党积极分子和党员的教育过程，因此要严肃、规范、认真地做好各项相关工作。

执行组织制度包括“三会一课”（支部党员大会、支部委员会会议、党小组会议、党课）制度、民主评议党员制度等。党支部要结合每年一次的专题组织生活会，开展党支部的工作，听取师生的意见和建议，发扬党内民主，认真开展批评与自我批评，找出工作的不足，设计改进方案，积极有效地进行整改。对不履行党员义务、不符合党员条件的党员，要及时帮助教育，促其改正，对教育不改的，要按照《党章》和党内有关规定做出处理。

（三）社会活动

社会活动主要由基层党委、党支部和理论社团组织，在党员中开展结对帮扶、志愿服务、党员承诺、党员先锋、党员宣讲、社会实践等多种形式的社会活动。它对党员教育管理的原则、内容、方法、实施进行了有机统一，党员在其中能够理论联系实际，更好地理解和领会党的基本理论，能够在社会的熔炉中加强党性锻炼，能够积极主动地“创先争优”，能够体现党员的先进性。党员在社会活动中受到教育，同时也可以通过自身的良好表现影响周围更多的入党积极分子和群众。在社会活动的组织过程中，要搞好教育，把教育理念和思想贯穿于社会活动的全过程；要选好主题和形式，使其既符合国家、社会、高校的教育重点，又契合师生关心、关注和感兴趣的问题；要抓好骨干，充分培养和发挥党员骨干在社会活动中的表率和示范作用。

（四）思想政治工作

思想政治工作主要由基层党委、党支部实施。高校教师尤其是基层党委的思想政治工作人员要坚持以人为本，关心、爱护和帮助党员，同师生党员经常谈心，沟通思想，相互启发，了解、分析和把握师生党员的思想状况，及时解决党员在学习、工作和生活中的思想问题，增强党组织的吸引力。党支部委员和党员要互帮互助，共同进步，让党支部成为凝聚人心的团队。

第三节　高校基层党员的管理工作

所谓党员管理是指，党组织按照党的纲领和章程，运用一定的形式和手段，对党员进行组织、教育、培养、考察、协调、监督、奖惩、控制等一系列管理活动的总称，是党的组织建设的基础工作。党员管理的着眼点是全面提高党员素质，充分发挥党员的先锋模范作用，努力建设一支充满生机和活力的党员队伍。高校做好基层党员的管理工作具有十分重要的意义。据统计，近年来，高校每年发展大学生党员人数均超过全国发展党员总数的1/3，高校教师党员比例超过半数，因此，高校基层党员的管理工作做得好、做得深入，不仅能够保持在高校中党的先进性和纯洁性，保证在高校中党的战斗力，还会向社会各行各业源源不断地输送大批的、素质优良的共产党员。

一、党员管理的主要内容

党的路线、方针、政策、管理规定和制度是党员管理工作的指南针。结合高校党建工作实际，党员管理工作主要包括以下几个方面。

（一）党员组织关系和党籍管理

《党章》规定：“每个党员，不论职务高低，都必须编入党的一个支部、小组或其他特定组织，参加党的组织生活，接受党内外群众的监督。……不允许有任何不参加党的组织生活、不接受党内外群众监督的特殊党员。”党员组织关系是党员身份的证明，党籍是指党员资格。

根据高校的实际情况，在年级、班级、实验室、课题组、社团、社区等设立党支部，将教师和学生党员编入对应组织，开展工作。高校中学生党员流动性大，对党员组织关系和党籍的管理提出了更高的要求。入校新生中有一部分学生党员，其中预备党员占较大比重；毕业生中存在就业单位不负责档案和党组织关系管理的问题，还存在有学生仍处在预备期的问题。因此，高校不仅要按规定办理转移组织关系手续、学生档案审查和毕业生归档等工作，还要注意审查新生预备党员资格，及时安排教育、考察和转正工作，而且要关注毕业生党员的指导和预备党员的鉴定工作。

（二）建立、完善和执行党员管理制度

结合工作实际制定的管理规章、制度，是对党员管理的理性认识，是党员管理的路线图，使党员管理有章可循。

①“推优入党”制度。“推优入党”即推荐优秀团员作为党的发展对象。高校发展学生党员，可制定团支部推荐的制度，也可采用班级推荐、辅导员或班主任推荐、党支部推荐、党支部投票等多种推荐形式，既体现了党员发展的民主性、规范性，又能够让表现优异、群众基础好的学生优先加入党组织。

②“三会一课”制度。“三会一课”即定期召开支部党员大会、支部委员会会议、党小组会议，按时上好党课，是党总支、党支部管理、教育、监督党员的基本形式。在一般情况下，支部党员大会、支部委员会会议每月至少召开一次，党课每季度至少一次。党员必须积极参加党内组织生活，接受党组织的教育和管理。

③民主生活会制度。党总支部民主生活会一般每半年召开一次，党支部民主生活会一般每季度召开一次。每个党员都要积极参加民主生活会，运用批评与自我批评的武器，加强党性修养和锻炼。同时，根据《党章》和党内有关规定，各级党员、党建工作者既要参加所在单位党组织、党小组的组织生活会，还要参加定期召开的党员、党建工作者的民主生活会。

④党员汇报制度。党员定期向党组织汇报自己的思想和工作情况，是党员接受党组织教育和监督的一种形式，也是党组织了解和掌握党员思想和工作情况的一种途径。汇报内容主要有：执行党委决议和完成党组织给予的任务的情况；自身思想工作、学习情况；反映好人好事、不良倾向和群众呼声；对党组织或党员提出批评和建议。

⑤民主评议制度。党员和党支部的民主评议就是按照《党章》规定的标准，定期对党员和党支部评定的一项制度。它把教育管理、考核、监督融为一体，是提高党员素质、加强党支部工作的一项重要措施。按照高校党委统一部署，一般每年进行一次民主评议工作，对党员进行全面的教育，对党支部进行工作的促进。

⑥交纳党费制度。每个党员都必须按照规定标准，每月按时交纳党费。不可以少交，无正当理由连续六个月不交党费，就被认为自行脱党。各党支部每月按时收齐党费后，应及时上交党委组织部。党费必须按规定标准交纳，现行的党费交纳标准是学生党员每月交纳党费 0.2 元，有稳定工资收入的党员依每月工资税后收入额度按比例交纳党费。预备党员从支部党员大会通过其为预备党员之日起交纳党费。

此外还有发展党员群众测评制度、公示制度、党日制度、接转党员组织关系制度、党籍管理制度、流动党员管理制度等。高校各级党组织可根据实际情况，自行制定党员管理制度。

（三）建立、完善和执行党员管理规范

其主要包括：制订并上报院（系）党员年度发展计划、填写党员谈话记录、设计或填报党建相关文件、统计院（系）党建情况、填写党支部管理手册、记录党员基本情况、制订党支部工作计划、记录党支部组织活动、总结党支部年度工作、记录党支部党员年度奖惩情况、填写党员鉴定评语、填报审核党员发展和转正材料等。由于党支部委员多数不是专任党务人员，且学生党支部委员变动较频繁，所以高校基层党组织除制定和完善相关的管理规范外，还需要对院（系）专职党建管理人员，尤其是党支部委员定期进行培训、指导和监督。

（四）组织开展党员活动

党内活动主要包括创先争优、“红色 1+1”、党群零距离、先锋工程等党员主题教育实践活动，以及党员目标管理、党内谈心活动等。开展党内活动，要有目的、有领导、有计划地组织党员结合学习、工作特点和实际，围绕改革开放、教书育人、成长成才而开展一系列旨在增强党员党性、提高党员素质、发挥党员先锋模范作用、推动党员成长成才的党内活动。

创先争优主要是指党内创建先进党组织、争当优秀党员的活动。这是近几年来在广大高校基层党组织中广泛开展而又行之有效的一种组织活动形式。这项活动要制定出既有先进性又切实可行的评选条件，努力在“争创”上下功夫，定期评选表彰，激励党员奋发进取，努力学习和工作。

“红色 1+1”主要是近几年来在北京高校中开展的党建与社会实践、社会服务相结合的一种活动形式。这项活动是组织学生党支部深入京郊农村，以及优秀毕业生所在的乡镇街道、企事业单位、驻京部队等，与对方党支部结对，建立共建关系，利用节假日深入对口地区或单位，根据实际需求，组织开展科技支持、文化普及、卫生服务、知识宣讲、文艺演出等对口交流活动。

党员目标管理是近年来在加强党员队伍建设中所广泛采用的一种管理方法。这种管理方法要求党组织按照《党章》的规定，结合本单位的工作、学习和党员个人的实际情况，提出和议定党员在一个时期内在履行党员义务、发挥党员作用方面的具体目标，通过定期检查、考核，来督促党员更好地发挥先锋模范作用。

（五）特殊情况的党员管理

1. 对流动党员的管理

由于学制和就业制度的影响，部分高校毕业生党员存在先毕业离校后落实就业关系的现象，从而导致学生党员在毕业离校后的一段时间内无法迁转组织关系。高校基层党组织可根据具体情况采取组建临时党支部、开具党员证明信、参与所在地区或单位的党组织生活等方式进行动态管理。

2. 对表现不佳党员的管理

对于有不及格科目的学生入党积极分子和预备党员，可延长其考察期或者预备期。对于有不及格科目的学生党员，如无特殊原因，要进行批评、教育和帮扶。

3. 对违反法律法规、校纪校规党员的管理

对于违反法律法规校纪校规的党员，除依法依规进行行政处理外，还应当依据《党章》等党内规章制度进行处理，并开展后续的管理。

二、党员管理的工作要求

高校基层党员管理的工作要求具体来说主要有以下几点：

（一）确立学生党员在思想政治工作中的特殊主体地位

要通过党组织的熏陶和职能部门各项工作的锻炼，培养一批思想觉悟高、政治素质强、工作能力突出的学生党员。思想政治工作人员要转变观念，扮演“指导员”和“政委”的角色，让优秀的学生党员以管理者、组织者和服务者的“特殊主体”身份深入学生中去，把优秀学生党员作为学生党支部开展工作的骨干力量。党支部要采取压担子的方法，让优秀学生党员承担具体的工作，充分调动他们的积极性和主动性，使他们由思想政治教育工作中的客体成为主体，成为思想政治工作的桥梁和纽带，以自己的模范行动影响和带动周围的同学，使同学确实感受到党员的先进性和党组织的温暖。

（二）健全学生党员的发展机制

目前高校学生党员的发展机制一般遵循专业成绩优秀者优先的原则，这也是减轻班主任工作量和增强学生认知度的最为直接的方法，但这样做的直接影响就是学生入党的功利性色彩浓重，所以发展学生党员单凭专业成绩的方法就显得没有说服力。在发展学生党员的过程中，要建立起相对完善的制度体系，不仅要看重学生的专业成绩，还要评价学生专业成绩之外的诸多因素，包括对社会公益事业的贡献、在生活中与其他同学之间的关系、甘愿为团体和组织奉献的愿望和能力等。综合各种指标建立起指标体系，按照各指标在综合考评体系中所起作用的重要程度，赋予不同的权重，对学生的行为进行综合评价，按照评价结果选择最为优秀的学生作为学生党员的候选人。

近年来，高校中学生党员的数量逐步增加。因此，一要改善和优化高校学生党员队伍结构，积极将符合党员条件的高校学生吸收到党组织中来。二要按照发展党员的十六字方针，把坚持标准作为前提，将保证质量作为关键，积极推进发展党员工作，坚持早期培养，健全工作制度，规范发展程序。三要通过制订发展学生党员的工作计划和远景规划，进一步规范学生党员发展的计划性、针对性，同时，积极探索构建高校学生党员发展质量监控体系。

（三）强化高校基层党组织领导班子建设

高校基层党组织是党联系群众的桥梁和纽带，是党的全部工作和战斗力的基础。高校应进一步加强基层党组织建设，使高校基层党组织成为推动发展、服务群众、凝聚人心、促进和谐的坚强战斗堡垒。高校基层党组织领导班子建设薄弱，不利于对高校基层党组织活动的管理和指导。在多数情况下，学生高校基层党组织只有一名辅导员担任党支部书记，党支部书记在院（系）党总支部的领导下独立开展工作。由于辅导员身份的党支部书记在工作经验、专业知识等方面存在不足，加上日常工作与发展党员工作压力巨大，高校基层党组织活动往往交给担任党支部委员的学生党员来负责，但学生党支部活动如果组织不力就会产生很多相关问题。因此，高校基层党组织领导班子的建设亟待加强，让党性强、作风正派、业务水平较高的专业教师党员参与大学生基层党支部的工作，可以弥补大学生高校基层党组织领导班子建设中的不足，有助于大学生党员在高校基层党组织活动中提高政治素质和道德水平，不断提高专业素养和业务水平。

（四）加强社会实践教育管理

从严治党是在新的历史条件下党的建设的基本方针，是对党员队伍进行教育、管理、监督的一个重要原则。第一，通过加强党员管理，使党员增强党性意识，自觉坚持党员标准。对那些不履行党员义务、徒有其名的党员，经过多次教育，仍不能改正的，要劝其退党，或者从党内除名。第二，通过加强党员管理，维护和保障党的纪律的严肃性和权威性，不管是谁违反了党的纪律，都要按照《党章》的规定，毫无例外地受到党的纪律的处罚。第三，通过加强党员管理，建立严格的约束机制，使党员特别是党员党建工作者自觉地接受党内外群众和党组织的监督。严格的组织生活是做好党员经常性教育管理的重要措施。在新的形势下，高校党委和党总支部要重视学生党支部的组织制度建设，积极探索和完善有效的学生党建工作机制，对大学生党支部的工作职责、工作制度、党员教育与管理的细则、活动方式等做出严格的规定，健全学生党员的组织生活机制，落实教育管理制度，把教育与管理紧密结合起来，开展批评与自我批评，纠正不良行为。学生党支部要严格学生党员组织生活，定期召开形式多样的民主生活会，根据实际情况及时吸纳部分积极分子参加，一起研讨党和国家时事热点，学习党的先进典型和新的理论知识，开展批评与自我批评，组织党员参与班级事务管理，加强学生党性锻炼，使学生党员自觉服从党的领导，遵守党的纪律，进一步增强为实现党的路线和纲领而奋斗的信心和决心。

当前，学生党员教育内容和方式呈现程式化的趋势，缺乏学生喜闻乐见、乐于接受的管理方式。因此，针对学生党员缺乏社会经验、对社会经济文化变革的历史和现实的感性认识不足等缺陷，党组织要积极开展实践教育活动，创新活动方式，使学生党员在了解社会和服务学生中受教育、长才干。实践性教育活动可以形式多样、内涵丰富，如每年组织学生党员参加大学生暑期文化、科技、卫生服务“三下乡”，到社会福利中心、孤儿院等场所进行爱心慰问，参加青年志愿者活动等。

（五）建立党员激励考评机制，形成制度性的激励考评规范

评价一名大学生党员是否在同学中起到模范带头作用，最根本的是要看其是否能够认真履行《党章》所规定的党员八项义务。从大学生党员这一特定的身份出发，具体看其在校的全面表现及德、智、体综合素质。一要看其是不是热爱真理，自觉努力学习马克思列宁主义、毛泽东思想、邓小平理论、“三个代表”重要思想和科学发展观、习近平新时代中国特色社会主义思想，认真学习并积极向同学宣传党的路线、方针、政策，主动联系同学，在政治上带动同

学共同进步。二要看其是不是树立了牢固的专业思想，热爱科学，刻苦学习，努力实践，克服困难，尽自己最大努力取得优良成绩，圆满完成学业，与同学互教互学，在学习上带动同学共同进步。三要看其是不是坚持集体利益高于个人利益，热爱学校，关心集体，顾全大局，带动同学共同建设好先进的集体。四要看其是不是能正确对待批评和荣誉，有了缺点、错误诚心诚意地欢迎同学指出并勇于改正，荣誉面前不争功、不自傲，带动同学共同建设良好的校风、学风和纪律作风。五要看其是不是能广泛团结同学，尽自己所能热心帮助同学排忧解难，做同学的知心朋友，带动同学积极开展“讲文明，树新风”活动。六要看其是不是积极响应祖国号召，毕业时服从国家的需要去就业，用党和人民给予的知识无私地为祖国、为人民服务，带动同学自觉到国家最需要的地方去建功立业。

全面系统的党员激励考评机制是做好学生党员管理的重要保障。激励机制是促进党员永葆先进性的重要动力。激励机制的功能是激发、引导党员的思想和行为向更高层次发展。高校基层党组织应该充分发扬党内民主，结合自身的实际开展批评与自我批评，使学生党员及时找出自身差距，鼓励先进、鞭策后进，使学生党员扬长避短，真正发挥党员的先锋模范作用。第一，增强党员使命感和责任感。提出“一名党员就是一面旗帜”的响亮口号，让每位学生党员都感受到作为一名党员的光荣感和责任感，并在各方面起带头作用，提高党员的思想认识水平，增强党员的先进性。第二，建立健全党员考核机制，加大对党员的培养、锻炼力度。第三，加强对大学生党员管理工作的机制创新，坚持从实际出发，积极探索符合党员思想活动变化规律的管理方式，强化制度的自主创新，不断创新对大学生党员的管理模式，这也是高校党务工作的一个永久课题。

第三章 高校基层党组织党建工作者队伍建设与师生思想政治教育

高校未来的发展取决于我们对奋斗目标的执着追求，取决于各级党建工作者的精诚团结，取决于全体师生员工的共同努力。特别是进一步提高中层干部队伍整体水平，统一思想、提高认识、明确目标、强化责任，意义重大。

第一节 高校基层党组织党建工作者队伍建设

一、党建工作者要做学习的表率

党的十八大以来，习近平围绕治党治国治军、改革发展稳定、内政外交国防，发表了一系列重要讲话。习近平系列讲话，是中国特色社会主义理论体系的新发展，是马克思主义中国化的最新成果，是新一届中央领导集体的执政方略，是在新的历史起点上实现新的奋斗目标的基本遵循和行动指南，是全面深化改革的理论依据和思想动力、思想武器。习近平系列讲话既有理论的继承与创新，又有实践的总结与发展，既有立足于发展全局的宏观认识，又有着眼于操作层面的具体部署，既有浑厚的历史底蕴，又有丰富的时代内涵，闪耀着历史唯物主义和辩证唯物主义的理论光芒。习近平的一系列重要论述为全国各族人民凝心聚力、共同推进中国特色社会主义事业、实现中华民族伟大复兴注入了强大的精神力量，为保持党的先进性和纯洁性、巩固党的执政基础和执政地位指明了方向，对进一步密切党同人民群众的血肉联系、促进党的建设具有十分重大而深远的影响。

党建工作者应该带头学习习近平的系列讲话，自觉做到先学、多学，学深、学透、学好，深化思想认识，把握真谛要义，明确实践要求，以高度的责任担当把学习贯彻习近平系列讲话精神引向深入，推动高校改革发展事业沿着正确的方向稳步推进。

第一，学习和运用习近平系列讲话中关于坚定信仰追求的阐述，进一步坚定理想信念。

坚定共产主义理想信念是习近平系列讲话反复强调的内容。在新一届中央政治局第一次集体学习时，习近平强调“要把坚持和发展中国特色社会主义作为学习贯彻党的十八大精神的聚焦点、着力点、落脚点”。在新进中央委员会的委员、候补委员学习贯彻党的十八大精神研讨班上，习近平从社会主义思想源头讲起，从六个时间段全方位回顾了社会主义的历史进程，最后提的第一条希望就是“自觉做坚定理想信念的表率”。在河北省委常委班子专题民主生活会和党的十八届三中全会第一次全体会议上，习近平都指出：“理想信念是共产党人精神上的‘钙’，没有理想信念，或者理想信念不坚定，精神上就会‘缺钙’，就会得‘软骨病’，就可能导致政治上变质、经济上贪婪、道德上堕落、生活上腐化。”我们深刻体会到习近平对坚持和发展中国特色社会主义一些重大问题的分析和阐释非常深刻、非常有针对性。特别是在当前思想文化交流交融交锋、社会意识多元多变的情况下，科学阐明事关全局和长远利益的重大理论问题，对于全党尤其是党建工作者保持政治上、信仰上的坚定至关重要。坚定理想信念就是要坚持用马克思主义的立场、观点、方法来认识世界，认识人类社会发展的客观规律。“两个自信”体现了中国共产党道路的正确性、理论的科学性、制度的合理性。习近平在提到理想信念时指出：“共产党员特别是党员领导干部要做共产主义远大理想和中国特色社会主义共同理想的坚定信仰者和忠实践行者。我们既要坚定走中国特色社会主义道路的信念，也要胸怀共产主义的崇高理想，矢志不移贯彻执行党在社会主义初级阶段的基本路线和基本纲领，做好当前每一项工作。”学习贯彻习近平系列讲话，就是引导广大党员在政治上、思想上、行动上坚决与以习近平同志为核心的党中央保持高度一致，在任何时候、任何情况下都能坚持党的基本理论和基本路线不动摇，不断增强中国特色社会主义的道路自信、理论自信和制度自信。加强以坚定理想信念为重点的思想建设，把坚定“三个自信”作为党员理想信念教育的重要内容，切实把科学发展观内化为学校的办学观，更好地培养和造就中国特色社会主义事业合格建设者和可靠接班人。

第二，学习和运用习近平系列讲话中关于全面深化教育改革的阐述，努力办好人民满意的高等教育。

党的十八届三中全会通过的《中共中央关于全面深化改革若干重大问题的决定》，对在新的历史起点上全面深化教育改革做出了战略部署，明确指出：“全面贯彻党的教育方针，坚持立德树人，加强社会主义核心价值体系教育，完善中华优秀传统文化教育，形成爱学习、爱劳动、爱祖国活动的有效形式和长效机制，增强学生社会责任感、创新精神、实践能力。”这些重要论述体现了以习近平为核心的党中央对教育改革发展阶段性特征和现实需要的准确把握，为进一步推动高等教育科学发展、全面提高高等教育质量提供了根本遵循，指明了前进方向。

深入学习贯彻习近平的重要讲话精神，既要在创办一流高校的过程中认真思考自身特点和发展方向，自觉按照高等教育规律办学，进一步提升办学质量，突出办学特色和水平，进一步坚持育人为本、德育为先，把立德树人作为高校教育教学的根本任务，把社会主义核心价值体系融入人才培养的全过程中，突出政治特色，以促进教育事业科学发展，努力办好人民满意的高等教育。

第三，学习和运用习近平系列讲话中关于党的建设理论的阐述，进一步夯实建设一流高校的保障基石。

习近平反复强调“打铁还需自身硬”。要把组织建设作为关键、把作风建设作为重点、把制度建设作为根本，不断夯实党的建设的基石，为建设一流高校提供坚强的政治和组织保障。

优化干部队伍，夯实组织基石。习近平在全国组织工作会议上用20个字描摹出好干部的“时代肖像”：信念坚定，为民服务，勤政务实，敢于担当，清正廉洁。对照这20字要求，提高干部和教师的理论水平、教书育人的基本素质、从事教学科研工作的基本能力和综合管理水平，是一项重大的战略任务，也是一个需要持之以恒、长期努力的过程。抓好干部队伍建设，按照德才兼备、以德为先的原则，把握好学习、实践、组织、培养等干部成长的途径，完善干部选拔方式，健全民主、公开、竞争、择优的干部选任机制。加大干部选拔的力度，鼓励、支持干部从事教学科研工作，建设既懂管理又懂教学的干部队伍。以能力建设为重点，全面加强干部和教师培训工作，提高干部的学习能力、服务能力和执行能力。

践行群众路线，夯实作风基石。作风正则人心齐、事业兴。要充分发挥领导班子的示范引领作用，倡导以优良作风促校风，引导党员干部深入基层和师生找问题、解难题、办实事、做好事，进一步密切了党员干部与广大师生的血肉联系，凝聚起了建设一流高校的强大力量。深入学习贯彻习近平的重要讲话精神，既需要我们进一步强化群众观念，增强宗旨意识，尊重教师，关爱学生，又需要我们诚心诚意地为师生办实事、解难事，重大问题问计于师生，广泛征求广大师生的意见，切实解决师生反映强烈的问题。

着眼从严治校，夯实制度基石。制度是管全局、管长远、管根本的。习近平强调，以科学制度保障党的建设，最根本的是严格遵循执政党建设规律进行制度建设，不断增强党内制度的严密性和科学性。在实践中我们体会到，要把从严治校的要求落到实处，就必须聚焦党员干部暴露出来的突出问题、师生反映强烈的热点问题加强制度建设，既明确规定应该怎么办，又明确违反规定应该怎么处理，减少制度执行的自由裁量空间，做到“用制度管人、管事、管物、管财、推进工作”。

二、党建工作者要强化“四个意识”

党的十八大以来，中国特色社会主义事业以前所未有的广度、深度与力度，在当代中国广袤的大地上席卷激荡，开启了新一轮更为强劲、更富成就的现代化建设历程。以习近平同志为核心的党中央在治国理政的新的伟大实践中，以对时代大趋势的科学把握、对实践新要求的系统回答、对人民新期待的积极顺应，形成了“全面建成小康社会、全面深化改革、全面依法治国、全面从严治党”等一系列新理念、新思想、新战略，在新的历史条件下进一步丰富和发展了中国特色社会主义理论体系，为党的科学理论增添了新的内容、赋予了新的生机、注入了新的力量。

（一）进一步增强政治意识，当好“明白人”

共产主义远大理想和中国特色社会主义共同理想，是中国共产党人的精神支柱和政治灵魂，是保持党的团结统一的思想基础。我们必须把坚定理想信念作为开展党内政治生活的首要任务。全党必须把对马克思主义的信仰、对社会主义和共产主义的信念作为毕生追求，坚定对中国特色社会主义的道路自信、理论自信、制度自信、文化自信。

一名中国共产党党员和党建工作者必须毫不动摇地坚持马克思主义指导思想，坚持不懈抓好理论武装，自觉抓好学习，增强党性修养，增强政治坚定性、敏感性、鉴别力和执行力，在困难面前不改志，在危难面前不忘本，始终忠于党、忠于人民，做有铁一般信仰的好党员、好干部。一要加强理论学习。把学习党章党规与学习习近平系列重要讲话统一起来，在学习习近平系列讲话过程中加深对党章党规的理解，在学习党章党规过程中深刻领悟习近平系列讲话的基本精神和实践要求，在学习党章党规、学习习近平系列讲话过程中自觉把对党绝对忠诚铸入思想、融入灵魂、见之于行，时刻坚定理想信念，始终做中国特色社会主义共同理想的坚定信仰者，真正做政治上的“明白人”。二要学习传统文化精华。习近平说：“学史可以看成败、鉴得失、知兴替；学诗可以情飞扬、志高昂、人灵秀；学伦理可以知廉耻、懂荣辱、辨是非。”我们应当从中国浩瀚的历史传统文化中汲取营养，增强我们做人的思想支撑、文化支撑和哲学支撑。三要学习先辈先进。先进典型是时代的标杆，对照先进可以知不足、正衣冠、改作风。我们要以先进先辈为镜，时刻加强党性修养，大力弘扬党的优良传统，自觉增强党的意识，激发自己内心的正能量，激发自己人性中的真善美，在任何时候都要做到与党同心同德。

（二）进一步增强大局意识，当好“正派人”

必须把坚持党的思想路线贯穿于执行党的基本路线的全过程中，在实践中检验真理和发展真理，不断推进马克思主义中国化。增强大局意识，就是要把握大局所向、服务大局所需，自觉服务大局，坚决维护大局，从实际出发谋长远之利，从实处干起解当下之忧。政治路线确定之后，干部就是决定的因素。作为分管组织工作的党建工作者，必须牢固树立“党要管党、从严治党”的意识，带领党委组织部门在“党要管党、从严治党”工作中充分发挥重要职能作用，在组织工作重大决策部署、重要干部人事任免等问题上，增强大局意识，坚持公道正派用权，为党的事业用好干部。

一要考察识别好干部。必须先看干部是否坚定不移地贯彻党的基本路线，一定要坚持正确的选人、用人导向，坚持德才兼备、以德为先，坚持五湖四海、任人唯贤，坚持信念坚定、为民服务、勤政务实、敢于担当、清正廉洁的好干部标准，自觉防范和纠正用人上的不正之风，旗帜鲜明地为敢于担当的干部担当，为敢于负责的干部负责，要建立容错与纠错机制，宽容干部在工作中特别是在改革创新中的失误。

二要履行好民主集中制。党的十八届六中全会提出监督是权力正确运行的根本保证，是加强和规范党内政治生活的重要举措。必须加强对党建工作者的监督，党内不允许有不受制约的权力，也不允许有不受监督的特殊党员。要完善权力运行制约和监督机制，形成有权必有责、用权必担责、滥权必追责的制度安排。因此，要强化集体领导意识，切实履行民主集中制原则，强化政治纪律、政治规矩，遵规守纪，公道用权。作为分管组织工作的党建工作者，遵规守纪的关键是规范权力的运行，公道正派方能以公驭私，要牢记宗旨，准确识权，只有真正识权，才能公道用权。要认识到权力的本质，权力来自人民、属于人民、服务人民，党员干部必须牢固树立“公权”“公器”“公用”意识，牢牢把握“服务”这个本质属性。要认识到权力的界限，权力的范围、大小、程度各有差异，必须把握好用权的度，明确什么能干、什么不能干，知晓为官做事的尺度。要认识到权力的神圣，党和人民赋予的权力并非让党员干部有出人头地的荣耀感、谋取私利的便利感，它更多的是一份责任、一面明镜、一把利器。我们必须坚持原则不动摇、为民服务不松劲，时刻心有所畏、言有所戒、行有所止。要遵规守纪，公道用权。严以用权的关键是规范权力的运行，公道正派方能以公驭私。要行之有规，正确行使权力，依法用权、秉公用权、廉洁用权。必须严格按照制度设计、工作规范来开展工作，在重大决策部署、重要干部任免、重要机构调整等问题上多汇报、多调研、多沟通、多请示。要用之有度，权力是把双刃剑，用得好才能为民造福、建功立业。因此，党建工作者必须正确对待手中权力，明辨是非，克己慎行，公道用人，公正处事。要操之有方，运用辩证思维，加强调查研究，讲求方法策略，处理好局部和全局、当前和长远的关系。对此，党建工作者必须学会"弹钢琴"，提高"组"和"织"的能力，掌握"统"与"分"的技巧，明晰"权"与"责"的边界。在组织资源的配置上，树立大局意识、强调全局观念。在干部使用、人员配备上，要将最优质的人力资源向工作一线倾斜，使组织工作真正成为实现新跨越、争当排头兵的干部人才的后勤部、保障部。

（三）进一步增强核心意识，当好"责任人"

党的十八大以来，以习近平同志为核心的党中央身体力行、率先垂范，坚定推进全面从严治党，坚持思想建党和制度治党紧密结合，集中整饬党风，严厉惩治腐败，净化党内政治生态，党内政治生活展现新气象，赢得了党心民心，为开创党和国家事业新局面提供了重要保证。坚持党的领导，首先是坚持党中央的集中统一领导。一个国家、一个政党，领导核心至关重要，全党必须自觉在思想上、政治上、行动上同党中央保持高度一致。组织部门是为党委当好参谋、做好服务的部门。作为分管组织部门的党建工作者，进一步增强核心意识，就要以坚持党的领导为向心力，以执行党的决定为加速度，在政治上坚定自信、在思想上同心同向、在行动上高度自觉，不仅要带头提升专业化水平，更要履行好组织部门"核心"责任人的职责。一要恢复和发扬党的优良传统。党在长期革命斗争和建设实践中积累了丰富的经验，形成了自己独特的优良传统。"两学一做"（学党章党规、学系列讲话、做合格党员），学要常学、做要常做，这就既需要基层党组织贯彻好"三会一课"、组织生活会、民主评议党员等制度，更需要我们每个党员，特别是党建工作者，认真自觉学习党章党规，严格要求自己，争做在党言党、在党忧党、在党为党的合格共产党员。二要把纪律和规矩摆在前面。严明党的纪律就是要求各级党员在纪律面前一律平等，党内不允许有不受纪律约束的特殊党员，必须用铁的纪律维护党的团结统一。把纪律规矩摆在前面，体现党要管党、从严治党，抓小、抓早、抓预防。组织工作干部要把严守党的政治纪律和政治规矩作为不可动摇的“根”和干事创业的“本”，时刻以党纪党规为标尺，规范自己的言行，树立组织工作干部的良好形象，建设“讲政治、重公道、业务精、作风好”的模范部门。三要培育高尚道德情操。习近平说，党员干部还要切实解决好保持高尚的道德情操和健康的生活情趣问题。古人云：“百行以德为首。”这讲的就是这个道理。作为党建工作者，要培养良好家风，严格要求身边工作人员始终保持蓬勃朝气、昂扬锐气、浩然正气，用自己的模范行为和高尚人格感召群众，引领社会风尚。在“廉”字上下功夫，始终保持一身正气。只有自己带头，严格要求，使全体干部自觉做到守纪律、讲规矩，以敬畏之心、戒惧之意，过得了人情关、说情关，顶得住压力、顶得住歪风，顶得住“关系网”的干扰，注重小事小节，自觉接受群众监督，自警自律、严守防线，始终保持组织工作干部的“气度”“亮度”和“清廉度”。

（四）进一步增强看齐意识，当好“带头人”

坚决维护党中央权威、保证全党令行禁止，是党和国家前途命运所系，是全国各族人民根本利益所在，也是加强和规范党内政治生活的重要目的。

全党必须自觉在思想上、政治上、行动上同党中央保持高度一致。党的各级组织、全体党员特别是高级干部都要向党中央看齐，向党的理论和路线方针政策看齐，向党中央决策部署看齐，做到党中央提倡的坚决响应、党中央决定的坚决执行、党中央禁止的坚决不做。分管组织部门的党建工作者应进一步增强看齐意识，就是要把理想信念转化为履职尽责的实际行动，把责任挑在肩上，贯彻决策雷厉风行，落实部署坚决有力，坚决杜绝有距离不重视、有落差不立改的慢动作、懒行为。习近平指出，全面建成小康社会要靠实干。“道虽迩，不行不至；事虽小，不为不成。”党的十八届六中全会后，做好党的建设和组织工作，既面临良好机遇，也面临重大考验。围绕中心，服务大局，需要勇于担当，落实到积极履责、奋发有为上，我们要在“实”字上下功夫，确保落到实处。切实找准组织工作与中央决策部署的结合点，找准服务经济社会发展大局的切入点。要忌漂浮，在其位、谋其政、尽其责。为官不为是官之耻辱，为官有为才是官之本分。组织工作是一项执行政策的工作，分管组织部门的党建工作者在任何时候、任何情况下，都要了解政策、把握政策，吃透上情、掌握下情，力戒空谈，做到决策条条算数，工作件件落实。分管组织工作的领导必须深入基层了解情况、解决问题、总结经验，做到胸有大局、手有典型、脑有点子，苦练“认人”“识人”的基本功。只有对干部知根知底，“对得上号、挂得住像、叫得出名”，才能为发展提供优秀干部、优质人才。这是好干部的为政之道、成事之要、做人之本。要敢于探索、敢于实践、敢于负责，以严要求、严标准、严措施，勤勉工作、服务大局。坚决做到敢于负责、真抓实干、立说立行、立行立办，以踏石留印、抓铁有痕的精神和劲头，当一名公道正派、人民需要的干部，做出经得起历史和人民检验的成绩。

第二节　高校教师思想政治教育

一、践行“三严三实”

（一）按照“三严三实”要求修身做人

为师先做人，做人必修身。“师者，人之模范也。”对教师来说，修身做人就是要做道德高尚的人，合格的教师首先应该是道德上的合格者，好教师首先应该是以德施教、以德立身的楷模，应当像毛泽东在《纪念白求恩》中提出的，要成为“一个高尚的人，一个纯粹的人，一个有道德的人，一个脱离了低级趣味的人，一个有益于人民的人”。每一名教师在修身做人上就是要有更高的标准和要求，有更高的觉悟和境界，按照“三严三实”（严以修身、严以用权、严以律己、谋事要实、创业要实、做人要实）要求加强党性锻炼和自身修养，锻造过硬的思想品格，展现好教师的人格力量。

修身解决什么问题？在中国的话语中间，在中国共产党的话语中间，修身有着特定的内涵。修身就是修心，立身就是立德。修身不是体魄的一种强健，而是对内心道德的要求，是对道德修养、品德修养的一种提升。

德乃立身之本、为师之要，修身做人就要把立德摆在首要位置。在现实当中有些教师包括党建工作者失德现象严重，在台上道貌岸然、在台下乌烟瘴气，戴着假面具、成为“双面人”，在群众中造成恶劣影响。我们必须懂得职称高不等于品行好，职务高不等于境界高，一定要把立德、修德、践德作为终身课题。立德要明大德。大德就是我们中国共产党党员的信仰，中国共产党人跟普通社会民众最大的差别就是，其有着坚定的马克思主义信仰，有着坚定的共产主义信仰，有着全心全意为人民服务的宗旨。这是中国共产党的政治品格，这也就是习近平所说的中国共产党人的“钙”。如果没有了这些“钙”，中国共产党人就会得“软骨病”。这是中国共产党人的政治灵魂，没有了这一切，中国共产党人就会失魂落魄，就会成为行尸走肉。

在新的历史时期，我们要坚守共产党人的精神家园。精神家园里有河南省兰考县原县委书记焦裕禄，有云南省保山市原地委书记杨善洲。杨善洲在退休以后带领当地村民植树十几万亩，在去世之前把这些东西无偿捐献给国家。所以我们说严于修身，要有高尚的价值观与人生观，要有一种大的气度、大的境界、大的从容。有一位哲学家说得非常好，他说人生的长度大致都是相同的，你活到 85 岁，我活到 82 岁，差不了多少，但是人生的宽度却有很大的差距。这个宽度取决人的境界，取决于人的气度，取决于人的从容。这就是修身做人。

习近平在党的十八大以来反复强调要永远不丢信仰。为什么？因为我们现在面临着很大的挑战，一些党员干部口是心非、言不由衷，说的话自己心里面根本不相信。现在很多的党员干部连嘴上都不愿意说我们的信仰，美其名曰：时代不同了，世界变化了，所以我们那些信仰也就不合时宜了。

“胜人者有力，自胜者强。”党员干部修身做人就应当严格律己，从而努力战胜自己。人们常讲，共产党人是“用特殊材料制成的”。党员干部要做到这个“特殊”，就要慎独、慎微。一方面，要自觉在改造主观世界上下功夫，就是自己管得住自己，常思“严”之益，常念“纵”之害，防止精神沦陷、“自己扳倒自己”。厦门远华案件中的赖昌星曾经就讲了一句话，我们不怕党建工作者要求严，就怕党建工作者没爱好，只要有爱好，我就投其所好，我就可以水到渠成地解决一系列问题。什么叫作投其所好？这“好”就是党建工作者的“缝”，苍蝇不抱无缝的蛋，要想管得住自己，那就要把所有可能的“缝”给消除掉。另一方面，要在改造客观世界的实践中不断磨炼自己、改造自己，面对大千世界的诱惑要能够稳得住心神，面对各种利益的纠缠要能够守得住操守。在小节上把持不住就会使小毛病演变成大问题。党员干部要想守住小节就要远离诱惑、远离陷阱。对于有可能引导我们偏离共产党员基本行为规范的一些场合、一些交往、一些行为，我们要避之唯恐不及。

（二）要按照“三严三实”要求教书育人

人才培养是高校的根本任务，育人工作是我们的中心工作。对于广大教师来说，能否正确立德树人是最经常、最现实的考验。按照“三严三实”要求教书育人，重要的是解决好“培养什么人、怎样培养人、为谁培养人”的问题。

邓小平曾经指出：“一个学校能不能为社会主义建设培养合格的人才，培养德智体全面发展，有社会主义觉悟的有文化的劳动者，关键在教师。”教师重要就在于教师的工作是塑造灵魂、塑造生命、塑造人的工作。好教师应该执着于教书育人，践行“学高为师”，应该成为“传道授业解惑”的导师和“亲其师，信其道”的仁者。

《师说》有言：“古之学者必有师，师者，所以传道授业解惑也。”作为传道授业解惑的教师，只有不断地更新自己的知识，不断地提高自身素质，不断地完善自己，才能教好学生。广大教师应当自觉践行好“三严三实”精神，使自己更具有扎实的政治智慧、知识功底和过硬的教学能力、勤勉的教学态度、科学的教学方法。广大教师应当继续努力提升自身的水准，站在知识发展的前沿刻苦钻研、严谨笃学，不断充实、拓展、提高自己，既应是本学科理论功底深厚、博学多才的“专家”，又应是博览群书、掌握尽可能多的相关学科内容和学术前沿知识的“杂家”。广大教师应当做智慧型的教师，具备学习、处世、生活、育人的智慧，既授人以鱼，又授人以渔，能够在各个方面给学生以帮助和指导。

爱是教育的灵魂，没有爱就没有教育。有爱才有责任，爱教育、爱学生是每一个教师应尽的义务。广大教师应当懂得用爱培育爱、激发爱、传播爱，通过真情、真心、真诚拉近与学生的距离，滋润学生的心田，使自己成为学生的好朋友和贴心人。广大教师应当懂得尽到教书育人、立德树人的责任，并把这种责任体现到平凡、普通、细微的教育教学管理之中。广大教师应当懂得以自己的人格魅力、学术魅力和工作魅力感召和吸引学生，用“三严三实”的责任感起到良好的示范作用，做到关怀启迪，从而使学生“亲其师，信其道”。

（三）要按照“三严三实”要求干事创业

邓小平曾讲：“我出来工作，可以有两种态度，一个是做官，一个是做点工作。我想，谁叫你当共产党人呢？既然当了，就不能够做官，不能够有私心杂念，不能够有别的选择。”这一番意味深长的话，展现了一个真正共产党人的精神境界和宽广胸襟，为每一名党员干部干事创业树立了光辉典范。

我们在工作之中要坚持实际，我们在制定政策、在做方案的时候，不能好大喜功，也不能一厢情愿。在工作中要做到事先充分调研、决策科学合理、进展监督到位，每一个工作环节都应当“抓铁有痕、踏石留印”。如果一项工作的各个环节都扎实牢靠，就会取得实实在在的成效。创业就是要干事情注重实效。什么叫作实效？我们干事情要看效果，不能只喊口号。共产党员就应该敢于担当、弘扬正气。有多大担当才能干多大事业，尽多大责任才会有多大成就。当官就要担当、当官就要尽责，如果只想当官不想干事，只想揽权不想担责，只想出彩不想出力，遇着矛盾绕着走，碰到难题往后退，那就没有资格做一名党员，更没有资格做党建工作者。

每一位教师应当做到创业要实，既能高瞻远瞩、运筹帷幄，又能脚踏实地、真抓实干。在高校定位与规划、人才培养模式等各类顶层设计中，教师要能够做到实事求是、打牢基本功，真正做到不负历史使命，一分部署，九分落实。要发扬钉钉子精神，对那些事关全局、事关长远的重大任务，对那些看准了的事情，要咬定青山不放松、一张蓝图绘到底，锲而不舍、驰而不息地抓下去。

践行习近平“三严三实”的要求，加强党性修养，做“四有”好教师，需要广大教师的自我学习、自我教育、自我锻炼持续进行，需要全体教师去认真实践。

二、做一名“四有”好教师

党的十九大报告指出，建设教育强国是中华民族伟大复兴的基础工程，必须把教育事业放在优先位置。学习贯彻党的十九大精神，办好新时代人民满意的教育，要把握好新时代教育的新使命，坚持教育自信，培养新时代的“四有”好教师。如何加强教师队伍建设，做一名好教师？笔者以为应该做好以下三点：

第一，把学习贯彻习近平重要讲话精神作为第一位的政治任务。

习近平重要讲话站在塑造灵魂、塑造生命、塑造人，推进国家繁荣、民族振兴、教育发展的高度，突出强调了教师的重要地位和作用，深刻论述了做党和人民满意的好教师要有理想信念、道德情操、扎实学识和仁爱之心，深刻指出培养造就一大批一流教师、不断提高教师队伍的整体素质，是当前和今后一个时期内我国教育事业发展的紧迫任务。学习好、领会好、贯彻好讲话精神，是全体教师当前和今后一个时期内第一位的政治任务，它对于全面提升教师队伍质量和水平，落实立德树人根本任务，具有重大而深远的意义。

广大教师要通过学习、研讨等多种方式，深刻领会习近平重要讲话的精神实质，用“好教师”的标准要求自己，内化于心，外化于行，以人格魅力引导学生心灵，以学术造诣开启学生智慧之门。

第二，积极引导广大教师努力做有理想信念、道德情操、扎实学识、仁爱之心的好教师。

“大学之道，在明明德，在亲民，在止于至善。”苏格拉底说过：“教育不是灌溉，而是点燃火焰。”大学教师不仅要做学问之师，更要做信念之师、品行之师、仁爱之师。

一是筑师者之念。陶行知先生说，教师是“千教万教，教人求真”。教师肩负着培养下一代的重要责任，正确的理想信念是教书育人、播种未来的指路明灯。广大教师要自觉肩负起国家使命和社会责任，牢固树立中国特色社会主义理想信念，自觉做中国特色社会主义共同理想和中华民族伟大复兴中国梦的积极传播者，帮助学生筑梦、追梦、圆梦，用自己的学识、阅历、经验点燃学生对真善美的向往，身体力行把社会主义核心价值观的要求融入日常的教育、教学、管理以及与学生的交往中，以自己的高尚师德和点滴行为潜移默化地影响和激励每一个学生。

二要修师者之德。学校要给予学生的不仅是文化知识，更重要的是过硬的道德品质，学生在校期间不仅要收获知识，更要升华思想和精神。教师是学生成长成才的引路人，要带头弘扬社会主义道德和中华民族传统美德，用高尚师德给予学生最生动、最深远的示范教育，帮助学生把握好人生方向，扣好人生的第一粒扣子。全体教师要坚守住人类灵魂工程师的职业操守，自觉恪守“学为人师，行为世范”的为师之道，不仅要注重教书，更要注重育人；不仅要注重言传，更要注重身教。应该有“捧着一颗心来，不带半根草去”的奉献精神，自觉坚守精神家园，坚守人格底线，静下心来教书，潜下心来育人，做爱岗敬业的模范，以自己的模范行为影响和带动学生。

三要铸师者之能。习近平指出：“扎实的知识功底、过硬的教学能力、勤勉的教学态度、科学的教学方法是教师的基本素质，其中知识是根本基础。”要做智慧型教师，不仅要有胜任教学的专业知识，还要具备学习、处世、生活、育人的智慧，既授人以鱼，又授人以渔，能够在各个方面给学生以帮助和指导。有的教师说得非常好：“要给学生一碗水，自己不仅要有一桶水，最好指给学生一条河。”这就要求广大教师始终处于学习状态，孜孜以求、潜心为学、苦练本领，拓宽知识视野，更新知识结构，不断提高专业学术水平。要积极进行教学内容和教学方法改革，勇于创新，努力探索教育教学的新理念、新方法，不断提高教书育人的本领，努力使自己成为业务精湛、学生喜爱的高素质教师，始终为学生提供最有效的指导和最好的教育。

四要怀师者之爱。选择了教师这份职业，就要把教书育人作为毕生的事业去追求，把真情、真心、真诚贯穿于教书育人的全过程，成为有爱心的好教师。教师的职业是神圣的，教师的称呼是光荣的。广大教师要以内心深处对学生的爱，去诠释教师这一伟大而光荣的职业，用太阳般的光辉和慈父慈母般的关怀温暖每个学生的心灵，关爱每一名学生的成长，最大限度地给予学生人文关怀，积极用爱培育爱、激发爱、传播爱，做学生的好朋友和贴心人。要立足教学一线，将知识的力量转化为人格的力量，以满腔热忱开启学生智慧，陶冶学生情操，鼓励学生创造，努力把学生培养成为社会需要的有用之才。

第三，高校要掀起学习宣传贯彻习近平重要讲话精神的热潮。

一是党员干部要带头认真学习领会习近平重要讲话精神。领导班子和党员干部要带头学习，先学一步，学深学透。要通过学习培训、座谈研讨、专家解读等多种方式切实提高学习效果。在学习贯彻讲话精神的过程中要充分发挥好导向和示范作用，在真学、深学上做示范，努力成为学习的“排头兵”，带动全体教师深入学习讲话精神。

二是创新形式，迅速形成学习宣传贯彻习近平重要讲话精神的浓厚氛围，要充分利用报刊、广播、橱窗等开设专栏、专版，举办学习讨论会、征文等生动有效的活动，帮助广大干部、教师全面理解和准确把握讲话的丰富内涵、精神实质。要广泛学习宣传受表彰教师的感人事迹，集中报道一批优秀教师典型，营造尊师重教的良好校园风尚。

三是健全师德建设长效机制，不断营造以德育师的制度环境。落实好教育部师德建设文件要求，建立师德建设长效机制体系。从教师成长的第一步培养环节抓起，形成课堂教学、校园文化和社会实践多位一体的育人平台。在教师上岗前后培训中开设师德教育课程，并把优秀教师请进课堂，用优秀教师的感人事迹诠释师德内涵。严格师德考核，突出师德激励，强化师德监督，引导广大教师自觉提高师德修养，做学生爱戴敬仰的品行之师、学问之师。

习近平重要讲话思想深邃、内涵丰富，需要反复学、经常学、持久学，希望我们每位教师都要按照上级党委要求进一步抓好讲话精神学习工作，把学习贯彻讲话精神不断引向深入，以更加执着的追求、更加专注的投入、更加昂扬的斗志、更加壮阔的情怀投入伟大的教学教育中去，为不断提高人才培养水平共同奋斗。

三、抓好师德师风建设工作

教师是立德树人的主要实施者。广大教师的思想政治素质和道德情操直接影响着青年学生的世界观、人生观、价值观的形成，决定着人才培养的质量，关系着学校的长远发展。因此要从提高办学水平和人才培养质量、实现学校发展目标的战略高度，充分认识加强和改进师德师风建设的重要意义。

（一）师德师风职业道德规范基本内容

①爱国守法。热爱祖国，热爱人民，拥护中国共产党的领导，拥护中国特色社会主义制度，自觉做中国特色社会主义的坚定信仰者和忠实实践者。遵守

宪法和法律法规，贯彻党和国家教育方针，依法履行教师职责，维护社会稳定和校园和谐。

②崇教爱生。忠诚于党和人民的教育事业，树立崇高的职业理想，以人才培养、科学研究、社会服务和文化传承创新为己任，恪尽职守，甘于奉献，终身学习，刻苦钻研，关爱学生、尊重学生、理解学生、宽容学生，做学生的良师益友。

③立德树人。坚持育人为本，以德立身、以德立学、以德施教，带头弘扬社会主义核心价值观。遵循教育规律，坚持教书和育人相统一，坚持言传和身教相统一。尊重学生个性，促进学生全面发展，做学生锤炼品格、学习知识、创新思维、奉献祖国的引路人。

④严谨治学。弘扬科学精神，勇于探索、追求真理、精益求精、实事求是、发扬民主、协同创新。坚持学术自由和学术规范相统一，诚实守信、力戒浮躁，秉承学术良知，恪守学术规范，尊重他人劳动和学术成果，维护学术自由和学术尊严。

⑤服务社会。坚持潜心问道和关注社会相统一，勇担社会责任，为国家富强、民族振兴、人民幸福和人类进步服务。普及科学知识，传播优秀文化，促进国际交流。热心公益、服务大众，主动参与社会实践，自觉履行社会义务，积极提供专业服务。

⑥为人师表。学为人师，行为世范。淡泊名利，志存高远。树立优良学风教风，以高尚师德、人格魅力和学识风范教育感染学生。模范遵守社会公德，维护社会正义，引领社会风尚。重诺守信，清廉从教。自尊自律，言行雅正。做有理想信念、道德情操、扎实学识和仁爱之心的好教师。

（二）加强和改进师德师风建设的路径

要把建立健全师德师风教育、宣传、考核、监督与奖惩的长效机制纳入年度重点工作，细化目标、明确责任，统筹安排、周密部署，加强联动、高效推进，强化督办、提高实效。

1. 创新师德师风教育，引导教师树立崇高理想

将师德师风教育摆在教师培养首位，贯穿教师职业生涯全过程。重点加强社会主义核心价值观教育、理想信念教育、法治教育和心理健康教育，把参加“市级轮训、校级专项培训、各单位日常培训”相结合的青年教师思想政治理论三级培训体系落在实处。依托各类教师培训开展经常性学习培训和主题教育培训活动，将师德师风培训制度化、规范化。将师德师风教育作为优秀教师团队、

骨干教师、专业带头人培养的重要内容。创新教育理念、模式和手段，结合教学科研、社会服务活动等开展师德师风教育，鼓励教师参与调查研究、学习考察、挂职锻炼、志愿服务等社会实践活动。举办新教师入职宣誓、新老教师结对拜师、师德师风承诺等仪式性活动。建立教职工师德师风履职承诺制度，定期开展教师思想动态调查，倾听教师的意见，关心教师的切身利益，切实增强师德师风教育效果。

2. 加强师德师风宣传和激励，培育重德养德良好风尚

把握正确舆论导向，加大师德师风宣传力度，深入挖掘师德师风先进典型和事迹，利用校园媒体等多种形式广泛宣传，生动展现广大教师的良好精神风貌。每年九月份，集中开展以立德树人、教书育人为核心的师德师风建设主题宣传教育月活动，利用教师节活动，与全体教职工签订师德师风履职承诺书，引导广大教职工自觉培育和践行社会主义核心价值观，加强师德师风修养，弘扬新时期人民教师的高尚师德和奉献精神，提升教师的责任感、使命感和荣誉感。充分发挥师德师风在评优奖励上的激励作用，进一步完善优秀教师、优秀班主任、优秀辅导员、师德师风先进集体和个人的评选程序，提升奖项的含金量，形成对教师的有效激励。要把师德师风评价纳入专业技术职务评聘、岗位聘用、职务选任、等级晋升、年度（聘期）和各级各类考核、各类评优评先（评选获奖的集体和个人，包括先进党组织和优秀党员、先进思想政治工作集体和个人、先进新闻宣传工作集体和个人、优秀教研室、优秀辅导员和班主任等）奖励、人才选拔、国内外进修访学和申报骨干教师、教学名师、专业带头人、创新团队等项目遴选和推荐的各个环节，在同等条件下师德师风表现突出的，应予优先选用。

3. 健全师德师风考核，促进教师提高自身修养

进一步完善教师聘用考核制度，建立教职工师德师风档案和科研诚信记录，把政治标准和遵守师德师风规定的言行表现作为教师聘用、考核的首要标准。严格聘用条件，规范聘用合同和入职程序，健全考核制度。完善人才引进和教师聘用的聘用管理办法。严格把好新聘任教师的政治关，落实思想政治和师德师风“一票否决”制度。师德师风考核要坚持客观公正、公平、公开原则，在考核中采取个人自评、学生测评、同事互评、单位考评等多维度、多形式进行师德师风考核评价。考核结果通知教师本人，考核优秀的予以公示表彰，确定考核不合格者向教师说明理由，听取教师本人意见，考核结果存入教师档案。师德师风考核不合格者年度考核评定为不合格，并在当年专业技术职务评聘、

岗位聘用、职务选任、等级晋升、年度（聘期）和各级各类考核、各类评优评先（含评选获奖的集体和个人，包括先进党组织和优秀党员、先进思想政治工作集体和个人、先进新闻宣传工作集体和个人、优秀教研室和优秀主任、优秀辅导员和班主任等）奖励、人才选拔、国内外进修访学和申报骨干教师、教学名师、专业带头人、创新团队等项目遴选和推荐中实行一票否决。

4. 强化师德师风监督，有效防止师德失范行为

建立师德师风建设年度评议、师德师风状况调研、师德师风重大问题报告和师德师风舆情快速反应机制，经常研究加强和改进师德师风建设的政策措施，构建学校、教师、学生、家长和社会多方参与的师德师风监督体系。充分发挥工会、教职工代表大会（以下简称“教代会”）、学术委员会、教学指导委员会、学生会等各类组织机构在师德师风监督中的作用。进一步强化教学督导在监督教师师德师风表现和课堂讲授纪律中的作用。建立和完善职能部门各负其责的师德师风投诉举报平台，公布专门的联系人和联系方式，接受对师德师风失范的投诉和举证，做到有诉必查、有查必果、有果必复。学校应经常性开展师德师风调研，及时掌握教师信息动态，建立师德师风现状评议报告反馈机制。各部门党组织要配合做好教师舆情收集和反馈工作，畅通学校和教师的思想交流渠道。

5. 注重师德师风激励，引导教师提升精神境界

建立和完善师德师风表彰奖励制度，以每年教师节为契机，定期评选表彰师德师风标兵和师德师风先进个人，树立教师学习的榜样，塑造教师师德师风形象。积极推荐师德师风标兵、师德师风先进个人，在推荐评选表彰中要把师德师风表现作为评奖评优的首要条件，在同等条件下，师德师风表现突出的，将优先考虑。

6. 严格师德师风惩处，发挥制度规范约束作用

把教师决不允许触碰的行为底线作为实施“一票否决”的依据，建立师德师风“一票否决”制度实施细则、教职工职业道德与行为规范实施细则、师德师风考核评议实施办法等问责机制。对于违背师德师风规范者、师德师风考核不合格者，依法依规分别酌情给予警告、记过、降低专业技术职务等级、撤销专业技术职务或者行政职务、解除聘用合同直至开除处理，对严重违法违纪的要及时移交司法部门追究其法律责任。各部门负责人对教师严重违反师德师风行为监管不力、拒不处分、拖延处分或推诿隐瞒，造成不良影响或严重后果的，还要追究教师所在部门负责人和相关处理责任人的责任。

第三节　高校大学生思想政治教育

一、努力做好新时期高校意识形态工作

（一）深刻认识加强高校大学生思想工作的重要意义

在2013年8月19日全国宣传思想工作会议上，习近平站在党和国家全局的高度，对宣传思想工作进行了最集中、最鲜明的概括，为在新的历史起点上开创宣传思想工作新局面，确定了原则，指明了方向，提供了可供遵循的“路线图”。

第23次全国高等学校党的建设工作会议召开前夕，习近平就高校党建工作专门做出重要指示，具有很强的战略性、针对性和指导性，为做好高校党建工作提供了根本遵循，指明了前进方向，是新形势下高校党建工作的思想指南和行动纲领。

2015年，中共中央办公厅、国务院办公厅印发了《关于进一步加强和改进新形势下高校宣传思想工作的意见》（以下简称《意见》），《意见》是深入贯彻落实习近平关于意识形态工作系列重要指示精神、全面推进高校宣传思想工作的纲领性文件，是对新时期高校宣传思想工作的总部署、总动员。做好高校宣传思想工作，加强高校意识形态阵地建设，是一项战略工程、固本工程、铸魂工程，事关党对高校的领导，事关全面贯彻党的教育方针，事关中国特色社会主义后继有人，对于巩固马克思主义在意识形态领域的指导地位，巩固全党全国人民团结奋斗的共同思想基础，具有十分重要而深远的意义。这“三个工程”“三个事关”“两个巩固”，指明了高校意识形态工作的全局性、战略性意义，进一步坚定了我们做好高校意识形态工作的决心。

例如，在北京市委、市委教育工委和市教委的正确领导下，北京青年政治学院党委始终坚持正确的政治方向和舆论导向，高举旗帜、扎实工作，把培育和践行社会主义核心价值观融入教书育人的全过程，唱响了时代主旋律，该学院思想理论建设取得了新进展，教师思想政治素质明显提高，学生思想政治教育成效明显，宣传思想工作阵地管理不断加强。广大师生积极健康向上，拥护党的领导，对以习近平同志为核心的党中央充分信赖，对中国特色社会主义事业和实现中华民族伟大复兴的中国梦充满信心、充满期待。

（二）不断加强意识形态的引导和管理，维护意识形态稳定

1. 不断完善意识形态工作的领导体制和工作机制

第一，强化领导班子领导责任。领导班子是意识形态工作的领导核心，必须严格按照社会主义政治家、教育家的标准加强领导班子建设，不断增强班子成员政治意识、大局意识、责任意识和底线意识。对各种错误思想、政治观点和言论，要坚持原则、敢抓敢管，绝不能不闻不问、听之任之。

第二，强化意识形态工作体系建设。意识形态工作不是单靠一个部门或几个部门就能够做好的，需要在党委领导下，加强顶层设计，讲究策略方法，整合政策、资源和工作力量，形成做好新时期意识形态工作的强大合力。要建立健全党委统一领导、党政齐抓共管的工作格局，构建党委宣传部门牵头、有关职能部门协同配合、院（系）党组织具体实施、广大师生积极参与的高校意识形态工作领导体制和工作机制，确保意识形态工作抓得住、抓得实、抓得好。意识形态领域出现的问题，很多时候带有普遍性，容易在多个高校或是多个区域的高校共同产生，迫切需要加强沟通联动机制建设，除在学校内部加强沟通协作外，重点是要建立学校与教育主管部门的纵向沟通机制，学校与宣传、思想、公安、安全等部门的定期联络机制，学校与兄弟院校之间的横向联动机制，共享信息资源，形成统一行动。当前，社会群体事件或是突发事件都会对高校形成冲击效应，高校内部的个案事件也会在高校中产生发酵效应，这些都对高校意识形态工作提出巨大挑战，迫切需要加强应急机制建设，提前做好应急预案，日常加强应急演练，确保应对有据、进退有度。

第三，加强基层党组织和群团组织建设。首先，要加强基层党组织建设，强化基层党组织在思想政治工作方面的地位、作用和职能。同时，要选派优秀干部充实基层党务干部队伍，加强对基层党组织实际工作的指导，特别是建好学生党支部和教工党支部，充分发挥党支部的战斗堡垒作用。其次，应加强群团组织建设。群团组织是党领导的联系特定人群的桥梁和纽带，是高校党组织做好意识形态工作的得力助手和有益补充。他们长期以来形成的一些行之有效的好方法、好经验，可以扩大意识形态工作的覆盖面。最后，应加强学生组织建设。抓好以学生会为骨干的学生组织建设，发挥好学生社团的作用，有针对性地建设一批学生理论社团，充分发挥学生组织在理论学习、实践锻炼、志愿服务等方面的积极作用，使学生在思想教育中由“被动”转为“主动”，引导学生自我教育、自我服务、自我管理。

第四，强化思想政治工作队伍建设。重点抓好专职党务干部、思想政治课

教师、辅导员和班主任、学生干部四支队伍建设，加大培训和培养力度，培养一支政治坚定、业务娴熟的专业化思想政治工作队伍。思想政治课教师是在课堂教学中唯一一支直接面对学生做意识形态工作的重要力量，要按照教育部的统一规定，完善思想政治课教师的选择配备、培养培训、资格准入、考核激励等制度，配齐配强思想政治课教师队伍，促使思想政治课教师队伍朝着职业化、专业化、专家化方向发展。辅导员和班主任是第一课堂外与学生朝夕相处的群体，是通过自身行为能对学生施加影响最大的群体，要认真落实中央关于辅导员建设的各项要求，保证辅导员队伍的“双线晋升、双线发展”机制，提升辅导员和班主任队伍的专业化水平，努力建设政治素质高、业务能力强、具有开拓创新意识的辅导员和班主任队伍。学生干部来自学生、服务学生，是实现学生自我教育、自我服务、自我管理的关键因素，同时是未来党务干部、思想政治课教师、辅导员和班主任队伍的重要来源，因此要高度重视学生干部在意识形态工作中的地位和作用。一方面要努力培养学生干部成为党的重要预备力量，另一方面要充分发挥学生干部的示范带头作用，带领学生热爱党、热爱祖国、热爱社会主义。

2. 切实增强阵地意识，牢牢掌握意识形态工作管理权

第一，严格课堂、讲座和活动阵地的管理。要切实加强和改进课堂教学，创新教育教学方式方法，敢于和善于回应师生关切的重大理论和实践问题，把理论研究成果和热点问题解答及时补充到教学内容中。建立完善相关规章制度，切实加强和改进课堂教学、报告会、研讨会、讲座、论坛、网络等管理，始终坚持马克思主义在学校意识形态领域的主导地位，坚持把社会主义核心价值观贯穿于教育教学全过程中。要加强课堂教学管理，严格执行教师聘用、教学考核、教学督导制度，绝不给错误、消极的思想提供传播渠道，确保广大教师思想稳定和学校政治稳定。

第二，创新校园网络建设和管理。随着以互联网技术为代表的信息技术的发展，新型传媒手段不断涌现，互联网已经成为师生接收信息的主要渠道，微博、微信、QQ群、人人网等已经成为师生社交的重要平台。新媒体的兴起，对学校意识形态工作提出了新的挑战，学校需加强对信息技术的研究，重点加强网络媒体的建设与管理，建设一批具有较强思想性、教育性、互动性的主题教育网站，主动抢占网络意识形态教育阵地，加强主流意识形态的宣传，切实提高舆论引导能力。同时，努力掌握利用网络平台开展意识形态工作的方式方法，搭建网络工作平台，打造新媒体沟通平台，提升意识形态工作的技术含量，

使新技术、新媒体更好地服务于意识形态工作。要加大网络思想政治教育研究和工作推动力度，探索建立线上与线下互动一体的思想政治工作运行机制，提高运用网络信息技术弘扬主旋律、传播正能量的能力和水平。健全网络舆情预警和防控机制，认真做好网上舆论引导工作。按照“提高素质、优化结构、相对稳定”的要求，建设一支思想水平高、网络业务强、熟悉师生特点的网络管理队伍，提高网络建设与管理水平。

第三，加强校园文化建设。突出校园文化的思想内涵，优化校园人文环境，培育一批体现学校优良传统、办学特色，深受学生喜爱的校园文化成果和品牌。要以校风、教风、学风建设为核心，以爱岗敬业、奉献友爱为重点，通过“身边人讲身边事、身边人讲自己事、身边事教身边人”的形式，聚焦小人物，以小见大，充分进行正面宣传教育，弘扬主旋律，传播正能量。要进一步加强学生社团的审批和管理，开展丰富多彩、健康向上的学术、科技、体育和艺术活动，帮助学生健康成长成才。

（三）把意识形态工作融入教学、科学研究管理和服务全过程

加强和改进意识形态工作，不能“空对空”“虚对虚”，而是通过在运行的各项工作中强调原则和突出重点来体现，以“实”的具体行为来对接“虚”的意识形态原则，以改善实际工作效果来提升意识形态工作的实效性。

1. 贯穿于教学工作全过程

教学工作是学校的中心工作，也是意识形态工作的重要领域。一是坚持“学术研究无禁区、课堂讲授有纪律”的原则，在教学过程中坚决杜绝有损国家利益和不利于学生健康的言行，同时，也要把这条原则作为铁律贯穿于教师队伍建设全过程。二是切实加强和改进思想政治课建设，不断充实形势政策课的内容，强化实践教学环节，大力推进中国特色社会主义理论体系“进教材、进课堂、进头脑”，从教材、教师、教法入手，持续改善思想政治课的实际效果，发挥思想政治课的教育引导功能，把社会主义意识形态转化为师生的群体意识，最大限度地扩大师生共识范围，坚定师生的中国特色社会主义共同理想，扩大思想政治课对意识形态教育的有效覆盖面。同时，坚持理论联系实际，敢于直面社会焦点、热点问题，围绕改革开放和社会主义现代化建设中的重大问题，采用案例式、讨论式、参与式、体验式等教学方法，提高思想政治教育解疑释惑的能力，增强青年学生的政治辨别力和抵御错误思想的能力，促进青年学生

形成正确的世界观、人生观和价值观。三是把爱国主义、社会主义、集体主义教育潜移默化地融入教学中，把职业道德、社会公德和家庭美德教育与专业教育有机结合，使师生言行与主流意识形态相一致。

2. 贯穿于科学研究全过程

一要发挥学校科学研究的优势，加强对中国特色社会主义道路、理论、制度的研究，加强对社会主义核心价值体系的研究，积极培育和弘扬社会主义核心价值观，大力宣传党的理论创新成果，为社会主义意识形态的传播和普及提供智力支持和人才支撑。二要倡导“百家争鸣、百花齐放”的“双百”方针，以海纳百川、兼容并蓄的气魄，努力营造相对宽松包容的科学研究的氛围和环境，求同存异，不怕争鸣，容忍失败，反对急功近利，支持教师按照科研规律、个人兴趣和学术专长开展科学研究，使教师切身感受到社会主义意识形态的包容与开放，提升社会主义意识形态的影响力。

3. 贯穿于管理和服务全过程

管理和服务是学校有序运行的重要手段和方式，倡导坚持原则的柔性管理和细致入微的周到服务，增强学校意识形态工作的亲和力和感染力。所谓柔性管理是指制度构建和制度执行在坚持刚性原则的基础上，充分考虑学校自身的特点，允许存在一定的弹性空间。所谓细致入微服务，就是从师生实际需要出发，提供更加具有人文情怀的人性化服务。做到柔性管理和细致入微服务的关键在于坚持以人为本，具体表现为以教师为本和以学生为本两个层面。以教师为本，就是要大力弘扬尊师重教的文化，尊重教师在学校发展中的主体地位，尊重教师的劳动和创造，尊重教师关于学校发展的意见和建议，不断改善教师工作和生活的环境和条件，为教师施展才华搭建舞台、创造条件。坚持教学在高校工作中的中心地位不动摇，坚持对教学工作的重视和支持不懈怠，坚持学校其他工作服从并服务于教学工作的方针不改变，为抓好教学工作、深化教学改革提供全方位的保障。以学生为本，就是要把育人作为学校一切工作的出发点和落脚点，不断深化教学改革，不断创新人才培养模式，不断改善学生学习生活环境，热爱学生、关心学生、服务学生，促进学生的成长成才。

习近平系列讲话和重要批示是思想宝库，更是行动指南。我们要深入学习和贯彻习近平对意识形态工作提出的一系列新观点、新论断、新部署，始终坚持一手抓教书育人，一手抓意识形态工作，始终把“培养什么人、怎样培养人、为谁培养人”这些重大课题摆在首要位置，牢牢把握正确的育人方向，不断提升宣传思想工作的针对性、实效性、吸引力、感染力，不断坚定广大师生对于中国特色社会主义的道路自信、理论自信、制度自信，培养德智体美全面发展的社会主义建设者和接班人。

二、改进高校思想政治和意识形态工作

2015 年，中共中央办公厅、国务院办公厅印发的《关于进一步加强和改进新形势下高校宣传思想工作的意见》，是深入贯彻落实习近平关于意识形态工作系列重要指示精神、全面推进高校宣传思想工作的纲领性文件，事关党对高校的领导，事关全面贯彻党的教育方针，事关中国特色社会主义后继有人，对于巩固马克思主义在意识形态领域的指导地位，巩固全党全国人民团结奋斗的共同思想基础，具有十分重要而深远的意义。我们要充分认识高校意识形态工作的重要性、特殊性和复杂性，增强紧迫感、责任感和使命感，胸怀大局、把握大势、着眼大事，找准工作的切入点和着力点，做到因势而谋、应势而动、顺势而为，扎实做好高校意识形态各项工作。

（一）当前高校青年学生思想状况

当前大学生群体高度认同党和政府的工作成绩，民族复兴中国梦的主旋律强劲高昂，中国特色社会主义理论成果已基本入脑入心，正确的世界观、人生观、价值观已初步形成，展现出良好的当代大学生的精神风貌。与普通人民群众一样，当前大学生深切关注与自身利益攸关的就业等民生问题，在一些中国特色社会主义理论观点上存在模糊认识，在个别价值判断上现实功利。从整体上说，高校大学生群体是爱国、理性、务实、乐群、平和的，能够跟党中央保持一致。

（二）改进高校思想政治和意识形态工作的具体措施

1. 充分发挥高校党组织作用，牢牢掌握高校意识形态工作领导权

第一，强化高校领导责任。高校领导班子是高校意识形态工作的领导核心，必须严格按照社会主义政治家、教育家的标准加强高校领导班子建设，不断增强班子成员政治意识、大局意识、责任意识和底线意识。对各种错误思想、政治观点和言论，高校领导班子要坚持原则、理直气壮、敢抓敢管，绝不能不闻不问、听之任之。进一步完善高校“党委统一领导、党政工团齐抓共管、相关部门各负其责”的意识形态工作领导体制和责任机制，层层落实高校意识形态工作责任。

第二，强化相关部门的职责。高校党的工作部门担负着意识形态工作的职能职责，要各尽其责、协调联动，杜绝出现漏管失察的问题。党委宣传部是意识形态工作的主管部门，要坚持正确的舆论导向，坚持“三贴近”（贴近实际、贴近生活、贴近群众）原则，实现宣传工作与时俱进，做到关键时刻不失语、重大问题不缺位。党委学工部、安稳部和二级党总支是重要的工作力量，要坚持守土有责、守土尽责、守土负责，积极履行职责，提升工作质量和实效。学工部要加大对学生的思想政治教育，把握好学生的思想动态。安稳部要做好防控排查和突发事件处置工作。二级党总支要认真抓好师生的教育、管理和培训，增强政治敏锐性和政治鉴别力，切实把好第一道关口。

第三，强化宣教工作队伍建设。根据新形势和新要求，加大培训和培养力度，培养一支政治坚定、业务娴熟的专业化宣传思想工作队伍。要注重加强思想政治理论课教师、辅导员和班主任队伍建设，同时引导专家学者、学科带头人和一线教师参与思想政治工作，全方位推进教书育人、管理育人、服务育人工作。

2. 增强阵地意识，牢牢掌握高校意识形态工作管理权

第一，严格课堂、讲座和活动阵地的管理。要切实加强和改进高校课堂教学，创新教学方式方法，敢于和善于回应师生关切的重大理论和实践问题，把理论研究成果和热点问题解答及时补充到教学内容中。要加强课堂教学管理，严格执行教师聘用、教学考核、教学督导制度，避免在课堂、讲座等阵地中出现错误观点和言论。同时，高校还要建立规范的申报和审批制度，严格管理报告会、研讨会、讲座、论坛等活动，杜绝错误思想、错误观点的传播。

第二，创新校园网络建设和管理。要加大网络思想政治教育研究和工作推动力度，探索建立线上与线下互动一体的思想政治工作运行机制，提高运用网络信息技术弘扬主旋律、传播正能量的能力和水平。健全网络舆情预警和防控机制，认真做好网上舆论引导工作。切实抓好网络课堂、博客、微博等新媒体的管理。按照“提高素质、优化结构、相对稳定”的要求，建设一支思想水平高、网络业务强、熟悉师生特点的网络管理队伍，提高网络建设与管理水平。

第三，加强校园文化建设。要以校风、教风、学风建设为核心，突出校园文化的思想内涵，优化校园人文环境，培育一批体现高校优良传统、办学特色，深受学生喜爱的校园文化成果和品牌。要进一步加强学生社团的审批和管理，开展丰富多彩、健康向上的学术、科技、体育和艺术活动，帮助学生健康成长成才。

3. 积极引领社会思潮，牢牢掌握高校意识形态工作话语权

第一，在理想信念教育上及时发声。引领社会思潮，就必须加强理想信念教育。当前最重要的就是深入推进中国特色社会主义理论体系和中国梦进教材、进课堂、进头脑的工作，把社会主义核心价值观和理想信念教育落实到教学的各环节和全过程。要切实贯彻党的十八大和十八届三中、四中全会精神以及习近平系列重要讲话精神，进一步深化师生对中国特色社会主义道路、体系、制度要义的理解和认识，领会党和国家理论旗帜的内在逻辑和辩证统一关系。要进一步引导师生积极践行社会主义核心价值观，坚定中国特色社会主义道路自信、理论自信、制度自信。

第二，在理论研究阐释上权威发声。高校要充分发挥学科和理论优势，认真分析错误思潮产生的历史背景，揭示其理论实质与社会危害，帮助人们走出认识的误区。要加强重大理论与现实问题的研究，系统地回答在当代中国，为什么要坚持马克思主义在意识形态领域的指导地位，而不能搞指导思想的多元化，为什么要坚持中国特色社会主义，而不能搞资本主义，为什么要坚持中国共产党领导的多党合作和政治协商制度，而不能搞西方的多党制等重大问题，及时解答人民群众关心的重大理论和实践问题以及社会热点、难点问题，有针对性地开展释疑解惑工作，进一步提高人们的思想认识和政治理论水平。

第三，引导知识分子主动发声。要加强马克思主义理论队伍和哲学社会科学队伍建设，努力造就一批德才兼备，能够引领社会思潮的理论家和思想家，特别是要造就一批坚定的青年马克思主义者。要在学习上注重培养锻炼，组织和支持知识分子在社会实践中锻炼自己，在服务党和人民的事业中提升自己，不断丰富新知识，增长新才干。要积极帮助知识分子解决实际问题，改善他们的学习、工作和生活条件，千方百计为他们排忧解难。通过扎实有效的工作，培养、团结一大批具有重要影响力的知识分子，拓宽与他们联系沟通的渠道，最大限度地把他们团结到党的周围，更好地发挥他们的建设性作用。

三、必须注重七个“抓好”

（一）发挥党委领导核心作用，抓好党对高校的领导这个根本

习近平强调，我们的高校是党领导下的高校，是中国特色社会主义高校。坚持党对高校的领导，就是要在思想上、政治上、行动上同以习近平同志为核心的党中央保持高度一致，始终坚持党的教育方针和社会主义办学方向，确保党的理论和方针路线在高校落地生根。要始终坚持和完善党委领导下的校长负

责制，党委要履行管党治党、办学治校主体责任，把方向、管大局、做决策、保落实，牢牢掌握党对高校工作的领导权，使高校成为坚持党的领导的坚强阵地。要从中国特色社会主义大学本质的高度上，深刻认识坚持党对高校领导的重大意义和实践要求，切实把党的领导落实到立校办学的方方面面，确保教育事业持续健康发展。按照社会主义政治家、教育家的标准加强领导班子建设，细化党委抓思想政治工作的责任清单，掌握高校思想政治工作的主导权，保证高校始终成为培养社会主义事业建设者和接班人的坚强阵地。

（二）积极培育和践行社会主义核心价值观，抓好思想理论武装这个基础

习近平强调，办好我们的高校，必须坚持以马克思主义为指导，引导广大师生做社会主义核心价值观的坚定信仰者、积极传播者、模范践行者。巩固马克思主义的指导地位，增强主流价值观的凝聚力和影响力，是高校思想政治工作的根本落脚点，任何时候都不能放松。要善于运用马克思主义的立场、观点、方法解决和阐述重大理论问题，不断提高师生理论修养和认识水平。把社会主义理想信念教育摆上思想政治教育的首要位置，整合全校党建资源，建设好“三大教育空间、三支理论队伍、三个活动载体”。“三大教育空间”即第一课堂、第二课堂和网络空间。“三支理论队伍”即由中层以上领导组成“党的理论与政策宣讲团”、由校内外专家和思想政治课教师组成“中国特色社会主义理论与实践讲师团”和由学生组成经典理论社团。“三个活动载体”即党委理论中心组学习会、党建专题教育活动和学生党校。三个项目通过阵地、队伍、活动的顶层设计和系统推进，重点围绕马克思主义中国化的重大理论和实践问题，对各级党组织、党员干部、学生入党积极分子进行系统的教育，从理论和实践两个方面回答师生关注的重大问题，把社会主义核心价值观的要求有机融入教学的全过程。

（三）推进各类课程与思想政治课同向同行，抓好课堂教学这个主渠道

习近平强调，做好高校思想政治工作，就要用好课堂教学这个主渠道，思想政治理论课要坚持在改进中加强，其他各门课都要“守好一段渠、种好责任田”，使各类课程与思想政治理论课同向同行，形成协同效应。要着力打造一支政治信念坚定、与党同心同德、理论功底深厚的教学队伍。组织专业教师开发专业特色鲜明的职业文化和职业道德课程。在通识教育课程库中突出思想政治教育模块，引导教师重点开设文学、历史、艺术、道德等领域的公共选修课。

实施思想政治课教师专项考核办法，严格思想政治课教师动态管理，确保择优上岗。提升小班教学授课比例，实行教师与专业班级固定的师资安排，推行以问题导入为特征的专题教学。加强思想政治课校外实践教学基地建设，致力于实践教学课程化、体系化，提高现场实践教学的覆盖率。加强网络资源和网络课程建设，推广思想政治课网络辅助教学标准化和基于网络的学生学习过程记录、考核和评价。通过综合改革，健全课堂讲授、实践教学和网络课堂“三位一体”的教学模式，建成“以质量为目标，以课程为基础，以师资为关键，以实践为延展，以网络为工具和动力”的思想政治课一体化格局。

（四）健全师德建设长效机制，抓好教师这个关键

习近平强调，传道者自己首先要明道、信道。每一位思想政治工作者要增强做好思想政治工作的责任感与使命感，担负起学生健康成长指导者和引路人的责任，自觉提高思想政治工作的能力与本领。积极引导教师主动学习，以“有理想信念、有道德情操、有扎实学识、有仁爱之心”的标准严格要求自己，率先垂范、言传身教，传播先进文化、塑造美好心灵。以提高教师职业理想和职业道德水平为重点，着力提升教师思想政治素质，发挥榜样示范等作用，把政治上严格要求、做好思想工作与促进职业发展结合起来。强化思想政治评价在教师准入和成长发展中的导向作用，加强相关管理，在师资引入、教育培训和考核机制中明确要求，严格落实师德“一票否决”制度，发挥制度规范约束作用，督促广大教师把正确的思想认识和政治立场传达给学生。引导教师把教书和育人有机统一起来，开展“师德先进集体和个人”“优秀辅导员”“十佳班主任”评选表彰活动，加大先进典型宣传力度，营造学先进、争先进的浓厚氛围。

（五）强化学生行为养成教育，抓好学生这个中心

习近平强调，思想政治工作从根本上说是做人的工作，必须围绕学生、关照学生、服务学生。聚焦学生这个中心，注重联系学生思想实际，修订学生日常文明行为规范，健全学生成长成才档案，进一步完善大学生思想政治素质综合评价的内容和方式。深化“三生教育”，突出生命、生存、生活常识和技能培训，培育和谐、友善、互助的校园人际关系。强化以文化人、以文育人，结合重大事件、重要节点，开展特色鲜明的主题教育活动，引导学生深刻接受思想教育。以校园传统品牌文化活动为抓手，将思想政治教育寓于各类文化活动中，引导学生在愉悦身心的过程中增强对核心价值观的理解与认同，有效实现文化活动的思想政治教育功能。以社会实践为路径，引导学生广泛开展实习实

践、志愿服务和创新创业活动，在实践锻炼中受教育、长才干、做贡献。拓展大学生思想政治工作的辐射范围，落实宿舍的各项管理制度，办好全校性的“宿舍文化节”，持续改善学生宿舍的教育、管理和服务，发挥育人功能，把学生宿舍建成文明养成的重要阵地，助力学生成长。开展上课出勤、校园禁烟、高层消防、防盗防骗、危机应对等专项教育和治理工作，把学生日常行为的养成教育落细、落小、落实。

（六）把握工作规律，抓好网络思想政治工作这个阵地

习近平强调，做好高校思想政治工作要因事而化、因时而进、因势而新。每一位思想政治工作者都要谨记这一嘱托，遵循教书育人的规律，推动思想政治工作传统优势同新媒体、新技术的融合，不断提高思想政治工作能力和水平。着力推进懂理论、懂网络的“双懂型”人才队伍建设，及时回应、主动发声，引导校园网络话题，形成正面的思想政治教育氛围。要加强网络思想政治教育研究，科学把握信息传播规律，主动学习工作策略和方法。加强网络思想政治工作创新，推进传统媒体与新兴媒体的有效联动与聚合传播，构建融思想性、知识性、趣味性和服务性于一体的网络思想政治主平台，用社会主义核心价值观主流思想占领网上阵地，在弘扬主旋律、传播正能量过程中引导师生、赢得师生。同时要积极探索建立线上与线下互动一体化工作机制，有效发挥这两种模式的优势和特点，形成网上和网下思想政治工作合力。

（七）上下联动，抓好工作责任落实这个保障

习近平强调，要做好高校思想政治工作，就要提高党的基层组织思想政治工作的能力，建立部门协作常态机制，形成党委统一领导，各部门、各方面齐抓共管的工作格局。强化工作责任就是要落实有关部门和有关方面齐抓共管的责任。要强化“大思政”理念，把该担的责任担起来，把该做的工作做到位。要加强顶层设计，建立“学院党委统一领导、党政工团齐抓共管、宣传部牵头、相关部门共同参与、二级党总支具体落实、广大师生积极参与”的思想政治工作大体系、大格局，定期研究工作、部署任务、协调力量、落实措施，形成同频共振的工作合力，不断加大思想政治工作力度，要抓好基层党组织建设。进一步强化基层党组织政治功能，在推动改革发展、服务师生、做好师生思想政治工作等方面，进一步发挥基层党组织作用，保证党的路线方针政策及上级决定的贯彻执行。要加强二级领导班子建设，完善党政联席会议制度，提升班子整体功能和议事决策水平。着力加强教工党支部和学生党支部建设，继续开展

基层党建述职评议工作考核，强化落实各二级单位基层党组织书记抓党建的责任制，抓在经常、严在平时。要严格党员发展和教育管理，严把发展党员“入口关”，重点做好在优秀大学生、青年教职工中发展党员的工作，推进“两学一做”学习教育常态化、制度化，加强党性锻炼，引导党员干部践行“四讲四有”（讲政治、有信念，讲规矩、有纪律，讲道德、有品行，讲奉献、有作为）、做到“四个合格”（政治合格、执行纪律合格、品德合格、发挥作用合格），履职尽责，担当作为。

第四章　高校基层党组织文化建设与廉政建设

所谓文化建设就是发展教育、科学、文学艺术、新闻出版、广播电视、卫生体育、图书馆、博物馆等各项文化事业的活动。它既是建设物质文明的重要条件，也是提高人民思想觉悟和道德水平的重要条件。文化建设的基本任务是用当代最新科学技术成就提高人民群众的知识水平，通过合理和进步的教育制度培养社会主义一代新人，并用最能反映时代精神的健康的文学艺术和生动活泼的群众文化活动来陶冶人们的情操，丰富人们的精神生活。为此，中共中央开展了精神文明创建活动，根本任务是提高全民族的科学文化素质和道德水平，培养“四有”（有理想、有道德、有文化、有纪律）公民。

廉政建设是事关党和国家命运的大事，是国家长治久安的根本要求，对于增强党的凝聚力和向心力以及增强党的执政能力有着十分重要的意义。在市场经济条件下，全体党员是改革发展政策的制定者和实践者，也是良好社会风气的倡导者和示范者。高校基层党组织深入接触群众，了解广大人民群众的需求，加强廉政建设显得更加重要。

第一节　高校基层党组织的文化建设

人类文化的发展是一个不断求索、不断创新的历史过程，中国社会主义文化是马克思主义同中国革命、建设和改革的具体实践相结合，是以毛泽东思想、邓小平理论、“三个代表”重要思想、科学发展观、习近平新时代中国特色社会主义思想为指导的科学的、民族的、大众的先进文化。更好地建设和发展社会主义文化是全面建设小康社会的一项重大战略任务。

第一，坚持马克思主义对社会主义建设的指导地位。毛泽东指出，必须把坚持马克思主义作为第一位的任务。在社会主义文化建设中，只有坚持马克思主义，才能保持社会主义文化建设的性质，才能保证社会主义文化建设的方向，才能提升社会主义文化建设的动力。习近平进一步强调，要继承和弘扬我国人民在长期实践中培育和形成的传统美德，坚持马克思主义道德观，坚持社会主义道德观，在去粗取精、去伪存真的基础上，坚持古为今用、推陈出新，努力实现中华传统美德的创造性转化、创新性发展，引导人们向往和追求讲道德、尊道德、守道德的生活，让每一位中国公民都成为传播中华美德、中华文化的主体。

第二，大力培育以爱国主义为核心的民族精神。在五千多年的发展历程中，中华民族形成了以爱国主义为核心的团结统一、爱好和平、勤劳勇敢、自强不息的伟大民族精神。爱国主义是动员和鼓舞全体人民的精神旗帜，是社会主义核心价值观的重要内容。爱国主义始终是把中华民族团结在一起的精神力量。把爱国主义教育作为培育和践行社会主义核心价值观的重要任务，突出思想内涵，丰富形式载体，振奋民族精神，激励人民把爱国热情化作圆梦中华的实际行动。

一、文化建设的基本要求与基本内容

（一）文化建设的基本要求

社会主义精神文明建设的根本任务是适应改革开放和社会主义现代化建设的需要，培育有理想、有道德、有文化、有纪律的社会主义公民，提高整个中华民族的思想道德素质和科学文化素质。

1. 培育“四有”公民是社会主义文化建设的根本任务

马克思主义认为，社会的进步有赖于个人素质和整个社会素质的提高。人作为社会活动的主体，在推动社会发展中获得自身发展，而人自身的发展又是社会发展的基础条件。社会发展的本质在于实现人的自由而全面的发展。党一直以来都十分重视对人的培养和塑造，一直以来都致力于实现人的自由而全面的发展。尤其是以邓小平同志为核心的第二代党中央领导集体，继承了马克思主义关于全面发展的人的论述，创造性地提出了培养有理想、有道德、有文化、有纪律的“四有”新人这一重要思想，并把培养“四有”社会主义公民作为社会主义文化建设的根本目标和根本任务。有理想、有道德、有文化、有纪律，这四个方面都各自有其特定的内涵。

“有理想”就是要有共产主义远大理想和现阶段的共同理想。建设中国特色的社会主义是全国各族人民的共同理想。这个理想集中代表了全国各族人民的利益和愿望，体现了理想的先进性和广泛性的结合。历史和现实都告诉我们，社会公民有理想、有担当，国家就有前途，民族就有希望，实现中华民族伟大复兴就有源源不断的强大力量。

“有道德”就是要有社会主义和共产主义道德。良好的道德风尚是社会发展的价值导向，是推动社会进步的强大精神力量。习近平强调：“国无德不兴，人无德不立。”必须加强全社会的思想道德建设，引导人们向往和追求讲道德、尊道德、守道德的生活，形成向上的力量，向善的力量。只要中华民族一代接着一代追求美好、崇高的道德境界，我们的民族就永远充满希望。这是党对道德在兴国立人方面的价值与作用的肯定和重视。道德不但是国家治理、社会秩序整合的一种工具，而且是国家兴旺、人民幸福的动力和目的，是我们强大的精神动力和软实力。全民都能自强不息、厚德载物，义以为上、公而忘私，乐于奉献、勇于承担，将成为一种巨大的精神力量，推动国家振兴、民族复兴。

“有文化”就是要有为社会主义现代化建设服务所必需的科学文化知识和劳动技能。社会主义现代化的建设离不开有文化的社会主义公民，没有有文化的社会主义公民就不会有社会主义的现代化。新中国成立以来，党中央高度重视科技事业，团结带领广大科技工作者和全国各族人民自力更生、艰苦奋斗，建立起全面且独立的科研体系，形成了规模宏大的科学技术队伍，取得了一个又一个举世瞩目的科技成就。培养有文化的社会主义公民，强调科教兴国战略，正在不断地为我国科技事业发展提供强大驱动力。

“有纪律”就是增强社会主义公民意识和法纪观念，使其自觉地遵纪守法。只有培养有纪律的社会主义公民，才能有一个安定团结的政治局面，才能为社会主义现代化建设创造一个良好的社会环境。

“四有”是一个互相联系且不可分割的有机整体。其中，有理想、有道德、有纪律是对公民的思想道德素质方面的要求，有文化是对公民的科学文化素质方面的要求。思想道德素质和科学文化素质是一个相互促进、协调发展的有机统一的整体。从“四有”的内在联系来看，“有文化”是基础，没有文化就难以树立共产主义理想和道德，也不可能有遵纪守法的自觉性；“有理想”是核心和精神支柱，有了明确崇高的奋斗理想，就会有道德和纪律；“有道德”是行为规范和理想的体现；“有纪律”是实现理想和维护道德的重要保证。

2. 培育“四有”公民是社会主义现代化建设的内在要求

首先，培育“四有”公民是社会主义现代化建设的重要条件。马克思主义认为，人是生产力中最活跃的因素，是联系生产力其他因素的纽带。人的素质的高低是决定一个民族和国家发展状况的重要因素。努力提高人口素质是推动生产力发展、推动社会进步的重要条件。社会主义社会是迄今为止最先进的社会形态，它的发展同样离不开人的素质的提高。提高人口素质是社会主义现代化建设的重要条件。其次，培育“四有”公民是社会主义现代化建设的客观需要。党的十一届三中全会以来，在我国的改革开放和现代化建设取得了巨大成就的同时，我们也遇到了许多困难，出现了许多问题。其中一个重要的问题就是人的素质问题。适应现代化建设的客观需要，培养有理想、有道德、有文化、有纪律的社会主义公民，既是社会主义文化建设的根本任务，也是社会主义文化建设为社会主义经济建设服务的重要途径。

3. 培育“四有”公民是促进人的全面发展的客观需要

马克思主义认为，未来共产主义社会需要全面发展的新人，共产主义社会是一个以每个人的自由而全面的发展为基础的社会。促进人的全面发展是马克思主义建设社会主义社会的本质要求，是我国社会主义现代化建设的一个重要目标，是我国社会主义文化建设的根本任务。建设中国特色社会主义的各项事业，要着眼于人民物质文化生活的提高和人民素质的提高，努力提高人民的思想道德素质和科学文化素质，促进人的全面发展。实现人的全面发展是我们的一个长远的理想，是一个长期的奋斗过程。在现阶段，加强社会主义文化建设，按照有理想、有道德、有文化、有纪律的要求来引导人、教育人、培育人，使全体公民树立崇高的理想信念、高尚的道德情操、自觉的纪律观念和较高的文化素质，就是在提高人的全面发展的程度。

培育有理想、有道德、有文化、有纪律的社会主义“四有”公民是社会主义文化建设长期面临的一项根本任务，是关系到社会主义文化建设成效的重大问题。只有抓住了根本任务和根本目标，社会主义文化建设才抓住了根本、抓住了关键。

（二）文化建设的基本内容

文化建设包括思想道德建设和教育科技建设两个方面的基本内容。这两个方面相互渗透和互相促进。一方面，思想道德建设是核心，解决的是整个中华民族的精神动力和精神支柱问题，是社会主义文化建设的灵魂，决定着社会主义文化建设的性质和方向；另一方面，教育科技建设是社会主义文化建设的基础工程，是中国特色社会主义建设的重要内容，也是思想道德建设的重要条件。只有拥有了发达的教育、先进的科技，才能为我们提高整个民族的科学文化素质、进行社会主义思想道德建设创造条件，才能为我们实现社会主义现代化提供智力支持。没有教育科学文化的大发展，就不会有社会的进步。列宁指出：“文盲是站在政治之外的，必须先教他们识字，不识字就不能有政治。”事实表明，没有科学文化知识，就难以形成科学的理想信念和革命的道德情操。

1. 思想建设

加强思想建设，在全社会形成共同的理想和精神支柱，是社会主义文化建设的根本。

第一，坚持学习马克思主义理论。马克思主义是科学的世界观和方法论，是指导人们认识世界和改造世界的思想武器。邓小平曾指出：“我们搞改革开放，把工作重心放在经济建设上，没有丢马克思主义，没有丢列宁，也没有丢毛泽东。老祖宗不能丢啊！”邓小平还特别强调，学习马克思主义，应当在完整准确上下功夫。要把马克思主义不同发展阶段的思想联系起来加以理解和把握，不能只从个别词句来理解马克思主义，必须从马克思主义的整个体系中获得理解。习近平强调，学习和掌握马克思主义立场观点方法，是深入学习中国特色社会主义理论体系，提高自身思想理论水平的根本要求。

第二，教育人们树立社会主义和共产主义理想。理想是人们向往和追求的目标，是一个民族、社会奋力前进的向导。社会主义是我们的共同理想，共产主义是我们的最高理想。社会主义、共产主义理想是建立在科学理论的基础上的，符合人类社会发展规律的科学的理想，是以全人类的解放为目标的崇高理想。党的领导人毛泽东、邓小平、江泽民、胡锦涛和习近平，都对坚定理想信念和加强理想信念教育进行过深刻的论述。邓小平指出：“为什么我们过去能在非常困难的情况下奋斗出来，战胜千难万险使革命胜利呢？就是因为我们有理想，有马克思主义信念，有共产主义信念。”党正是依靠这样的理想信念紧紧地凝聚在一起，团结和带领人民历经千辛万苦，付出各种代价，才推翻了“三座大山”（帝国主义、封建主义、官僚资本主义），建立了新中国和社会主义制度，开创了中国特色社会主义伟大事业。

第三，开展爱国主义和社会主义教育。开展爱国主义和社会主义教育是社会主义文化建设的一项非常重要的任务。把爱国主义同社会主义联系在一起，同改革开放联系在一起，把远大的报国志向变成实现中华民族伟大复兴的实际行动。爱国必须促进祖国的社会进步，把祖国引入符合人类社会发展总趋势的道路上，通向富强、民主、文明、和谐的社会。爱国主义与社会主义的统一具有历史必然性。习近平指出，有梦想、有机会、有奋斗，一切美好的东西都可以创造出来。这是对当代中国的热情歌颂。

第四，进行艰苦创业精神的教育。艰苦创业精神是中国人民克敌制胜的重要精神力量。邓小平根据我国改革开放以来出现的新情况，从我国的基本国情、社会主义文化建设的需要和反腐倡廉的需要等不同角度反复论证了艰苦创业精神的重要性。艰苦奋斗是我们的传统，是我们实现社会主义现代化的重要思想保证，我们的国家越是发展，就越是要进行艰苦创业。

2. 道德建设

道德作为一种社会现象，它是一种通过社会舆论、传统习俗和人们的内心信念来评价和调节人与人、人与社会之间关系的行为规范，是一种实现自我完善的精神力量。它通过调整人们之间的关系来维护社会秩序，通过提高人的精神境界、促进人的自我完善来促进社会生产力的发展。如果没有这种精神文明，没有共产主义道德，就无法建设社会主义。

第一，树立为人民服务的思想，一切都要从人民的利益出发。在改革开放、发展市场经济的初期，一些人认为市场经济的规律就是追求利益，传统的为人民服务和为社会做贡献的思想都失去了意义。中国共产党的任务，如果用概括的语言来说，有两句话：全心全意为人民服务，以人民利益为每个共产党员的最高准绳。为人民服务是社会主义核心价值观的根本内容，也是全人类认可的共同价值观。价值观，尤其是核心价值观，不是人头脑中所固有的，不是从天上掉下来的，当然也不是思想研究推导设计出来的。它是执政党为之奋斗的目标和执政合法性的坚实基础，获得了广大人民群众的广泛认同。

第二，倡导集体主义。在社会主义条件下，人民享有追求正当个人利益的权利，人民群众正当的个人利益应该受到保护，同时又提倡集体主义精神，在个人利益和国家利益、集体利益发生矛盾时，个人利益要自觉服从国家和集体的长远利益、整体利益。在社会主义条件下，国家、集体和个人的利益在根本上是一致的，如果有矛盾，个人利益要服从于国家和集体的利益。习近平提出的实现中华民族伟大复兴的中国梦，具有深刻而丰富的内涵，具有重大的理论意义和现实意义。与提倡个人通过努力取得成功的“美国梦”不同，习近平提出的“中国梦”需要集体主义。

第三，宣传和弘扬共产主义道德。在社会主义初级阶段，道德建设具有多层次性，在弘扬社会主义道德的同时，还要继续宣传和弘扬共产主义道德，把道德建设的先进性要求同广泛性要求结合起来。共产主义道德有两个突出的标志：一是以全心全意为人民服务为核心；二是坚持集体主义原则。党员尤其是党的高级干部，要高度重视、身体力行共产主义思想和共产主义道德。

3. 教育建设

党的十一届三中全会以后，一方面，我国的国民经济得到了迅猛发展，亟须与之相适应的教育的大发展；另一方面，世界科学技术日新月异，为了迎接新的技术革命的挑战，我们亟须发展教育、培养现代化的人才。再加上当时我国教育发展本身存在的办学形式单一、教育比例失调等弊端，这就使教育质量与现代化的要求，与科技发展的要求不相适应。针对这一状况，“三个面向”为我国的教育改革和发展指明了方向。1983 年，邓小平为北京景山学校题词：“教育要面向现代化，面向世界，面向未来。”党的十八大以来，习近平对教育工作做出一系列重要论述，他特别强调“坚持科教兴国，把教育摆在优先发展的战略位置”“推进立德树人，培育践行社会主义核心价值观”。这些论述深刻阐明了新时期我国教育改革发展的重大理论和实践问题，丰富和发展了中国特色社会主义教育理论，是推进教育事业改革发展的强大思想武器。

4. 科技建设

科学技术是第一生产力。马克思讲过科学技术是生产力，这是非常正确的，现在看来这样说可能还不够，恐怕是“第一生产力”。这里的“第一”不是说科学技术是生产力中独立的要素，而是说科学技术在生产力中的重要性。从生产力构成要素来看，生产力的两大要素——劳动者和劳动工具中都渗透着科学技术。在现代社会中，劳动者应具备一定的科技水平，否则就不能成为现代的劳动者。现代的劳动工具也必须是具备较高科技含量的劳动工具，科技含量越高，创造的生产力就越大。从历史发展的角度来看，古代生产力的大小取决于劳动者数量的多寡，现代生产力的大小则取决于劳动工具先进与否，取决于科学技术水平的高低。“科学技术是第一生产力”的这一论断准确反映了当今世界生产力水平的发展特点。

进入 21 世纪以来，新一轮科技革命和产业变革正在孕育兴起，全球科技创新呈现出新的发展态势和特征。学科交叉融合加速，新兴学科不断涌现，前沿领域不断延伸，物质结构、宇宙演化、生命起源、意识本质等基础科学领域正在或有望取得重大突破性进展。信息技术、生物技术、新材料技术、新能源技术广泛渗透，带动几乎所有领域发生了以绿色、智能、泛在为特征的群体性技术革命。科学技术是世界性的、时代性的，发展科学技术必须具有全球视野。当前，科技创新的重大突破和加快应用极有可能重塑全球经济结构，使产业和经济竞争的赛场发生转换。

发展科学技术，提高我国的科学技术水平，既是我国社会主义文化建设中极为重要的内容，也是加快我国社会主义现代化进程的决定性因素。在当前阶段，我们应当实施好国家重大科学计划和科学工程，加快在国际科学前沿领域抢占制高点。着力以科技创新为核心，全方位推进产品创新、品牌创新、产业组织创新、商业模式创新，把创新驱动发展战略落实到现代化建设的整个进程和各个方面。

二、高校基层党组织文化和校园文化的关系

习近平指出，要引导广大青年学生将社会主义核心价值观作为基本道德准则，提高道德判断能力和践行能力，做到“爱国、诚信、友善”，让社会主义核心价值观成为民族信仰。校园文化是整个社会文化的重要组成部分，它以社会主导文化为基础，以学校的价值观为核心，具有学校传统、领导作风、教师教风、学生学风、人员素质、校园环境等丰富的内涵，既表现学校发展的文化进步程度和现代化管理水平，也反映校园文化在社会主导文化中的地位和作用。

校园文化对学生道德人格的培养、品格情操的陶冶及知识智慧的获得有着潜移默化的作用。“厚德载物”“爱国荣校”等优秀的校园文化为国家和社会塑造了一批又一批优秀的人才。校园文化是高校不可或缺的组成部分，具有重要的教化和引导功能。优秀的校园文化是先进文化在高校的生动体现，生动的校园文化也是高校推进教育工作内涵深化的重要途径。

建设什么样的校园文化、如何建设校园文化，是当前校园文化建设中的根本问题。

高校基层党组织文化是校园文化的重要组成部分，它无时无刻不在影响着师生员工。它通过研究和宣传科学理论，把师生员工团结在党组织的周围，发挥其凝聚作用；它通过传授思想文化，帮助师生员工培养良好的思想道德品质，发挥其引导作用；它通过传播精神文化，把文明内化到师生的灵魂中，发挥其辐射作用；它通过高校基层党组织的思想、组织、作风、队伍、制度等建设与先进文化融合，永葆党的先进性，以更好地发挥其育人的作用。

高校基层党组织为校园文化建设提供理论指导，保证校园文化建设的正确方向；为校园文化建设提供组织保障，确保校园文化建设各项措施落到实处；为校园文化建设选拔优秀人才，增强校园文化建设中的人力资源建设。校园文化建设离不开高校基层党组织的支持、引领，同时高校基层党组织要服务于校园文化建设，推进优秀校园文化建设的进程。

充分发挥高校基层党组织在校园文化建设中的作用，必须坚持“围绕中西、

服务大局、拓宽领域、强化功能”的原则，围绕“育人”的中心，服务校园文化建设的大局，拓宽基层党组织在推进校园文化建设的领域，强化基层党组织在校园文化建设过程中的引领功能。

（一）高校基层党组织文化对校园文化的促进作用

1. 高校基层党组织文化对校园文化建设有导向作用

导向作用就是对师生整体和个体的价值观及行为取向起引导作用，使之符合校园文化的发展方向。目前，校园文化处于多元文化的冲突、碰撞、融合过程之中，高校基层党组织作为党在高校工作的基础，要发挥好导向作用，用党的最新理论、创新成果引导校园文化建设，围绕科学发展观、社会主义核心价值体系的构成内容，以科学的理论武装人，以正确的舆论引导人，以高尚的精神塑造人，以优秀的作品鼓舞人。高校基层党组织文化的内涵与氛围把社会主义核心价值观植入校园文化建设中，引导校园文化的发展方向。

2. 高校基层党组织文化对校园文化建设有协调作用

校园文化建设作为一项长期的系统工程，需要高校党政工团等各部门齐抓共建、协调配合，充分发挥高校基层党组织的组织协调作用。高校基层党组织承担着领导本单位的工会、共青团等群团组织共建校园文化的职责，担负着引导师生、组织师生、团结师生参与校园文化建设的重任。基层党建工作要坚持党建带团建，扩大党的工作覆盖面，充分发挥院（系）党委（党总支）的政治核心作用，发挥学生党支部的战斗堡垒作用，发挥共青团组织作为党的助手的重要作用，发挥学生会等学生组织的桥梁纽带作用，多角度、全方位配合，形成整体合力，创建积极有序的校园文化建设工作机制，指导、协调和组织一系列丰富多彩的和健康有益的校园文化活动，不断拓宽党建工作的新途径，增强高校基层党建和党建带团建工作的针对性、实效性，教育、引导大学生健康成才。

3. 高校基层党组织文化对校园文化建设有凝聚作用

凝聚首先是凝聚人心，这是办好一切事情的前提。构建校园文化，首先是实施凝聚力工程。高校基层党组织最贴近师生，通过师生将党建工作渗透到校园文化建设中，调动广大师生的积极性，唤醒广大师生的主人翁精神，使他们爱护学校、关心学校。高校基层党组织利用自身的组织优势，充分发挥好工会组织、教代会、团代会的作用，积极营造以人为本的人文环境，使广大师生心情舒畅，把校园文化建设内化为广大师生的自觉认识，外化为广大师生的积极行动，转化为广大师生工作的动力，使他们为校园文化建设贡献自己的力量。

4. 高校基层党组织文化对校园文化建设有先驱作用

实践是建设校园文化最根本的途径，基层党组织在引领校园文化建设的实践时要方向对头、措施得当、落实有力、精心设计、认真组织、积极推进。高校基层党组织文化对校园文化建设的先驱作用主要体现在以下几个方面：

（1）高校基层党组织文化促进学生活动

学生活动是校园文化建设的最直接的体现，是推进校园文化建设的重要途径。高校基层党组织文化的一大特点就是贴近学生实际，不断探索，增强对学生道德人格的培养。要通过组织生活带动学生活动，学生活动也要从组织生活中汲取经验，促进自身的不断发展。

（2）高校基层党组织文化中的创新形式丰富校园文化内涵

首先，创新校园文化的形式和手段，通过戏剧、讲座、影视等方式，多渠道、多角度地宣传优秀校园文化。针对学生的思想和行为特点，积极利用新型载体和手段，不断探索学生所喜闻乐见的文化教育方式，以丰富多彩的形式彰显人文精神的优良传统。其次，创建校园文化品牌，积极推进学生艺术时间的建设和展演活动、学校博物馆资源的开发联展活动、学生社团组织与文化活动的开展以及学生生活区的文化建设等。最后，加强校园物质文化建设，构建具有文化特色的校园物质环境，根据学校历史传统、培养目标和未来发展规划，建造雕塑、纪念碑、亭廊等，不断丰富校园文化的内涵。

（3）高校基层党组织文化引导学生的参与度

注重学生的参与性与体验性，立足学生乐于参与和便于参与，发挥学生的主体作用，为学生创设“自我设计、自我体验、自我教育、升华感悟”的机会，使学生在亲身参与和情感体验中了解优秀校园文化、感受校园文化的内涵。要充分利用社会资源，将“走出去”和“引进来”相结合，使校园文化获得社会认可，使社会为校园文化服务。

校园文化建设对大学生思想的陶冶、品格的完善、素质的提升起着关键作用，而基层党组织在校园文化建设中起着对人才的引领作用。要深入贯彻党的十七届四中全会的精神，加强高校基层党组织建设，使高校基层党组织在校园文化建设中发挥推动发展、服务群众、凝聚人心、促进和谐的作用，引领校园文化建设不断发展。

（二）高校基层党组织文化对校园文化的监督作用

高校基层党组织只有充分认识监督作用的重要性，并积极主动地在实践中予以落实，才能履行好作为“党的组织基础，党联系群众的组织保证，党的全部工作的落脚点”的职能，才能保证监督党和国家的方针、政策及高校的各项决定在各部门的贯彻执行，才能真正发挥政治核心作用和战斗堡垒作用。

高校基层党组织的监督作用体现在高校基层党组织文化建设对于校园文化建设的影响上。高校基层党组织文化的发展引导着校园文化的前进方向，高校基层党组织文化的氛围影响着周围的学生、教师、员工，对于在校园里出现的各种不正之风、思想潮流有着监督与正确引导的作用。高校基层党组织深入群众，最容易也最及时了解学生的各种动态、想法与需求。因此，高校基层党组织对于校园文化中的校风建设、学风建设的督导作用不可忽视。

（三）校园精神文化的蓬勃发展影响高校基层党组织文化的发展

校园精神文化是校园文化建设的核心内容，也是校园文化的最高层次。它主要包括校园历史传统和被全体师生员工所认同的共同文化观念、价值观念、生活观念等，是对学校本质、个性、精神面貌的集中反映。校园精神文化又被称为“学校精神”，具体体现在校风、教风、学风建设，以及高校基层党组织文化与校园文化的共同繁荣上。

1. 校风建设

校风建设实际上就是校园精神的塑造。好的校风具有深刻的感染力，使不符合环境气氛要求的心理和行为时刻感受到一种无形的压力，形成集体成员最协调的心理相融状态，激发高校成员的内在动力，催人奋进。好的校风要有好的党组织的引领，党员是高校的精英，是高校的中坚力量，党组织要加强对党员的人生观、价值观、世界观的教育，加强理论工作，让党员在校风建设上发挥先锋模范作用。首先，高校基层党组织要创新学习的内容和方式，通过开设教育论坛，组织专题研讨会、演讲会、知识竞赛、社会考察等形式，增强学习的吸引力，从而提高学生的学习效率，让理论工作真正入脑入心。其次，要引导教师追求教育的真正价值，追求教育的幸福。促使党员教师认识到教师不是“职业”而是“事业”，不是谋生的手段而是生活本身，不是牺牲而是享受。引导党员教师在教学中体验充实感、满足感和幸福感，实现生命的价值。最后，要通过树立榜样、表彰先进的方式来促进良好校风的形成。党组织要引导师生员工在校风建设上起模范带头作用，使高校形成“风正”“气顺”“校兴”的良好氛围。

2. 教风建设

教风是教师在长期教育实践活动中形成的教学特点、作风和风格，是教师道德品质、文化知识水平、教育理论、技能等素质的综合表现。着重抓好师德师风建设，是高校基层党组织工作的重要内容，党组织要自觉担负起这个重任。要建立健全师德师风监督考核办法，将师德师风纳入高校各类先进评比考核内容中。通过开展“师德之星”评比、表彰和宣讲活动，引导和激励教师提高思想道德的水平和教书育人的能力。基层党员教师在教风建设中起着至关重要的带头作用，因此，教风建设要促使党员教师以身作则，全身心投入岗位上，以自己的行动影响身边的同事、学生，共同促进校园文化建设。

3. 学风建设

学风是指学生集体在学习过程中所表现出来的治学态度和方法，是学生在长期学习过程中形成的学习习惯、生活习惯、卫生习惯、行为习惯等。优良学风与校风、教风一样，对高校教学质量的提高，对学生人格品质的发展，对培养学生成为德、智、体、美、劳全面发展的接班人，都有重要意义。高校基层党组织要以德育工作为主，通过组织开展生动活泼、形式多样的活动，对学生进行爱国教育、传统教育，进行人生观、价值观、世界观的引导，进而使其树立远大理想，明确学习目的，规范学习行为，培养良好学风。高校基层党组织还要通过对共青团的领导来加强对青少年的思想道德教育，有效促进基层学生党支部在学风建设中发挥其骨干作用，影响周围更多同学形成良好的学风。

4. 高校基层党组织文化与校园文化共同繁荣

校园文化建设离不开校园文化阵地，校园文化阵地体现了校园的历史、传统和文化，体现了高校精神，充分彰显了一所高校师生的文化素养、艺术审美、道德修养等内在品格，是校园精神之所在。加强校园文化阵地建设是推进校园文化建设的重要方法和手段。高校基层党组织要深入挖掘高校历史、文化积淀，结合德育工作要求引导校园文化阵地建设，使师生员工教有其所、学有其所、乐有其所，在求知、求美、求乐中受到潜移默化的启迪和教育。建设高校图书室、走廊、围墙，充分挖掘校园角落、露台等文化阵地，让校园充满文化气息。在校园文化的建设过程中，高校基层党组织文化也得以共同繁荣。

校园文化是高校的重要特征，是高校素质教育工作的一面镜子，能清楚地反映出高校贯彻国家教育方针的成果。高校不引导学生和教职员工去探索求知，也就不能称其为高校，高校也就失去了其存在的价值和意义。从某种意义上说，高校育人的最高境界是文化育人。

一所好的校园应当是一座探索求知的学园，真正使学生感受到知识的力量；是生动、活泼的乐园，使学生在愉快的氛围和环境中健康成长，从而激发出学生创新的激情；是充满亲情的家园，使学生在家的温馨和亲情中，感受到家的延伸，并体味出人际交往的坦诚与和谐；是美丽的花园，使学生感受到自然的无穷魅力，并从中体会到人与自然的生存关系；是色彩缤纷的文艺百花园，使学生在艺术的熏陶下陶冶情操，并从中学会欣赏和创造……而这一切仅仅依靠课堂教学的手段是完全不能够满足和实现的，只有把校园文化建设提高到与素质教育紧密结合的时代高度，才能使高校真正发挥巨大的育人功能。

高校基层党组织是高校的核心力量，应充分发挥党的领导作用。党员是群众的领头羊，无论是课堂教学还是校园管理，他们都起着先锋模范作用。一个党员就是一面旗帜。校园文化有它自身的特征、内涵和外延，它的创建、巩固和发展要想在坚定正确的政治方向上保持良性循环，就必须由党组织引领和保障，而这一过程离不开高校全体党员的积极参与。

第二节　高校基层党组织的廉政建设

一、廉政建设的重要意义

廉政建设是党的五大建设的重要内容之一。追本溯源，“廉政”的概念古已有之，我们可以从先秦古籍《晏子春秋》《周礼》《论语》等书中得到印证。廉政建设，从字面上看，“廉”即廉洁，“政”即国家政权机关及其公务活动，廉政即“廉洁的政治”。由于有关廉洁的评判标准具有主观性和动态性，政治又是一个需要具体化的时代概念，所以廉政在不同的语境中和具体的范围内呈现出多层次的含义。

《辞海》上引东汉学者王逸的话说：“不受曰廉，不污曰洁。”廉洁者，廉正清白也。古人之训是拒腐兴廉的生动写照。毋庸置疑，保持清廉，要反腐，要倡廉。

纵观历史，我国历代之兴衰都与当政官员能否廉洁有关。廉洁成为历代仁人志士的理想，成为中国政治思想之精华。今天，在市场经济飞速发展的新形势下，我们各级党组织和广大党员干部能否拒腐防变、清正廉明、勤政为民，已成为改革和建设成败的一个重要问题。习近平强调：“新形势下，我们党面临着许多严峻挑战，党内存在着许多亟待解决的问题。尤其是一些党员干部中发生的贪污腐败、脱离群众、形式主义、官僚主义等问题，必须下大气力解决。全党必须警醒起来。”

廉政建设是指，恪尽职守，勤于政事，认真负责地为国、为民做事。恪尽职守，勤于政事，为历朝历代统治者所倡导，同时受到百姓的称颂。中国共产党第十六届中央委员会第四次全体会议明确提出，加强党的执政能力建设的总体目标是，通过全党共同努力，使党始终成为立党为公、执政为民的执政党，成为科学执政、民主执政、依法执政的执政党，成为求真务实、开拓创新、勤政高效、清正廉洁的执政党。

习近平在党的十八届中央纪律检查委员会第二次全体会议上指出，党风廉政建设和反腐斗争是一项长期、复杂、艰巨的任务。我们要坚定信心，有腐必反，有贪必肃，不断铲除腐败现象滋生蔓延的土壤，以实际成效取信于民。加强廉政建设是加强党的执政能力建设的必然要求。全体党员认真务实、清正廉洁，时刻保持同人民群众的血肉联系，自觉地维护和执行党的纪律，进而推动社会风气的健康向上，创造稳定、和谐的优良氛围。加强廉政建设，是构建社会主义和谐社会的必然要求，是构建和谐社会的有效途径和有力保障。加强廉政建设，可以有效防范和纠正损害群众利益的突出问题，维护社会的公平正义；可以优化经济发展环境，促进经济持续快速健康发展，推动社会主义物质文明和精神文明不断进步；可以通过建立预防腐败的制度体系来加强党的纪律，促进社会的和谐、健康发展，维护社会公正、有序、安定。

高校基层党组织抓好廉政建设有着重要意义，其中高校的工作建设显得尤为重要。

高校是实施“科教兴国”战略的重要基地，肩负着培养社会主义建设者和接班人的历史重任。由于高校教育事业的快速发展，高校经济活动日益增多，与社会交往日益频繁。特别是高校体制改革不断深化，办学自主权不断扩大，市场经济的正负面影响在高校中都有所反映。尤其是在近几年，各种深层次的矛盾和问题也逐步显现出来，干扰先进文化建设。高校加强廉政文化建设，是将反腐败斗争引到文化反腐的高度，是反腐败斗争的一个重大基础性课题。我们必须清醒地认识到，最近几年，高校职务犯罪案件数占全国教育系统案件数的比例约为 1/4，其中 82% 的案件集中在基建、采购、财务、招生、后勤服务等环节。因此，在这种复杂多变的形势下，适应社会需求提高教育管理水平，提高办学效益，防范腐败发生，是高校基层党组织廉政建设的重要任务。

构建符合高校发展实际和发展规律的廉政文化，既是高校加强党风廉政建设和反腐败斗争的必然要求，也是大力推进社会主义先进文化与构建社会主义和谐社会的重要基础。深刻认识当前高校廉政文化建设的现状和存在的问题，大力加强以廉政信仰教育为核心的廉政文化体系建设，从战略发展的高度谋划廉政建设，大力建设符合时代特征的高校廉政文化，是新时期高校反腐倡廉建设的现实需要和基本保障。

高校廉政文化建设是高校思想政治教育的一个重要组成部分，是对广大高校学生播种廉洁种子的育人工程，是一种功在当代、利在千秋的素质教育。高校的本质要求其成为社会主义的道德高地，勇敢担负起倡导清正廉洁、反对腐化堕落的历史重任，因此切实抓好这方面的工作，意义深远。这不但是一项党风廉政建设和反腐败斗争的基础性工程，而且是一项高素质人才培养的建设性工程，是广大师生员工思想政治教育的必修课。加强高校廉政文化建设，是实践“三个代表”重要思想、加强高校党的领导和党组织先进性建设的内在要求，是贯彻落实科学发展观、践行社会主义核心价值观、全面构建社会主义和谐校园的重要保证，是高校深入开展反腐倡廉的基础性工作，是建立健全惩治和预防教育腐败体系的重要举措。高校是文化聚集、传播之地，高校广大师生应当成为推进廉政文化建设的生力军。加强高校廉政文化建设，在推进高校党风廉政建设、教育改革、学生思想道德教育、完善安全保障机制、培养合格人才、创新教学管理、维护学校稳定等方面都具有十分重要的战略意义和现实意义。廉政文化建设作为一种潜在的力量，是教育、制度、监督反腐倡廉体系的前端，是高校反腐倡廉工作的源头，为高校反腐倡廉提供智力支持和思想保证，对高校党风廉政建设作用巨大。

大学阶段是学生人生观、世界观、价值观形成的关键时期，廉政文化包含的精神观念、价值取向、道德准则会潜移默化地影响他们的人生选择和价值判断。当今青年学生思想活跃，自主意识较强，对外交流沟通以及摄取信息的能力突出。今天的青年学生就是未来的执政者和接班人，他们充满活力和朝气，同时又具有心理不成熟、思想可塑性强、行为个性化等特征。现在大学生的思想道德素质如何、廉政意识如何，对民族、国家的未来将产生深远的影响。因此，高校要站在对国家、民族的未来负责的高度，培养大学生廉洁的道德品质、严谨的求学态度、求实的工作作风、诚信的处事方式、坚忍的意志品质。把培养大学生廉政文化素质纳入大学生思想教育全过程，对大学生确立“廉洁光荣，腐败可耻”的是非观，以及诚信正直、遵纪守法的廉洁品质，具有前瞻性和战略性意义。

高校廉政文化建设必然在教育、教学的范畴内，遵循教育、教学的基本规律，以高等教育、教学的精神实质为其价值核心，即实现人的全面发展。高校是培养人才的场所，只有积极探索、常抓不懈，用健康向上、先进的廉政文化占领教育阵地，以正确、高尚的价值观念教育人、塑造人，才能完成教书育人、培养社会主义合格接班人的历史重任，才能不断巩固和扩大廉政文化建设成果，推进党风廉政建设不断向前发展。

二、廉政建设的实施作用

（一）廉政建设在文化方面的作用

廉政文化是以廉洁从政为思想内涵、以各种文化产品为载体和表现形式的一种文化，是廉政建设与文化建设相结合的产物。它对于惩治和预防腐败起着基础性、根本性的作用。腐败现象古已有之，廉政文化历史久远。在以廉政思想为内核的发展过程中，我国历史上产生了大量廉政论，并由此涌现了许多尽职尽责、政绩卓著、清廉守正、严于执法的清官廉吏，产生了许多廉事、廉诗、廉文、廉对、廉谣、廉谚、廉戏、廉政格言警句等，这些言行事象的汇集，构成了内容丰富、形式多样的中国古代廉政文化体系。在改革开放、社会主义市场经济发展的新时期，党和政府不但坚决惩治腐败，而且长期坚持对党员干部进行理想、信念教育，在全社会大力倡导“以廉为荣、以贪为耻”的风尚，充分利用各种“激浊扬清、扶正祛邪”的功能，综合治理腐败现象，形成我国独特、先进的廉政文化，反映了当代中国先进文化的价值取向，是当代中国建设社会主义先进文化的重要内容。

廉政文化的表现形式有很多，大致包括四种类型。一是崇尚法纪、公正乐善的社会文化。其表现为，在全社会营造良好的廉政氛围和环境，以健康向上的廉政文化充实人们的精神世界，社会成员知法守法，从善如流，具有正确的理想信念和良好的道德修养。二是爱岗敬业、开拓进取的职业文化。其表现为，各阶层的从业人员勤奋工作，热爱集体，求真务实，勇于创造。三是团结向上、诚实守信的组织文化。其表现为，国家机关、社会团体、国有企业等公共组织依法行政，公道正派，公正透明，廉洁高效。四是清正廉洁、昌明有序的政治文化。其表现为，掌握公共权力的各级党建工作者廉洁自律，淡泊名利，恪守宗旨，勤政为民。

廉政文化是人们关于廉洁从政的思想、信仰、知识、行为规范和与之相适应的生活方式和社会评价，从根本上反映着一个阶级、一个政党的执政理念、执政目的和执政方式，是廉洁从政行为在文化上和观念上的客观反映。在党风廉政建设和反腐败斗争中，廉政文化具有导向作用，可以提升思想境界；具有凝聚作用，可以形成共同理念；具有实践作用，可以产生辐射效应；具有约束作用，可以促进行为自律，进而使反腐倡廉工作取得更大实效。

廉政文化建设在社会主义政治文明和精神文明建设中发挥着以下重要作用：

一是导向作用。廉政文化作为一种意识形态，其所包含的精神理念、价值取向和道德准则，为党风廉政建设和反腐败斗争提供了崇廉耻贪的社会舆论环境。廉政文化借助文学艺术、广播、电视、电影、报纸、杂志等媒介，弘扬主旋律，引导人们树立正确的世界观、人生观和价值观。

二是凝聚作用。廉政文化作为一种特殊的社会文化，能够使社会成员尤其是广大党员干部在同一类型和模式的文化氛围中得到教化、培养，从而用共同的价值观念和行为准则在不同层次上为维护全党和全社会的整体利益自觉团结起来，实现思想上、组织上和行动上的一致性。对于党建工作者来说，廉政文化建设有助于他们提高廉洁自律意识，规范从政行为，增强拒腐防变的能力。

三是辐射作用。廉政文化在于激浊扬清、祛恶扬善，促使党建工作者自觉树立正确的人生信仰和执政理念，并内化为廉洁奉公的行为准则。这种正确的理想信念和道德情操一旦在党建工作者中确立并表现出来，必然对社会产生巨大的辐射作用，有助于净化社会风气，加深广大群众对党风廉政建设和反腐败形势的了解，提高党和政府的权威性和公信力。

四是约束作用。廉政文化虽然没有明文的规章制度，但可以通过一系列为人们所接受的价值观念来约束和控制人们的思想和行为，指导人们该做什么、不该做什么。如果违反了相关的价值准则，廉政文化在无形中就会产生纠偏作用，警示党建工作者廉洁自律。有人用数学公式将腐败概括为“腐败＝权力＋缺乏控制力（政府或个人）＋机会”，可谓一语中的，道破了官吏腐败的重要原因——缺乏对权力的有效监督。廉政文化建设发挥约束作用的主要目标就是约束高校基层党组织中的广大党员在其工作岗位上的权力，尤其是党建工作者的权力。

高校廉政文化建设是全社会廉政文化建设的重要组成部分。高校廉政文化建设必须从高校教职工和青年学生的心理特点出发，紧紧围绕高校的中心任务，紧密结合高校党风廉政建设的实际情况组织开展。既要坚持和发扬好传统的教育方式，巩固教育阵地，又要与时俱进，不断创造新的形式，寻求新的载体；既要全面持久，又要区别对待。同时，必须建立“大宣教”格局，整合各方面的资源，形成廉政文化建设的合力。

（二）廉政建设在党风建设方面的作用

“放松学习，忽视世界观的改造”往往是很多基层党员干部敢于违反廉政制度的共同点。其实，他们中的许多人接受了教育，但是没能听进去、看进去，没能转化为自觉、坚决的内在动力。我们需要看到，当前滋生腐败的土壤依然存在，反腐败形势依然严峻复杂，一些不正之风和腐败问题影响恶劣、亟待解决。一些党员干部宗旨意识淡薄，脱离群众的现象比较突出，形式主义、官僚主义、享乐主义和奢靡之风在一些地方还比较严重。腐败案件依然多发，有的是系统性腐败问题，往往一个案件“拔出萝卜带出泥”，牵出一批案件。

这些现象的存在原因很多，有党员干部思想蜕变的原因，也有组织上教育、管理、监督、惩治不力的原因，还有体制机制不完善的原因。不正之风和腐败问题是建设中国特色社会主义的“拦路虎”，是实现中华民族伟大复兴的“绊脚石”。这些问题解决不好，我们党就会腐化变质，就会失去人民的支持，最终被人民所抛弃。我们一定要深刻认识到反腐败斗争的长期性、复杂性、艰巨性，以“猛药去疴、重典治乱”的决心，以刮骨疗毒、壮士断腕的勇气，革除弊端、涤荡污浊，坚决把党风廉政建设和反腐败斗争进行到底。基层党风廉政建设事关党和政府在群众中的形象，关乎执政基础和立党之本，加强基层党风廉政建设具有非常重要的作用，具体表现如下：

第一，加强基层党风廉政建设，有利于夯实党的执政基础。党的高校基层党组织是党组织的细胞和基础。基础不牢，地动山摇。基层党风廉政建设是整个党风廉政建设的组成部分，党在党风廉政建设中存在的问题在高校基层党组织中同样存在，只是表现的方式、造成的影响和后果有所区别。基层干部是党的路线、方针、政策在基层的主要组织者和落实者，是引导群众、发动群众、组织群众的带头人。基层党风廉政建设能引起群众关心、社会关注。基层干部越廉政勤政，就越能规范其从政行为，办事就能做到公开、公正、公平，党的路线、方针、政策就会在基层贯彻落实得好，就能保证社会稳定，党的群众基础、执政基础就更牢固。

第二，加强基层党风廉政建设，有利于密切党和政府与人民群众之间的血肉联系。基层党风廉政建设与人民群众的切身利益紧密相连。基层干部行使党和政府赋予的权力，每天都和人民群众面对面打交道。只有把基层党风廉政建设做好，广大基层干部才能真正做到“权为民所用，情为民所系，利为民所谋”，从而树立党和政府在人民群众心目中的良好形象。

第三，加强基层党风廉政建设，有利于带动政风、民风的根本好转。党风是政风、民风的导向。政风和民风如何，首先要看党风廉政建设。党风不纯，则政风不正，民风不好。基层党员干部对党风廉政建设负有直接的责任。如果每个基层单位都能做好党风廉政建设，各级高校基层党组织就能成为维护社会公平正义、理顺群众情绪、消除社会不和谐因素的坚强领导核心。

因此，有了良好的党风，就能带动政风、民风的根本好转。

（三）廉政建设在高校教育方面的作用

党中央在《建立健全教育、制度、监督并重的惩治和预防腐败体系实施纲要》中提出，要大力加强廉政文化建设，积极推动廉政文化进社区、家庭、高校、企业和农村。教育单位要特别肩负起“全面贯彻党的教育方针，坚持育人为本、德育为先，实施素质教育，提高教育现代化水平，培养德智体美全面发展的社会主义建设者和接班人，办好人民满意的教育”这一历史重任。要完成好这一历史重任，就必须加强高校党风廉政建设，促进教育又好又快发展。高校的主要工作在于培养人、造就人。如果这个过程出现腐败，造就“豆腐渣工程”，那么，塌下的不是一幢高楼大厦，不是一个防洪大坝，而是一个民族，一个国运。曾有人说，高校的腐败是最大的腐败，是损失最严重的腐败。因此，我们必须从整个民族强盛安危的政治高度，必须从加强党的自身建设、落实科学发展观和构建和谐社会的战略高度，去认识高校党风廉政建设的重要性和紧迫性。在高校教育规模不断扩大的进程中，在人事调整、财务管理、基建工程、物资采购、招生考试等领域曾经出现过各种各样的腐败现象，导致高校产生诸多不和谐因素，直接影响了高校的健康发展。高校基层党组织廉政建设还有着另外的含义。在高校的在校生中，有很大一部分将会成为社会的中坚力量。他们有丰富的知识，年轻而充满活力。高校基层党组织是党与在校生最直接的交流平台。可以毫不夸张地说，高校基层党组织在学生眼中就代表着党的整体形象。高校不仅是知识文化教育基地，更是德育基地。在当前的社会背景下，廉政文化进入高校教育，显得十分必要和紧迫。高校基层党组织要以廉政建设促进良好校风的形成，要通过廉政建设推动校园思想道德建设。要着力提高广大党员、教师管理校园事务和维护校园和谐的本领，要提高教师教学科研的活力和教书育人的本领，要让广大干部、教师为维护校园和谐尽到各自应尽的职责，为落实党的教育方针创造良好的环境和条件。

1. 履行高校教育目标的作用

教育家陶行知说过："千教万教，教人求真；千学万学，学做真人。"这句名训，强调了高校教育的首要任务与教育的最终目标，那就是教学生学会做人。

2001 年，中共中央发布了《公民道德建设实施纲要》(以下简称《纲要》)。《纲要》的实施，是我国全面加强公民道德建设，深入贯彻落实法制建设与道德建设、依法治国和以德治国结合起来的治国方略的重大举措。《纲要》指出，为人民服务是公民道德建设的核心，它不仅是对共产党员和党建工作者的要求，也是对广大群众的要求。每个公民不论社会分工、能力如何，都能够在自身岗位上通过不同形式做到为人民服务，反对拜金主义、享乐主义和极端个人主义，遏止以权谋私、腐化堕落现象的发生。《纲要》同时指出，提高公民道德素质，教育是基础。要紧紧抓住影响人们道德观念形成和发展的重要环节，通过家庭、高校、社会等多方面途径，坚持不懈地在全体公民中进行道德教育，使人们懂得什么是对的、什么是错的，什么是可以做的、什么是不应该做的，什么是必须提倡的、什么是坚决反对的。

腐败已不仅仅是一种现象，它还催生出一种扭曲的"腐败文化"，正在腐蚀着社会的健康。高校作为开展道德教育的主阵地，要实现"培养全面发展的人"这一教育目标，必须立即开展廉政文化的教育，与"腐败文化"针锋相对。让全体学生在潜移默化中养成以廉为荣、以贪为耻的道德观念，树立正确的世界观、人生观、价值观。

2. 保证学生品德发展的作用

学生正处在身心发展的关键期，学生道德品质的良好发展离不开廉政文化教育的内容。清正廉洁是良好道德修养的鲜明指向，是人立身、立业之基。

青年作为一个特殊的群体，他们传承着中华民族的希望，担负着建设未来的重任。在青年阶段，学生的人生观、世界观和价值观正在形成过程中，从青年的心理结构和生活态度分析，他们尚具有很强的可塑性。

在这个特殊的人生时期，让青年学生接受正面教育，树立起正确的世界观、人生观、价值观是非常重要的。通过开展廉政文化教育进校园，积极开展廉政文化建设，形成先入为主的效应，使学生了解反腐倡廉的有关知识，树立"廉洁光荣，腐败可耻"的意识和反腐败斗争必胜的信心，培养正确、积极、健康的理想信念、道德观念、法制意识和社会责任，使"清正廉洁"成为每个人立身、立业之基。可以说，从学生起就具有抵抗腐败的免疫力，确保学生成长为健康的社会主流力量——无论其今后是从政、经商还是从事其他职业，“清正廉洁”的理念都根植于他们的头脑中，使“敬廉崇洁”成为中华民族兴国安邦之源。因此，在高校中开展廉政文化教育的目的就是帮助青年学生树立高尚的道德品质，抵御不良的社会风气的影响。

3. 营造良好家庭、社会氛围的作用

校园的廉政文化建设，对于营造良好的家庭和社会氛围能起到举足轻重的作用。首先，它具有极强的辐射功能。一所高校少则有几百名学生，多则有几千名学生，全国有数以亿计的学生在高校里就读，每一名学生的背后，连接着他们的父母、祖父母、外祖父母等一大群亲人。因此，着力打造校园廉政文化，把廉政文化根植入学生的心灵，使他们懂得“堂堂正正做人，干干净净做事”的道理，由此产生的影响力之大、辐射面之广是不可估量的。其次，现在的学生在父母和其他亲人的心目中具有很强的影响力，我们重视校园廉政文化建设，建立廉政文化基地，使校园成为每个学生“修身养性的灵魂驿站，召唤正义的精神家园，拒腐防变的思想长城”。要使青年人从读书时就开始树立远大的理想，养成良好的习惯和高尚的情操，他们的一举一动、一言一行，通过耳濡目染、潜移默化，可以深深感染和影响着每一个家庭成员，使家庭成员得以熏陶，净化家庭成员的灵魂，并约束家庭成员的不良言行，最终营造出崇尚清廉、反对奢侈的良好家庭氛围。最后，家庭是社会的细胞，如果每一个细胞都是积极向上、朝气蓬勃、充满青春活力的，不发生畸变和突变，社会这个机体就会变得十分健康，就能抵制和防御享乐主义、拜金主义、极端个人主义等腐朽思想和生活方式的侵袭和腐蚀，铲除滋生腐败毒瘤的土壤和温床，整个社会的风气就能得以净化，就能牢牢地筑起一道反腐防变的思想堤坝，为整个社会创设清正廉明的氛围。

三、廉政建设的实施办法

长期以来，广大党员干部扎根高校基层辛勤工作，为我国的经济发展和社会稳定做出了重要贡献。同时我们要看到，当前高校基层在党风廉政建设方面还存在一些亟待解决的问题，少数党员干部中也存在一些违规违纪甚至违法犯罪的现象。例如，行政行为失范，有法不依，不作为、乱作为；财务管理混乱，坐收坐支、白条支出屡禁不止；巧立名目，变相乱摊派、乱收费，评奖评优暗箱操作等。这些问题的存在直接损害了师生的切身利益，破坏了党群、干群关系，甚至诱发不稳定事件，进而影响到高校基层政权的稳固。因此，加强高校基层党风廉政建设任重而道远。为此，要根据建立教育、制度、监督并重的惩治和预防腐败体系的要求，探索建立健全与高校氛围相适应的防腐、惩腐机制，以廉政教育为基础，不断创新制度建设，进一步加强监督管理，推动高校基层党风廉政建设深入开展。

（一）牢记廉政建设的指导思想

以邓小平理论和“三个代表”重要思想为指导，全面落实科学发展观，按照构建社会主义和谐社会的要求，紧紧围绕以教育为本的目标任务，坚持标本兼治、综合治理、惩防并举、注重预防的反腐倡廉战略方针，不断加强教育、健全制度、强化监督、深化改革，努力从源头上铲除高校基层不正之风和腐败现象产生的土壤，实现好、维护好、发展好广大师生的根本利益，为推进和谐校园和校园文化建设提供坚实的纪律和作风保证。

（二）加强高校基层党风廉政建设

第一，开展高校基层党风廉政建设，要以提高认识为前提。思想是行为的先导。党风廉政建设是与党的生死存亡相关的大问题，高校党风廉政建设是党的建设和整个廉政建设不可分割的组成部分，直接关系到党在师生中的形象，关系到全面推进校园文化建设目标的顺利实现，对于加强党的执政能力建设以及和谐社会建设具有重要意义。党组织要紧紧围绕高校发展现状，以巩固先进性教育活动成果和社会主义校园文化建设为契机，在实际工作中，以改革的精神深入推进高校基层党风廉政建设，为建立和谐校园以及校园文化建设提供坚强的政治保障。

第二，开展高校基层党风廉政建设，要以围绕校园文化建设、促进和谐校园为核心。建设和谐校园以及保证校园文化建设，是党的全部工作中很重要的一部分。加强党风廉政建设，必须在建设和谐校园和校园文化这个大前提下，以改善广大师生的校园文化生活和和谐校园氛围为目的。要充分发挥高校基层党风廉政建设的积极推进作用，进一步夯实校园文化建设的领导保证，为校园文化建设创造良好的政治环境。

第三，开展高校基层党风廉政建设，要以为师生办好事、办实事为抓手。胡锦涛在党的十七大报告中指出，要坚持群众路线，真诚倾听群众呼声，真实反映群众愿望，真心关心群众疾苦，多为群众办好事、办实事，做到权为民所用，情为民所系，利为民所谋。习近平在党的十八届中央纪委五次全会上指出：“各级党组织要把严守纪律、严明规矩放到重要位置来抓，努力在全党营造守纪律、讲规矩的氛围。”这对新形势下进一步从严治党和深化反腐倡廉工作提出了新的更高的要求。要以求真务实的精神抓好当前高校基层党风廉政建设的突出问题，坚决纠正损害师生利益的不正之风，为推进社会主义校园建设提供重要的作风保障。要围绕师生的急、难、盼、怨等问题，立足本地实际，研究并提出解决措施，进一步密切党群、干群关系。比如，严格贯彻各类评奖评优的公平性，严肃查处损害师生人身安全的事件。要进一步加大教育经费投入力度，切实解决师生科研苦、科研难的问题。要大力规范校园食品、医疗服务等相关制度，确保师生日常生活的安全。

第四，开展高校基层党风廉政建设，要以围绕中心、服务大局，突出重点、注重实效，因地制宜、分类指导，分级负责、齐抓共管为原则。在实际中要以正面教育为主，加强制度建设，明确纪律规范，强化监督，把党风廉政建设与树立社会主义荣辱观、党员先进性教育结合起来，进一步增强基层党员干部廉洁自律的自觉性。要坚持循序渐进、逐步实施的原则，不可急于求成、草率从事，要摆脱“运动式”的短期行为模式，分类指导、扎实推进，努力取得高校基层党风廉政建设丰硕而长远的成效。

第五，坚决纠正损害师生利益的行为。各有关职能部门要认真对待自身工作，重点抓好以下工作：坚决制止师生在日常生活等方面存在的乱收费、乱罚款和各种摊派行为；制止各类违反法律法规的行为；严肃处理在学生学习、就业等方面工作不作为的行为；坚决防止和纠正在教育经费管理使用中损害师生利益的行为；防止高校医院医药购销和医疗服务中的不正之风，加强药品监管，打击非法行医，确保师生就医、用药安全；加强高校各类商店、超市的管理与监督，严厉打击损害师生利益和人身安全的行为。

第六，严肃查处高校基层党员、干部违纪违法案件。进一步畅通信访举报渠道，明确责任主体，公布举报电话，建立师生反映问题的快速反应处理机制。实行高校党建工作者信访接待日制度，妥善解决各种矛盾和纠纷。认真办理师生信访举报事项，实行党建工作者包案制和举报案件限时办结制，把问题解决在基层。此外，要禁止利用职权和职务上的影响牟取不正当利益。高校有关职能部门要重点查处利用职权牟取非法利益的案件，各种巧立名目的乱收费、乱罚款案件，关于食品安全和医疗保证的案件，私自截留、挪用、侵占、贪污公款和教育经费的案件，侵占集体资产、资源的案件，拖欠教职工工资、奖金的案件，学术不当的案件等。同时，要禁止以不正当手段获取荣誉、职称、学历、学位等行为。

总之，高校党风廉政建设工作责任重大、意义深远，任务复杂而艰巨，我们要充分认识廉政文化在高校教育中的地位及作用。校园廉政文化是校园文化和廉政文化的重要组成部分。积极开展廉政文化进校园活动，对于加强校园文化建设、培养师生崇廉敬廉的思想品质、弘扬整个社会的廉政文化、造就社会主义事业的建设者和接班人具有十分重要的意义。

（三）选准、用好、考核好干部是廉政建设的保证

“支部强不强，屋脊一根梁”，一支廉洁清正、执政为民的高校基层干部队伍是社会主义校园建设的坚强组织和政治保障。为此，要完善基层干部选拔任用和考核机制，将廉洁勤政作为干部选任和考核的重要标准，坚持“不廉者不为用”，把靠得住、肯干事、能干事的人选进班子。要完善高校重大事项决策机制，扩大师生知情权、参与权、监督权，对高校事务管理中的问题，及时发现，提早纠正，防患于未然。要实行民主评议制度。领导班子及其成员的工作，一要定期由师生代表大会进行民主评议或民主测评，通过评议或测评，一方面及时调整政治素质差、领导水平低、师生意见大的干部，另一方面促进领导班子及其成员改进工作、提高效率、搞好服务。二要实行高校干部任期成果责任审计，通过审计机构依照有关法律法规和干部任期目标责任制的规定，对高校领导班子和主要干部在任职期间所应承担的财务责任、教学责任等进行审查核实，做出真实、客观的评价，为任用干部提供依据，促进干部作风转变，调动和保护真正为师生办好事、办实事的干部的积极性。

（四）深入开展廉政教育活动，切实筑牢思想防线

在现实生活中，社会上形形色色的消极腐朽思想会影响到一些党员干部的思想，尤其是基层党员干部，他们面对的群体复杂、问题综合而多样，有时难免出现思想上的动摇。为此，必须把加强思想教育特别是拒腐防变教育作为促进廉政建设的首要内容。

首先，要发挥各级党校、学生党员活动及远程教育网的作用，采取集中培训和自我教育相结合的方式，以高校基层党员干部为教育重点，以先进理念教育人，深入开展理想信念和从政道德教育、党的优良传统和宗旨观念教育、党纪党规和法律法规教育，进一步增强基层党员干部的廉洁自律意识。其次，以正面典型鼓舞人，要注意挖掘基层廉政的典型，通过加大对正面典型的宣传力度，弘扬正气，引导广大基层党员干部学习先进事迹，向典型看齐。同时，要注意以发生在高校基层的案例、活生生的事例为教材，深入高校基层，与师生面对面地开展警示教育，以案说法，以案讲纪，以反面典型警示人。最后，要加大力度做好廉政文化进校园工作，广泛依靠群众，深入开展社会主义荣辱观教育，切实把思想教育、纪律教育与社会公德教育、职业道德教育、伦理教育、

法制教育结合起来，开展多样的、师生所喜闻乐见的廉政文化活动，在高校形成“以廉为荣、以贪为耻”的良好风尚，营造有利于高校干部廉洁从政的道德环境和社会氛围。深入开展高校基层党风廉政教育，必须注意以下几个方面：

①明确教育重点。高校基层党风廉政建设要以领导班子成员、基层学生干部为重点。要把高校基层党员干部培训纳入培训总体计划，实行分级负责、分期培训。要建立高校基层党风廉政教育的长效机制，组织人事部门和相关部门坚持对新任职的高校干部进行任前廉政教育培训。切实把党风廉政教育贯穿于高校干部的培养、选拔、管理、使用等各个环节，实现教育与管理紧密结合。要注意加强对校园流动党员的党风廉政教育和管理，研究、探索和建立流动党员廉政教育管理机制。

②丰富教育内容。要结合党风廉政建设和反腐败工作形势，针对当前高校基层党员干部的思想实际，突出抓好理想信念和党的宗旨教育、科学发展观和正确政绩观教育、社会主义荣辱观教育、政策法规教育和党纪条例教育、财经纪律教育和财政法规教育以及典型示范教育和警示教育等。

③创新教育形式。要注重研究高校基层党风廉政教育的规律和特点，不断增强针对性和实效性。高校基层党风廉政教育要与社会主义校园文化建设和构建和谐校园的任务相适应。要针对高校特点，组织编写学科性强、内容生动的教材、读本；要利用各级学生会组织相关活动等对基层干部进行教育；要创造性地运用多种教育手段；要积极推动廉政文化进班级、进宿舍、进实验室，以多种形式大力开展廉政文化建设活动。

④加强高校基层党员干部思想作风建设。高校广大基层师生党员干部要发扬党的优良传统和作风，适应社会主义校园建设的各项要求。按照中央提出的“六要六不要”的要求，严格执行以下六条规定：要忠于职守、廉洁奉公，严禁以权谋私、与民争利；要关心群众、依法办事，严禁作风粗暴、滥用警力；要公道正派、任人唯贤，严禁拉票贿选、买官卖官；要发扬民主、集体决策，严禁独断专行、搞“一言堂”；要遵纪守法、倡导文明，严禁参与赌博、涉黑涉黄；要崇尚科学、移风易俗，严禁封建迷信、婚丧大办。必须加强监督检查，确保六条规定落到实处。要结合本地实际，研究制定高校基层党员干部的具体行为规范。

（五）推进制度建设，切实形成完善的工作制度

健全和完善党员队伍、干部队伍和集成党组织建设的制度。要积极推进制度建设和创新，努力形成用制度管权、按制度办事、靠制度管人的廉政工作体制。

以落实制度约束为根本，使制度建设更具根本性、稳定性和长期性。要坚持思想教育与制度建设并举的方针，从强化管理入手，建立健全科学的、行之有效的规章制度，形成与新形势下高校基层党组织工作相适应的新机制、新规范。在制度建设工作推进过程中，一是建立健全校级配套的工作制度，使工作有章可循，形成自我调整、自我制约、自我控制的制衡机制。二是健全民主管理决策制度，凡涉及全体师生的重大问题，如校园食品安全、医疗保健、公共设施建设、教育改革等与师生切身利益相关的大事，必须经支部会议、师生代表大会讨论决定，不能由少数人说了算。三是健全财务管理制度，实行财务透明制度。充分发挥师生的监督作用，进一步规范高校财务制度，提高财务人员的素质，强化财务监督管理职能。四是坚持教学事务公开、财务公开和重大事项报告制度，自觉接受师生监督。将高校的重大事项、教育经费使用情况，定期张榜公布，提高各项事务管理的透明度。五是建立审计检查制度，上级有关部门要定期或不定期对高校财务进行审计抽查，要求师生代表参加，发现问题要及时纠正，以堵住个别干部贪污、侵吞、挪用的漏洞。六是推行校级党支部书记、主任述廉制度及离任审计制度，通过党员、学生干部及师生代表，对高校党委“一把手”是否廉洁进行评议，将其工作置于师生的监督之下。除此之外，高校还要建立对非党员师生干部的约束机制，结合学校实际组织全体师生讨论完善校级相关章程和规定，对高校党委、团委成员在廉政方面，以及保证师生知情权、参与权、决策权、监督权等方面提出具体要求，并制定对违法行为的处理办法，以此约束非党员干部的从政行为。

1. 在高校重点实现“四个规范”

①高校事务、财务公开制。全面推行高校事务、财务公开质询制度，增强公众参与度，保障师生的知情权、参与权、监督权，形成“公开内容规范化，公开程序严格化，公开时间时效化，公开形式多样化，公开监督立体化”的工作模式。在形式上，这主要包括：设立高校事务公开栏，创办高校事务信息，在高校公共信息网上公开。在时间上，这主要包括：对任期目标、工作指标、组织设置等稳定性较强的信息，一般一年一公开；对党费缴纳、重点工作、教学事务等完成情况，财务报表时间比较固定的，每月一公开；对党员发展转正、告知全体师生等需要即时公开的内容，要即时公开。

②民主科学决策制。完善和落实一事一议制度、全体师生代表会议制度，凡是与师生切身利益密切相关的事宜以及重大项目决策、大额资金使用等，必须经代表会议决定，防止“事难议、议难决、决难行”现象的发生。

③高校日常办公制。明确高校干部的岗位职责，健全请、销假制度，有事需请假，并在去向告知牌上写明原因与所去地址；保证每天必须有一人以上在办公室，节假日要落实相应的值班人员，确保高校相关部门有人办事。

④高校基层党员发展制。各部门需认真贯彻“坚持标准、保证质量、改善结构、慎重发展”的方针，制定党员发展规划，根据党员总数，每年确定一定比例的党员发展数量，由全体党员进行民主测评，确定入党积极分子，确保党员发展的规范有序。

2. 在行政部门重点落实“四项制度”

①考勤制度。全体干部职工必须严格遵守岗位职责，按规定的作息时间上班，不迟到、不早退，不做与工作无关的事。

②财务制度。严把“三关”，即强化预算管理，严格预算约束；加强收入管理，严格依法理财；加强支出管理，严格支出审批程序和手续。全面实行财务“两公开一监督”制度，即财务管理制度公开、财务执行结果公开和接受群众监督制度。

③督查制度。按照综合协调、分级负责、公开承办的原则，督查高校各阶段的中心工作、重要工作的开展情况；高校重要文件、重要会议决定事项，上级领导、部门批示、交办事项的贯彻落实情况；群众反映强烈、领导十分关心的问题等。对督查督办的事项，要尽快反馈；对紧急重大事项，要按照领导要求迅速办理，如期反馈。对在规定时限内办理不力、反馈不及时的承办单位及个人，应给予通报批评并记入年终考核档案。

④考核制度。对行政部门党员干部深入开展民主评议、政风行风工作，进行效能作风测评活动；开展审计调查和经济责任审计，对其任职期间重大事项、重大开支公开的及时性、真实性、效益性进行检查，让群众有客观、正确的评价。

3. 健全和完善高校基层党风廉政建设各项制度

第一，建立和规范高校基层民主决策、民主选举、民主管理和民主监督制度。各部门要认真落实重大事项集体决策制度。组织部门负责研究制定高校领导班子议事规则，确定重大事项范围，规范决策程序，明确决策方法，使集体决策有章可循。要坚持依法决策、科学决策和民主决策的有机统一，确保决策的正确性。组织部门和纪检监察机关要加强对高校领导班子落实重大事项集体决策制度的监督检查。坚决杜绝“决策一言堂、用人一句话、花钱一支笔”的现象。高校要全面落实以师生代表会议为主要决策形式的民主决策制度。院级部门决定重大事项的范围，由校级部门负责确定。要认真落实高校基层党组织生活会制度，健全高校基层干部任前廉政谈话、诫勉谈话、述职述廉等制度，逐步推行校园干部勤廉双述、师生询问质询和民主评议制度，建立和完善高校基层干部责任追究、经济责任审计、专项审计和定期审计制度等。要全面实行高校基层党风廉政建设责任制考核制度。

第二，建立健全高校集体资金管理制度。要认真抓好财务预决算、开支审批、审计监督和师生民主理财等制度的落实，尤其要管好、用好教育资金，确保教育资金安全有效运行。认真落实分级财务管理模式，严格院校两级资金收支管理、审批、使用程序。财政、教育、审计部门要强化监督检查。

第三，加强对高校公共资源和资产的管理。各部门要制定和落实高校公共资产管理制度。对校园用地要合理规划、开发和利用。积极稳妥地推进校园规划改革办法。建立健全重大建设工程项目公开招投标制度。建立健全资产流失责任追究制度。

第四，积极推进高校监督管理体制改革。坚持以改革的精神和创新的思路，认真研究在监督过程中遇到的新情况、新问题，不断改进方式和方法，增强监督实效性。积极探索监督体制改革，在有条件的情况下要建立监督委员会，并建立相应的工作机制。继续在校园推行“为师生服务”全程代理制。切实发挥高校便民服务中心和便民服务点的作用。要完善高校基层干部选拔任用机制、政绩考核评价机制和激励机制，积极推行院校两级党支部选举的办法。组织部门负责制定高校基层干部选举、任用、考评和奖惩办法，规范高校基层公务接待活动，尝试实行零招待制度。有条件的高校逐步推进基层干部职务消费制度改革。

（六）全面推进高校政务、党务公开，加强监督检查

1. 全面推进高校政务公开和党务公开

（1）深入推进高校政务公开

一要明确政务公开的内容。高校要重点公开贯彻落实中央、省、市有关校园工作政策，财政收支，各类专项资金、财政转移支付资金使用情况，筹资筹劳等情况，以及其他涉及师生切身利益的重要事项。高校政务公开工作领导小组及其办公室负责指导、协调全校政务公开的各项工作。二要明确政务公开的形式。高校可以通过政务公开栏、公开办事指南等形式公开政务；可以通过社会公示、听证、专家咨询、论证以及邀请师生旁听有关会议等形式，对行政决策的过程和结果予以公开；可以通过行政服务中心，对行政许可、公共服务等

事项予以公开；可以通过加强政府网站建设，推进电子政务，逐步扩大网上审批、查询、交费、咨询、投诉、求助等服务项目的范围，为师生提供快捷、方便的公开服务。图书馆、校医院、便民服务中心、体育馆等与师生关系密切的公用事业单位要大力推行办事公开制度。三要把政务公开作为行政机关目标考核的重要内容，制定具体考核办法，明确考核标准，定期考评检查，促进政务公开工作的落实。

（2）积极推行高校基层党务公开

高校党组织的工作事项，除涉及党和国家机密之外，都要向党员和群众公开。党务公开的内容主要有高校基层党组织的工作目标、决策内容和程序、干部选拔任用、党员发展、党费收缴和管理、民主评议、党员干部违纪违法问题的处理、落实党风廉政建设责任制情况等事项。党务公开主要采取党员大会、群众大会、党务专栏等形式予以公开。

2. 切实加强党对高校政策贯彻执行情况的监督检查

要坚持党内监督与党外监督相结合，发挥民主党派、人民团体、人民群众和新闻舆论的监督作用，把党内监督与高校监督、政协监督、专门行政部门监督、群众监督、新闻媒体监督结合起来，构建监督网络，增强监督效果。聘请离退休老干部、人大代表、政协委员和社会各界群众代表为监督员，成立公开监督组织，采取问卷调查、民主听证质询会、群众座谈会等形式，对公开情况进行评议，对公开的内容和效果进行监督检查。同时，充分发挥举报电话和师生来信等的监督作用，指定专门人员负责办理师生对公开工作的意见、建议和对违规、违法行为举报的查处。

（1）围绕支持教育事业政策落实情况开展监督检查

高校党委重点组织对高校广大师生的直接补贴政策、校园基础设施建设投入政策、校园社会事业支持政策等落实情况的监督检查。主管部门要严格执行教育资金使用的管理规定，按照透明、规范的程序，对教育资金的使用实行全程公开制度，对校园基础设施建设项目实行公开招投标制度，对师生补贴实行“一卡通”（或“一折通”）办法。实行责任制，明确教育资金使用各环节责任主体的责任；实行督查制度，实施过程监督，强化责任追究，确保支持教育事业的相关政策落实到位。

（2）围绕实验室经费落实情况开展监督检查

高校有关职能部门要加强对各学院实验室经费的落实情况进行检查，加大对各学院实验室经费使用情况的监督检查力度，建立和完善监督实施方法，保证实验室经费用到实处，保证师生科研活动的顺利进行，维护广大师生的合法权益。

（3）围绕高校各部门综合改革情况开展监督检查

要严肃机构编制纪律，巩固高校机构改革成果，坚决杜绝违反规定设置机构，超职数、超编制配备人员以及弄虚作假等现象。

财政和教育部门要保证各级部门的财政投入足额到位和合理使用。积极推行新型校园合作食堂制度和医疗制度，要保证财政补贴足额到位。财政和卫生部门要规范合作医疗资金管理程序和使用办法，做到科学管理、合理使用。财政等有关部门要规范开支范围，及时解决高校财政管理体制改革中出现的问题。

（4）以强化师生监督为关键

完善监督制约机制，把监督“一把手”权力运行作为高校党风廉政建设的重点。一是建立党风廉政建设的考评机制，上级党委将全年党风廉政建设目标进行分解，以责任书的形式下达各学院，与教育工作同部署、同考核，上级纪委与各学院纪委签订党风廉政建设责任书，作为年终考评党风廉政建设工作成效的内容和依据。二是对班级党支部权力监督的合理安排，要完善班级党支部建设，因地制宜，在院（系）党支部设立纪检委员职务，并制定工作职责。三是加大对高校党风廉政建设的考核力度，上级纪委要加强对院（系）纪检工作的督促检查，发现问题及时整改。另外，高校还要落实领导体制和工作机制，形成党风廉政建设的整体合力，加强对院（系）纪检监察队伍的建设等。

（七）加强对高校基层党风廉政建设的组织领导

1. 党委要切实负起全面领导责任

要把高校基层党风廉政建设工作摆上重要议事日程，纳入校园建设的总体规划，统一部署、统一落实、统一检查、统一考核。要明确工作任务，采取有力措施，加强督促检查和指导。高校党委要明确目标责任，制订阶段性工作计划，着力抓好落实。院（系）级党委每年年底要向高校党委、纪委报告学院基层党风廉政建设工作情况。要建立高校基层党风廉政建设工作联席会议制度，成立专门的工作机构，确保高校基层党风廉政建设工作顺利开展。

2. 有关部门要认真履行职责

坚持“谁主管、谁负责，一级抓一级、层层抓落实”的原则，按照任务分工，有关部门要认真履行职责，把高校基层党风廉政建设纳入本部门的整体工作，做到分工明确、任务具体、责任清晰，建立上下联动的工作机制。要充分发挥职能优势，针对高校基层党风廉政建设中出现的问题，及时研究并提出解决办法。

3. 加强高校基层纪检监察组织建设

改革和完善高校基层党的纪律检查体制和工作机制，要配备工作能力强的高校纪委领导班子，有办事机构，有专职人员，有专项经费，保证高校纪委充分发挥其职能作用。高校基层党支部要设立纪检委员。纪检监察机关要协助党委做好高校基层党风廉政建设的总体部署，制定实施方案，发挥组织协调作用，加强监督检查，确保完成各项任务。

4. 认真落实党风廉政建设责任制

坚持党委统一领导、党政齐抓共管、纪委组织协调、部门各负其责、依靠师生参与和支持的反腐败领导体制和工作机制，形成高校基层党风廉政建设工作的整体合力。要积极做好党风廉政建设责任制向院（系）、班级延伸工作，建立校、院、系、班四级责任网络和责任体系，形成一级抓一级，一级向上级负责的工作机制。要制定责任目标，明确责任主体，做好监督检查和责任制考核，重视考核结果的运用，强化责任追究机制。

第五章　高校基层党组织民主建设与作风建设

党内民主是关系党生存的根本政治准则和制度，是党的生机与活力的源泉。党内民主的建设是一项长期工程，需要调动各方人员，整合各种资源，摸索情况，稳步推动。党的十八大与十九大均重点强调了党内民主建设的内容。在中国高校中，积极推动党内民主建设，完善高校党内民主制度，使党内民主范围更加广泛。党内民主必须被各级党组织重视、研究，并将其作为一项重点课题去探讨改进。高校是其所在区域文化创新成果的重要体现之地，更是教书育人和进行学术研究，培养具有现代知识人员的地方，是社会科学文化传承的重要场所，担负着促成社会科学知识交流和促进社会现代化发展等重要任务。

党的作风是党的性质、宗旨、纲领、路线的反映和体现，关系党的形象，关系人心向背，关系党的生死存亡和国家的前途命运。中国共产党成立以来，在革命、建设和改革开放的各个历史时期都始终高度重视作风建设，形成了一系列显著区别于其他政党的优良作风，增强了党的活力、巩固了党的团结，在人民群众中树立了伟大崇高的形象，赢得了广大人民群众的衷心拥护和爱戴。

第一节　高校基层党组织民主建设

一、党内民主发展的基本历史经验

历史发展不断证明，党内民主发展得好，党所领导的革命、建设和改革事业才能够顺利开展；反之，没有正常的党内民主生活，党就不可能形成正确的领导，而领导的失误和无效会导致党所领导的事业出现危机，反过来加剧党内民主生存的困难。中国共产党经过艰苦探索和不断实践，逐步确立了党内民主发展的主导思想，创造了丰富的党内民主实践形式，形成了比较系统、稳定的，可操作性强的党内民主理论，同时也积累了宝贵的经验。

（一）党内民主是党的生命，以党内民主带动人民民主

在新世纪，面对国情、党情的变化，党的十六大提出“党内民主是党的生命”的理论命题，把党内民主提高到关于党的生死存亡的战略高度。党内民主不仅可以促进正确的政策和策略的形成，而且可以造就党的团结统一的政治局面。党的十七大报告在继党的十六大提出“党内民主是党的生命”之后，进而提出“人民民主是社会主义的生命”的重要命题。党的十七大强调，人民民主是社会主义民主的本质和核心，要求全党积极推进党内民主建设，并且把党内民主提高到更加重要的地位上，党内民主是增强党的创新活力、巩固党的团结统一的重要保证。要以扩大党内民主带动人民民主，以增进党内和谐促进社会和谐。党的十七届四中全会强调了“党内民主是党的生命”和“坚持以党内民主带动人民民主”。党的十六大、十七大以来，中共形成以党内民主带动人民民主的新理念，将党内民主提高到新的地位和水平上。党的十八大报告中再次强调“党内民主是党的生命”。要坚持民主集中制，健全党内民主制度体系，以党内民主带动人民民主。

（二）发展党内民主，必须坚持实事求是，一切从国情、党情出发

发展党内民主最重要的就是要研究我们自己的国情、党情，根据实际情况决定推进党内民主的途径和方法。任何民主的发展都是有条件的，都要受到当时政治、经济、文化、历史传统和党员乃至全体人民素质等多方面因素的制约，这是我们纵观党的民主发展历程所深切认识到的。党内民主建设受其所处的政治生态环境的影响和制约，其中，政党与法律、政党与政权、政党与社会的关系是特定政治生态环境中影响党内民主建设的最基本的决定性因素。服务于党的执政使命和中心任务是党内民主建设的根本方向。加强党内民主建设，必须牢牢把握正确方向，紧紧围绕党的执政使命和中心任务来开展。脱离了党的执政使命和中心任务，片面地、孤立地追求形式上的民主，发展党内民主就会失去正确的方向和强大的动力。当前，我国还处在社会主义的初级阶段，经济、文化发展较落后且不平衡，党的组织和党员的状况也有很多的不同。因此，发展党内民主，必须考虑到国情、党情，分步骤、分层次地进行。对不同地区党组织的要求有所不同，对中央组织、地方组织和基层组织的要求有所不同，对不同类型的基层党组织的要求也应有所不同。我国社会主义初级阶段的长期性、艰巨性，决定了党内民主必然要经历一个长期的、渐进式的发展过程。发展党内民主既要有紧迫感，又不能急于求成，必须在党的坚强领导下，分阶段、分步骤、有计划、有秩序地加以推进。

（三）发展党内民主，必须坚持党员的主体地位，保障党员的民主权利

党员是党的细胞和党的行为主体，发展党内民主，离不开全体党员的共同努力。坚持党员的主体地位、保障党员的民主权利是发展党内民主首要的和根本的问题。党在历史上犯错误和出现重大问题，重要的原因之一就是党员的民主权利得不到保障。1995 年，中共中央发布了《中国共产党党员权利保障条例（试行）》。这是党的历史上第一个保护党员民主权利的专门党内法规，它全面系统地规范了党组织和党员在保障党员权利方面的工作和活动。2004 年 9 月，中共中央颁布了《中国共产党党员权利保障条例》，这个条例是建党以来有关党员权利的最全面、最系统的规定，对党员权利的范围、权利的行使和保障都做了系统而明确的规定。党的十六届四中全会突出强调了党员的知情权，第一次提出增强党组织工作的透明度，以更好地保障党员的知情权和参与权，促进党内民主的发展。党的十七大再次强调尊重党员主体地位，保障党员民主权利，赋予党员在党内的主体地位，进一步夯实保障党员权利的基础。党的十八大报告中提出，保障党员主体地位，健全党员民主权利保障制度，开展批评和自我批评，营造党内民主平等的同志关系、民主讨论的政治氛围、民主监督的制度环境，落实党员知情权、参与权、选举权、监督权。这充分表明党对党员民主权利的落实更加务实。

（四）加强制度建设，是发展党内民主的关键

党的制度是党内行为的准则。党内民主的制度化是巩固党内民主发展成果的根本之策。党内民主制度的有效维护、忠诚执行和有效运作，推动和维护着党内民主的发展。在民主革命时期，党通过加强党委会制度和其他制度，发展了党内民主，使党的集体领导和运作更加规范化，为党内民主的实现奠定了重要基础。新中国成立以来，党在实践中逐渐探索并形成了以党代会、党委会、党内选举、党内监督、党员权利保障五大制度为基础的党内民主运行机制，使党内民主实现良性运转。历史经验证明，实现党内民主的制度化和规范化，是党内民主走向成熟的关键。党的十八大报告中提出，要加快推进社会主义民主政治制度化、规范化、程序化，从各层次、各领域扩大公民有序政治参与范围，实现国家各项工作法治化。

（五）加强党内监督，是发展党内民主的保障

新中国成立后，党就建立了中央和地方监察委员会，对各级党组织和党员实施自上而下和自下而上相结合的监督。党的十二大后，党提出要从严治党，

党内监督也表现出新的特点，主要是形成了以制度监督为核心、多种监督形式相结合的监督模式。例如，党的各级委员会向同级的代表大会负责并报告工作；党的上级组织要经常听取下级组织和党员群众的意见，及时解决他们提出的问题；上下级组织之间要互通情报、互相支持和互相监督等。2004 年，中共中央正式颁布《中国共产党党内监督条例（试行）》，这是第一部关于党内监督的专门法规，标志着党内监督正式走上了制度化、规范化、程序化的轨道。十六届四中全会提出了实行党务公开，建立巡视制度，依法实行罢免制、质询制、问责制等一系列制度，拓宽和健全了监督渠道，加强了对权力运行的监督和制约。党的十七大充分肯定了党的十六届四中全会以来党内监督取得的成就，进一步提出了实行中央政治局向中央委员会全体会议报告工作，接受监督，以及党的地方各级委员会的常务委员会定期向委员会全体会议报告工作，接受监督。这就理顺了党内权力授受关系，明晰了监督的主客体关系，有利于推进党内监督的稳步发展。党的十八大报告中提出，推进权力运行公开化、规范化，完善党务公开、政务公开、司法公开和各领域办事公开制度，健全质询、问责、经济责任审计、引咎辞职、罢免等制度，加强党内监督、民主监督、法律监督、舆论监督，让人民监督权力，让权力在阳光下运行。

在党的建设历程和执政历史中，党内民主建设方面尽管有过曲折，也还存在很多问题，但无论是在理论上还是在实践上都积累了丰富的经验，同时又建立了党内民主发展的基本制度框架，这是新时期党内民主建设的重要资源和基础。这些理论和经验教训是我们做好基层民主工作的基础。

二、高校基层党组织民主建设的内容及实施途径

（一）民主公共事务公开

实行民主公共事务公开是推行高校民主建设的需要，是全心全意依靠广大师生加强中心建设的具体措施，是实行科学决策、科学管理的基本要求，也是坚持和完善民主管理、民主监督的一项重要制度。近年来，高校把事务公开作为中心改革、发展、稳定的主要途径，不断改进事务公开的工作方式，切实把事务公开的具体操作与职工代表大会的操作程序进行有机结合，确保事务公开工作落到实处。高校的民主公共事务公开主要要求尊重教职工党员的主体地位，以落实党员的知情权、参与权、选举权、表达权、监督权为重点，进一步提高党员对党内事务的参与度。抓好高校基层党务公开工作，不能图形式、走过场，至少应从公开内容、公开程序、公开方式、公开过程和公开机制五个方面入手。

1. 公开内容

坚持全面、真实、具体、合法的原则，力求做到“师生关注什么，就公开什么”。凡是广大师生关心的党内热点问题，凡是容易出现以权谋私、滋生腐败、引发不公的事项，只要不涉及党和国家机密，都应最大限度地进行公开。在全局和中心工作方面，重点公开各级党委的重大决策、决定、决议，公开党内制度规定的各项办事程序和工作要求等。在思想作风建设方面，重点公开党员领导干部执行廉洁自律规定的情况，公开党员领导干部学习活动、遵守工作纪律、财经纪律的情况等。在组织建设方面，重点公开党委领导班子自身建设情况，公开党员纳新及干部选拔任用工作情况等。

2. 公开程序

程序需要在规则内进行，不得超出规则范围。规则的核心是程序，程序又是做好公开的关键。一是抓好审核关。各级党组织或所涉个人提供公开资料，公开前由党组织集体审核，特别是对于重大事项的公开，须报经上级党委审核把关。二是抓好公开关。将审核通过的公开内容，按照规定程序及时公开，对于党内重大决策、重要干部任免和涉及广大师生切身利益的重大问题等党内事务，采取先党内、后党外的顺序进行公开，必要时实行党内外同时公开。三是抓好反馈关。公开期间各院（系）设立意见箱，并明确专人负责征求、收集、筛选、整理师生的意见和要求，及时反馈给相关部门，并将落实情况再公开，接受师生监督。

3. 公开方式

明确高校党组织为党务公开的责任主体，按照“规范、适用、明了、方便”的原则，将党务公开通过局域网、广播向校园公众公开，通过校园公开墙、教代会、学代会向广大师生公开。高校党组织采取在校园醒目处建立党务公开栏，在学校办事大厅、教学楼设置电子显示屏，设立公开查询室，开通局域网，下发内部党务简报等形式，由各院（系）纪检监察和政工干部对应公开的党内事项进行及时公开，并做到每季度更新，方便党员干部和师生了解、查阅。各院（系）党支部通过院（系）公开栏及院学代会将广大师生关心的内容进行公开，由各院（系）兼职纪检委员落实到位。

4. 公开过程

院（系）事务公开经过多年的实践探索，已经形成了一系列成功做法和有益经验，应坚持把党务公开和政务公开融入高校党政发展的全局，整体谋划，统一组织实施。一是利用政务公开比较完善的公开网络、政务公开墙、院（系）公开墙等载体，推行党务公开工作，实现基础设施配套、网络资源共享。公开工作做到既有党务公开情况，又有政务公开情况；既有宏观决策的公开，又有具体的工作措施、工作落实情况的公开；既有党内重点、重大事项，又有政务的重大执行情况。二者相互补充、相得益彰。二是注重与党内特邀监督员制度相结合。聘请党内特邀监督员，赋予其一定的职权，对党费、团费使用涉及的财务支出，党政提拔任用等方面重大事项进行跟踪监督。党内特邀监督员在各院（系）党组织讨论决定重大事项时列席党组织会议，收集、整理单位内部乃至社会大众对重大事项实施的意见和建议，并负责将重大事项决策的决策依据、决策过程、决策结果、意见和建议、解决情况等在单位党务、政务公开栏上进行公开或反馈，必要时向社会公开。三是注重与党员思想作风建设相结合。加强以“治梗促畅”“治惰促勤”“治散促严”为主要内容的效能建设，大力整顿党员领导干部的思想作风、工作作风、领导作风等，并在新闻媒体公开，促使党员领导干部转变作风。

5. 公开机制

一是建立完善领导体制。成立领导小组，组建工作专班。高校职能部门和学院等二级单位实行党政“一把手”负总责、分管领导直接负责、专职人员具体负责的责任体系，做到责任落实到岗、工作落实到人、措施落实到位。二是建立完善日常工作机制。制定党务公开制度，规范党务公开的指导思想、原则、内容、方法、时限等。建立党务公开情况反馈制度，对广大师生就公开的党务工作反映的意见和建议，进行认真研究并加以回复。建立党务公开预告制度，对涉及党员、群众切身利益的有关重大决策，事前公布预案，充分听取各方面意见，坚持事前、事中、事后公开相结合。建立党务公开审签把关制度，设立党务公开登记簿，实行专档管理。三是建立完善督办检查、责任考核机制。定期对高校各级党务组织的党务公开工作情况进行监督检查，及时研究和解决工作中存在的突出问题，对不按规定公开和图形式、走过场、敷衍塞责的，给予通报批评，责令限期整改。同时，将党务公开纳入党政建设责任制考核内容，量化考核标准，完善工作责任，严格责任追究，并将考核结果在党建网上公示，由师生监督，使干部信服，提升党员干部工作的责任心和主动性。

（二）基层民主选举

我国著名的政党制度研究专家王长江教授曾经说过：“‘党管干部’管得是否科学、有效，说到底，就在于能不能既保持党对整个干部选择过程的有效控制，又不使公众的选择权失去意义，而不在于要么为了控制而架空公众的选择权，要么为了保证公众的选择权而架空党的领导。”科学的党管干部的方式至少包括两个要点：一要体现党的领导，保持党对领导干部的选任工作发挥影响力和导向、控制作用；二要使公众对领导干部的选择权得到实现。显然，以领导干部委任制作为党管干部的实现形式之所以不科学，易产生诸多弊端，就在于它只关注了党的控制权而虚化了公众的选择权。这既不符合党管干部的本意，也有违社会主义民主的原则。那么，采用什么样的政治形式既能保持党对领导干部选任工作的有效控制，又能使公众的选择权得到实现呢？这种形式就是民主选举。民主选举既为政党引导和控制领导干部的选择过程保留了活动空间，又为公众行使选择权提供了政治形式。因此，民主选举是实现党管干部方式科学化的主要选择。民主选举提高了干部工作的民主性、科学性和实效性，直接表达了广大师生的意愿，也直接体现了师生参与民主管理、参与民主决策的行为。所以，民主选举是高校党内民主制度建设的关键。

1. 完善党内选举制度

在高校中，党内选举制的完善是极其重要的一项工作。党内选举制是指有选举权利的党员按照一定的选举程序，依据自己的意愿选举领导人或党代表的一种选拔任用方式。选举制是党内民主的一项重要制度，在现代政治中，选举制是民主制的基石，是检验民主制成熟的首要标准。从目前来看，高校开展党内选举的职位的主要包括三类：一是支部大会选举支部书记，党员大会选举院（系）总支委员，党员代表大会选举校党委委员；二是校级党代会代表的推选，选举参加高校所在地的市级党代会的代表；三是对干部任命实行票决制。高校党内民主选举从制度上看，已经取得了一些突出的成绩。譬如，一般来说，候选人无论是党委的提名还是党内酝酿的提名，都比较广泛地听取了群众意见或进行了全院（系）范围内的民主测评；从十三大开始，就正式确立了差额选举的原则；在选拔干部工作中引入了群众提名、民主测评、干部公示制等民主程序的环节。这些是当前高校党内民主乃至国家民主制度建设中非常引人注目的进步。当然，当前党内选举仍存在一些突出的问题。如选举不按程序进行；民主推荐尚呈粗放状态，有上级任命或变相任命的现象；差额选举中常有“陪衬选举”；甚至有所谓的“民主选举”，每个环节都做得很认真，却不当场唱票和宣布结果，使广大党员、群众深有“被民主”的感觉。以一场选举“秀”来对待党员的核心权利，最终会使党的领导机构丧失在党员心目中应有的位置。

完善高校党内民主选举机制，今后需要在以下三大方面进一步规范化和细化。首先，进一步规范候选人提名制度。高校各级干部的选任情况比较特殊，校级领导一般由上级相关组织任命，而院（系）以下领导则由任命和选举相结合的方式产生。在选举前，应根据学术成果、职称级别、教学效果、责任意识、服务意识等情况确定候选人标准，通过自主报名、群众推荐或组织提名等方式确定候选人名单，然后，通过民主推荐、民意测验、民主评议和选前公示等程序对被提名候选人进行筛选，以保证候选人的质量。其次，进一步完善差额选举机制。要适当扩大差额比例，以确保选举的竞争性。同时，根据不同的选举层次，逐步扩大差额选举的范围，有些高校的二级党支部书记和副书记，已经直接进行了差额选举。最后，进一步规范党内选举程序。一方面，要在全校范围内健全选举监督体系，建立预防和处置干扰、破坏选举的机制，对有拉选票、贿选等违纪违法行为的候选人，不但要取消其参选资格，还要按照相应的法规法纪严肃查处。另一方面，要坚持选举与罢免、撤换相结合的原则，赋予选举人对被选举者的罢免、撤换权，从而对群众不满意的结果进行及时的修正。

2. 积极推进“公推直选”工作

党的十七大报告明确指出：“推广基层党组织领导班子成员由党员和群众公开推荐与上级党组织推荐相结合的办法，逐步扩大基层党组织领导班子直接选举范围，探索扩大党内基层民主多种实现形式。”党的十八大报告指出：“党内民主是党的生命”“保障党员主体地位，健全党员民主权利保障制度，开展批评和自我批评，营造党内民主平等的同志关系、民主讨论的政治氛围、民主监督的制度环境，落实党员知情权、参与权、选举权、监督权”。这为基层党内民主建设注入了新的活力。直接选举与间接选举相比，无疑更能体现党员的意志，更能保障党员的基本权利，更能落实普通党员的知情权、参与权、选择权和监督权，更能激发广大知识分子党员的政治热情和服务社会的热忱，更能有效约束领导班子的权力运行。而且在选举文化的熏陶下，通过宣传动员、选票设计、候选人提名、竞选演说、差额选举标准的认定、选举权与被选举权的确定、利益群体的结盟、秘密填票的保障、监票计票等环节的安排乃至会场布置等，能使人更深刻地领会到民主选举不仅是一项权利，也是一门技术和技能，认识到民主不仅是根本的政治制度，也是一种生活哲学。高校推行“公推直选”活动，必须掌握好“四性”原则，即积极性、公正性、机遇性、保障性。首先就是激发广大党员的积极性。为此，在推行“公推直选”活动中，要做好充分的宣传鼓动工作，而且宣传工作一定要务实、到位。

（三）基层参政议政能力建设

参政议政是我国基本政治制度赋予各民主党派、人民团体和各族各界人士的一项重要职能，做好参政议政工作是时代发展的需要，是巩固中国共产党领导下的多党合作的需要，同时也是基层组织自身发展的需要。高校的领导体制是中共党委领导下的校长负责制，这就决定了高校中的党组织与高校各基层组织之间的关系，不完全等同于从中央到地方各级政府中共党委与各级基层组织之间的关系。高校基层组织及其成员职能并无严格意义上的参政议政问题，其参政议政职能的充分发挥主要是通过参与高校的民主管理和民主监督，以建言献策的形式来实现的。

1. 高校基层组织参政议政的独特优势

高校基层组织的成员除少数担任校、院级行政系统的领导职务，负有一定的行政职责外，其余多数成员参与高校的民主管理和民主监督，提出意见和批评，不负有行政责任。由于他们既是高校的一分子，又是基层组织成员，因此他们就高校改革、发展和稳定及他们的切身利益问题所提出的意见、批评、建议，更能引起校党委和各级领导的重视。

2. 坚持科学参政议政、民主参政议政、依法参政议政

在参与决策和执行过程中，基层组织所提的意见、建议，以及议案的科学性、民主性如何，直接影响着其参政议政能力的体现。高校的基层组织在参与高校事务的管理，参与高校政策、制度的制定时，要遵循科学参政议政、民主参政议政、依法参政议政的原则。调查研究是参政议政的前提和基础，它是连接理论和实践的桥梁。各基层组织应认真调查研究，了解实际情况，广泛听取师生的呼声，把大家的意愿作为建言献策的根本依据，为高校发展提出科学、合理的建议。

3. 立足高校改革发展，不断提高建言献策水平

建言献策能力是参政议政能力最重要的组成部分，因为建言献策的成效是衡量参政党在国家政治生活中的地位和作用、自身素质和社会影响力的最重要的标准。参政参到点子上，议政议到关键处，都将具体地反映在建言献策工作的水平和效果之中。各基层组织能否切实促进发展，在很大程度上取决于其建言献策能力的强弱。增强建言献策能力最重要的是要提高基层组织的调查研究能力。做好调研工作就要选好题目。高校的基层组织成员，在教学、科研和管理等方面是一支重要依靠力量。高校要充分发挥人才智力资源丰富的优势，充

分激发他们民主管理和民主监督的积极性和创造性。基层组织成员大多能超脱世俗、仗义执言，对社会和高校的大政方针能提出高质量的建议和意见，要把他们的力量和智慧凝聚和团结在校党委的周围，鼓励他们就高校教学、科研、管理的重大问题，热点、难点问题以及教职工工作和生活等切身利益方面的问题，积极建言献策，为促进高校的全面工作，推进高校的改革、发展，维护高校的稳定做出贡献。

4. 优化参政议政环境，提高参政议政效果

参政议政环境是直接影响参政议政水平和能力的因素。参政议政外部环境可以反映社会氛围，参政议政内部环境可以透视参政党自身建设效果。当前，中国共产党正以前所未有的气魄和一往无前的决心进行执政能力建设，这同样要求各参政党加强参政能力建设。中国共产党为了充分发挥基层组织这一重要执政资源的作用，巩固执政地位，以最大的政治诚意、最好的治国措施来创造更好的参政条件，积极搭建更为广阔的参政议政舞台，创造更为宽松、和谐的参政议政环境，并在全社会努力营造良好的参政议政氛围。各基层组织应“以党为师”，下功夫做好自身建设。自身建设做好了，参政议政的内部环境优化了，参政议政水平和能力才能提高，才能适应时代要求，才能与执政党更好地合作。

参政议政内部环境的优化主要表现在思想建设、组织建设、作风建设和制度建设等方面。思想建设要突出树立“参政意识”，包括共产党领导、多党合作的意识和参政议政的意识。要加强自我学习，强化自我修养，端正入党动机，培养高尚品质，真正做到“积极参政，参政为民”。组织建设要将正确的组织路线贯穿始终，要把组织发展与扩大参政议政基础、有利于各基层组织整体素质以及提高参政议政能力有机结合起来，以工作的有效开展来促进组织的积极发展。作风建设是各基层组织自身形象塑造的关键，要教育和引导成员遵纪守法，洁身自好，努力工作，爱岗敬业，勤于调研，善于建言，科技创新，奉献社会。制度建设要以与时俱进的品质和合作的态度，研究新情况，总结新经验，以更加健全的规章制度、更加完备的组织体系、更加科学的运作机制来规范参政议政行为。通过努力加强我们自身的政治文明建设，进一步净化和优化参政议政内部环境，不断提高参政党的政治把握能力、参政议政和民主监督能力、组织领导能力、合作共事能力，不断提高参政党履行职能的能力和水平，这样参政党就会“参在点子上，议在关键处”，提案、议案和建议就会得到执政党党委、政府的高度重视，积极采纳，为促进发展、实现和谐起到积极作用，得到执政党的认可，得到人民群众的认可。

（四）基层民主监督

高校是党的统战工作的重要领域，充分发挥高校基层组织在民主管理和监督中的作用，调动基层组织成员的积极性和创造性，对高校的改革发展和稳定有着至关重要的作用。民主监督机制是我国高校权力运行系统中不可或缺的重要组成部分。完善和加强高校民主监督机制是切实履行教代会监督和参议行政权力职能的客观要求，也是深化高校管理体制改革和建立现代大学制度的一个重要内容，还是社会主义民主政治在高校的重要标志和体现。研究高校民主监督机制对构建以监督和参议行政权力为主要职能的高校教代会制度具有重要的理论和实践意义。

基层组织是高校民主管理和监督中一支十分重要的力量。加强高校民主管理和监督工作，是认真贯彻党的路线方针政策和国家有关法律法规的需要，是高校民主建设的需要，是搞好民主办学、完善高校管理体制的需要，是保持高校稳定、推进高校改革、促进高校发展的需要。发挥基层组织在高校民主管理和监督中的作用是保证高校科学决策的一个重要条件，是反映民意的一条重要渠道，是防止腐败的一种重要形式。它有利于扩大和发扬社会主义民主，有利于调动基层组织成员的积极性。我们要不断提高认识，从坚持和完善我国多党合作的政治制度，推进社会主义民主建设，促进高校的改革、发展和稳定的高度，深刻领会基层组织参与高校民主管理和监督的重要意义。

高校基层组织及其成员参与高校的民主管理和监督，是通过一定的载体和形式来实现的。我们既要坚持过去一些行之有效的好的做法，发扬自我教育、积极参与的优良传统，又要善于面对新形势、研究新情况、探索新方法、创造新形式，这些形式要符合高校特点、切实可行、富有实效，实现制度化、规范化。积极鼓励基层组织参与高校民主管理和监督，充分发挥基层组织在高校民主建设中的作用。

1. 完善民主监督机制

高校权力运行需要制度监督。党的十七大报告指出：“完善制约和监督机制，保证人民赋予的权力始终用来为人民谋利益。确保权力正确行使，必须让权力在阳光下运行。要用制度管权、管事、管人，建立健全决策权、执行权、监督权既相互制约又相互协调的权力结构和运行机制。”制度作为一种强制性的社会规范，对保证权力监督制约的权威性、强制性和提高监督制约的效力具有重要作用。健全的监督制度是权力制约的依据和保障，也是形成良好的权利制约机制的重要条件，没有健全合理、可以制约权力的制度，权力的运行就可能发生改变，进而发生腐败。因此，要建立健全党委领导、行政支持、工会组织、教职工参与的高校民主监督的领导体制和工作机制，逐步完善民主监督制度，形成较为完整的监督制约权力的制度体系，包括会议制度、决策制度、执行制度、听证制度、民主参与制度、民主选举制度、学术评价制度、学术机构成员产生制度、任期制度、责任追究制度等，在行政权力、学术权力等各个方面明确监督主体和客体的权力、义务、监督程序和实现方式，使监督制约权力的行为在一定制度范围内进行，并得到制度保障。

2. 行使教代会监督职权

教代会是高校民主管理、民主决策、民主监督的基本形式。教代会在高校民主监督方面已发挥了重要作用，但与基层民主建设的要求相差甚远，无论是监督形式，还是监督内容都远远不能满足形势发展的需要。教代会制度必须与时俱进、开拓创新，与我国民主建设相适应，与我国教育改革和发展的形势相协调，与高校民主管理的其他形式相呼应。要确立教代会在高校民主管理体系中的重要地位，要按照基层群众自治制度的要求，加强教代会制度的标准化建设，使教代会制度作为人民代表大会制度在基层单位的延伸，成为高校的最高权力机关，拥有决策权和监督权，形成决策权、执行权和监督权三者既相互制约又相互协调的局面。要继续推进校务公开，建立和完善"党委统一领导，高校行政主持，纪检、监察、工会协调、监督，业务部门各负其责，教职工群众积极参与"的校务公开领导体制和工作机制，明确公开内容，规范公开程序和形式，注重公开效果。要把教代会作为校务公开的主要载体，充分保障教职工有效行使知情权、参与权、表达权和监督权，确保高校权力运行的透明度和民主监督的有效性。

3. 履行工会监督职责

工会监督是民主监督的重要形式。党的十七大报告指出："支持工会、共青团、妇联等人民团体依照法律和各自章程开展工作，参与社会管理和公共服务，维护群众合法权益。"党的十八大报告指出："支持工会、共青团、妇联等人民团体充分发挥桥梁纽带作用，更好地反映群众呼声，维护群众合法权益。"《中华人民共和国工会法》规定："工会依照法律规定通过职工代表大会或者其他形式，组织职工参与本单位的民主决策、民主管理和民主监督。""企业、事业单位研究经营管理和发展的重大问题应当听取工会的意见；召开讨论有关工资、福利、劳动安全卫生、社会保险等涉及职工切身利益的会议，必须有工会代表参加。"《中国工会章程》第二十八条第二款规定工会基层委员会"代表和组织职工依照法律规定，通过职工代表大会、厂务公开和其他形式，参加本单位民主管理和民主监督”。因此，高校工会要切实履行《中华人民共和国工会法》和《中国工会章程》规定的职工民主管理和民主监督组织者的职责，把推进高校民主监督工作作为推进基层民主建设，实施科教兴国战略、人才强国战略和可持续发展战略的一项重大任务纳入重要议事日程，深入研究解决在民主监督中遇到的困难和问题。按照《高等学校教职工代表大会暂行条例》的要求，承担教代会工作机构的任务，组织教职工通过教代会行使民主监督权力，征集和整理教代会代表提案，促进民主管理。在教代会闭会期间，组织教代会代表团团长及各专门工作委员会或部分代表，通过巡视、听证、评议等活动，实施民主监督，促进廉政建设。

4. 发挥民主党派监督作用

民主党派监督是在坚持四项基本原则的基础上通过提出意见、批评、建议的方式进行的一种高水平、高质量监督。民主党派成员在高校较为集中，是高校民主监督的重要力量。各民主党派代表了解群众的具体利益和要求，反映群众多方面的意见，提出合理化的建议和善意的批评，能够帮助党委和行政部门改进工作，有利于高校领导班子决策的科学化、民主化，有利于抵制官僚主义和各种消极腐败现象，有利于化解各种利益矛盾和冲突。因此，要建立健全与各民主党派的沟通机制，党委和行政部门要及时向各民主党派通报高校各个方面的工作情况，积极听取他们的意见、批评和建议，加强和改进各项工作，促进高校改革、发展和稳定。

要在高校政治文明建设中发挥民主党派监督作用，就应发扬民主，广开言路，鼓励和支持民主党派与无党派人士对高校政治文明的方针政策、各项工作提出意见、批评、建议，做到知无不言、言无不尽，并勇于坚持正确意见。要维护高校政治文明，发展与稳定是重要任务，民主党派作为参政党、亲密友党，有责任在协调各种利益、化解社会矛盾、维护高校安定团结等方面发挥积极作用，以保持高校宽松稳定、团结和谐的政治环境。如此，监督主体和客体才能形成良性互动机制，民主监督效能才能实现。在高校政治文明建设中，民主党派只有将民主监督责任与对党、对国家的责任高度统一，将对高校政治命运的承担视作对民族未来发展的担当，才能不断提高自身的民主监督水平和能力。

总之，权力监督是公共权力高效运作的保障，公共权力的朝气与活力都来自监督的压力。高校民主监督有利于教育目标的达成和实现，是构建和谐校园、和谐社会的要求，也是“教书育人、以人为本”教育理念本身的要求。完善和加强高校民主监督，必须在系统总结我国高校教代会制度和民主监督机制建设经验的基础上不断创新，根据现代大学制度的要求，积极构建在高校依法自主办学条件下的民主监督机制，不断丰富现有形式和内容，不断开拓民主监督新领域。我们坚信，随着高校政治文明的推进，民主监督将会制度化、规范化、程序化，并最终走向法制化与科学化的轨道。

三、高校基层党组织民主建设取得的主要经验

党基层民主发展逐步形成党基层民主工作的坚实理论基础，我们做任何关于我国基层民主工作的学术研究都需要认真学习和研读这段发展历程。高校作为国家人才培养的重要基地，始终和国家基层民主的建设步调一致，而且在多年的工作和积累中形成了自己的一套经验。

党的民主建设是一项系统工程。它包括中央党组织的民主建设、地方党组织的民主建设和基层党组织的民主建设。其中，基层党组织作为构成中国共产党组织系统的最基本的单位和构成细胞，不仅是党的全部工作和战斗力的基础，还是党在社会基层组织中的战斗堡垒，更是党执政的基础。目前，我国高校普遍建立了党的基层组织，高校基层党组织担负着直接联系、宣传、团结广大教职工和学生，把党的路线、方针、政策落实到基层的职责。十六大报告把发展社会主义民主政治，建设社会主义政治文明，确定为全面建设小康社会的重要目标。高校义不容辞地为实现这一目标提供了充足的人力支持和知识贡献，尤其是加快了自身民主建设的步伐，促进了社会主义政治文明的全面进步，发挥了先导和示范的作用。

近几年来，各高校党委更加重视基层组织民主建设工作，始终坚持“围绕中心抓党建，抓好党建促中心”的思路，坚持把党建工作与培养青年马克思主义者结合起来，全面落实高校的人才培养目标；坚持逐步建立和完善具有高校特点的党建工作机制，增强各级党组织的创造力、凝聚力和战斗力；坚持从严治党，努力加强党的组织建设、党员队伍建设和党风廉政建设；坚持把服务师生员工摆在更加重要的地位上，在党建工作实践探索、理论研究和制度建设方面下功夫，积极促进和谐校园建设和高校的可持续发展。同时，高校逐步建立起了一套相互衔接、务实管用、符合高校实际需要的制度体系，积累了以下一些经验。

（一）积极调整高层架构，大力推进民主建设

学科方向、专业结构、内部管理体制的改革和调整，产生了业务组织形式的多样化，高校内部相继出现了教学科研、社会服务、产业开发等组织。同时，

随着我国高等教育体制改革的逐步推进，高校管理必须从传统经验决策向民主科学决策转变。在市场经济发展的过程中，高校不可避免地受到影响，价值规律、竞争规律、利益和效益等原则已经渗透到高校管理的各个层面。针对基层民主建设工作中出现的新情况、新问题，高校在基层工作方面采取了很多措施，大力推进基层民主建设，为高校的发展保驾护航。

各高校从实际出发，大胆探索新的、有效的党支部设置形式，以利于开展党的活动，发挥党支部的作用。对于没有变化或变化不大的单位仍按原来的方法设置党支部，而对于变化较大的单位，则可以按照实际工作需要来设置党支部。例如，可以按照工作任务来划分高校基层党支部。工作任务相近的组成党支部，或把较长一段时间内相对集中、共同完成课题或工作项目的党员组织在一起组建党支部。学生党支部根据工作重点和工作目标来设置，高年级本科生以自然班为基础、研究生以自然班或课题组为基础、低年级学生以同年级几个班或一个年级为基础设立党支部，或通过以公寓楼层为载体的社区党支部、以研究室为依托的研究生课题组党支部和以学术梯队为纽带的学术梯队党支部等多种形式，作为“党支部建在班上”的有益补充。其中，高年级党支部和研究生党支部的基层民主工作以培养高素质的创新人才和接班人为工作目标，低年级党支部工作的重点是结合人才培养促进学生党员的培养和发展，对党支部实行目标管理，全程指导和监督。党支部建在班上，有助于通过党支部的各项工作加大对党员培养和教育的力度，增强新党员的组织观念和党性意识，有助于随时接受普通学生的监督，充分发挥党支部的民主作用和党员的先锋模范作用。

因此，通过学生基层党支部，反映学生的心声，让其参与高校一些决策的制定，将其意愿最大限度地融汇于决策之中，不仅可以使决策反映更多群众的意见，维护更多人的利益，促进高校的人性化发展，而且可以有效贯彻实施民主决策、民主监督、民主管理，推进高校民主建设进程。我们可以将学生组织在高校发展中的这种作用，看作学生权力的实现。它与学术权力、行政权力一起，构成了高校内部管理的三元权力结构，这是高校内部管理在权力分配上的科学化和民主化的很好表现。

除了以上学生组织外，各高校探索出了教代会、党代会以及党代会常任制、教授委员会等多种民主制度。教代会是高校民主管理的主要形式，是校务公开的基本载体。一方面，教代会所具有的审议建议权、审议通过权、审议决定权和评议监督权能体现教职工充分行使民主管理的权利。在众多高校民主管理的形式中，教代会是最直接的形式和途径，规范和完善教代会制度是对教职工合法权益的最大维护。另一方面，实行校务公开是加强高校民主建设的重要内容，也是工会履行维权职能、完善监督机制的重要手段。把校务公开与教代会建设有机地结合起来，充分发挥工会作用，把高校改革、发展、教学管理、领导干部廉洁自律、教职工切身利益等重大问题，通过教代会这一基本载体和其他辅助形式，依法适时向教职工公开，使高校教职工民主管理、民主监督、民主参与的实现形式进一步得到拓展、充实和完善。教代会因校务公开，更加显现出其有组织的民主特性，并提升了自身发展和影响。校务公开进一步保证了教职工对高校重大问题的知情权、参与权、监督权的实现，实现了对教职工切身利益的保护权、建议权的实施，对沟通上下级关系发挥了积极作用。通过教代会这一基本载体，增强了高校教职工民主管理、民主监督的实效性和透明度，思想一致了，工作好做了，矛盾削减了，高校的改革发展道路日益畅通，高校民主建设也随之落到实处。党代会常任制是推进高校党内民主建设的新途径。高校党代会常任制主要体现在以下四个方面：党员的民主选举权，党员对党务、校务的知情权，党员的民主参政议事权，党员的民主监督权。党代会民主管理作用的发挥逐步到位了，各高校党代会实行民主管理的内容也会逐步丰富。以党内民主建设带动人民民主建设，这是21世纪以来高校事业建设和发展的又一大收获。党内民主实践范围的扩大，有效地影响和带动了高校民主建设的发展。

（二）重视理论学习，深化民主观念

高校基层党组织的思想教育工作是高校党的活动的重要内容，通过党组织的教育、学习活动，可以有效地提高党员的思想觉悟，增强党性修养，从而增强党组织的凝聚力、创造力和战斗力。

高校教职工、学生在经济、政治、思想、文化和心理上具有相对的独立性，而这种相对独立的主体人格，必然产生强烈的民主要求和民主意识。就整体而言，高校师生员工在社会生活中，又是一个相对独立的具有共同利益关系的群体，因此，他们参与社会政治、校内共同事务管理的积极性比较高。他们要求社会向着高度文明、高度民主的方向发展，他们要求创造一个在法制界定下的民主、平等的政治环境和自由、开放的文化环境。高校师生员工的这种愿望和要求是脑力劳动和创新思维的必然反映，也与时代发展潮流和历史赋予知识分子的神圣使命相一致。同时，高校在民主建设中还具备其他条件和优势。第一，高校是知识分子聚集的地方，大多数人受过高等教育，文化素质较高，思想解放，对新观点、新思想、新文化接受快，民主意识容易培养和提高；第二，高校的党、政、工、学、团组织机构相对健全，各民主党派比较活跃，容易营造民主的氛围；

第三，高校的图书文献资源以及网络信息传播内容比较丰富，能及时全面地反映国内外的民主现状及发展态势，这就为开展民主理论研究、推进民主建设提供了极其有利的条件。

深化对大学生党员的思想教育，提高大学生党员的理论水平，是高校党组织建设的一项基本任务。为了提高大学生党员的民主素养，各高校通过校园网、领导信箱等载体和形式，进一步完善高校民主制度，推进民主建设，最终促进高校的民主建设和谐发展。

（三）加强民主集中制建设，实现党对高校的领导

加强高校民主集中制建设，最根本、最重要的是建立健全并贯彻民主集中制行之有效的各项具体制度。当前，在高校民主集中制建设方面制定了党的代表大会和党的委员会制度、重要事项议事表决制度和党委会议事规则制度、支委会工作制度和党政联席会议制度、党组织生活会制度、党组织与领导干部谈话和诫勉制度、领导班子民主生活会制度、党内专项监督制度和违反民主集中制的惩戒制度等。逐步配套地建立和完善了民主集中制的具体制度，使民主集中制真正制度化、规范化，保障其严格执行，使之不因领导人的改变而改变，不因领导人的看法和注意力的改变而改变，把坚持和健全民主集中制的要求落到了实处。

（四）推进民主建设，构建和谐校园

随着我国高等教育改革的不断深入以及科学发展观、构建社会主义和谐社会的提出与落实，加强和谐校园建设、营造以人为本的高校校园已成为越来越多的高校工作者的共识。建设高校和谐校园是构建社会主义和谐社会的重要组成部分。同时，高校党组织是党在高校执政的重要组织基础，是贯彻党的思想理论的组织者、推动者和实践者，对和谐校园的建设具有重要的领导作用。高校党组织是和谐校园建设的决策者与领路人。如何发挥高校党组织和广大党员在和谐校园建设中的作用，成为教育改革与发展的重要课题。在构建“以人为本、公平正义、依法治校、民主决策、安定有序、诚信友爱”的和谐校园的过程中，高校党组织发挥着重要作用。

首先，党组织在建设和谐校园的过程中，发挥了把好方向的作用。一是把好了政治方向，立场坚定、旗帜鲜明地坚持社会主义办学方向，巩固马克思主义在高校中的指导地位，确保了基层组织在政治上、思想上、行动上与党中央保持高度一致。二是把好了发展方向，在建设和谐校园的过程中，始终把握发展这个主题，按照科学发展观的要求，处理好规模、质量、结构、效益的关系，

着力提高质量、优化结构、规范管理、增强实力，实现高校全面、协调、可持续发展。三是把好了德育方向，认真抓好师德建设、大学生思想政治教育以及良好环境建设等工作。建设和谐校园需要营造良好的政策环境、舆论环境和社会环境，这样才能形成齐抓共管的良好局面。

其次，党组织在建设和谐校园的过程中，发挥了凝聚力量的作用。人心齐，泰山移。人的因素是办好一切事情的前提。构建和谐校园就要实施凝聚力工程，调动师生员工的积极性，唤醒他们的主人翁意识，关心学校，爱护学校，人人维护学校的荣誉，不做有损学校利益的事，不说有损学校荣誉的话，处处体现文明、和谐的风尚。在高校中凝聚力量最显著的是“温暖工程”，在高校的管理中处处体现了“人文关怀”，尊重全体师生员工，保证其主人翁地位。

尽可能为师生员工发展创造更多的机会，弘扬校园正气，充分发挥高校工会组织的作用，充分发挥教代会的作用，使师生员工以主人翁的态度去做好各项工作，促进校园和谐局面的形成。

与此同时，我们也必须清楚地看到，党的民主建设是一项系统而长期的工程，如何进一步适应新形势、新要求，努力加强基层党组织的民主建设，需要我们在今后实践中不断加以摸索。

回顾过去的党建工作，我们深刻体会到，只有始终不渝地坚持解放思想、实事求是的思想路线，重视基层党组织的民主建设，积极适应新形势、研究新情况、解决新问题，通过不断完善和创新党的各项制度，才能使基层党建工作在服务大局、围绕中心、促进业务、创建和谐、保持稳定等方面发挥积极作用。

第二节　高校基层党组织作风建设

回顾党的作风建设的光辉历程，认真总结党进行作风建设的历史经验，对于进一步改进新形势下党的作风建设、不断开创中国特色社会主义事业的新局面，都具有重要而又深远的意义。

一、党的作风建设的意义

党的作风建设是党的自身建设的重要组成部分，关系党的事业的兴衰成败。中国共产党从建党以来就一直高度重视作风建设，从而保证了党领导的中国革命走向胜利。在新世纪、新阶段，党要带领人民夺取全面建设小康社会的新胜利，开创中国特色社会主义事业的新局面，谱写人民美好生活的新篇章，关键在于进一步把党建设好。党的作风建设是党的建设的重要内容，进一步加强党的作风建设，对于加强和改善党的领导，使党不断提高执政能力、巩固执政地位、完成执政使命，都有着极其重要的意义。改革开放以来，在党的领导下，中国取得了举世瞩目的改革与发展的成就，但是，在新的考验面前，党的状况也不容乐观。

党的十六届六中全会《中共中央关于构建社会主义和谐社会若干重大问题的决定》指出，构建社会主义和谐社会，关键在党。作为构建社会主义和谐社会的组织者和领导者，党的建设至关重要。作风建设是党的建设的重要组成部分。加强党的作风建设，对于构建社会主义和谐社会具有十分重要的意义。在长期的革命斗争和建设中国特色社会主义的实践中，党形成了许多优良传统和作风。如全心全意为人民服务、理论联系实际、密切联系群众、批评和自我批评、清正廉洁、艰苦奋斗等。这些优良传统和作风，是党领导各族人民取得伟大胜利的法宝。在构建社会主义和谐社会的今天，党的作风建设将起着保驾护航的作用，它为和谐社会建设提供可靠的政治保障。

党的十八大明确提出，围绕保持党的先进性和纯洁性，要在全党深入开展以为民、务实、清廉为主要内容的党的群众路线教育实践活动。

（一）党的作风建设是构建社会主义和谐社会的重要内容

党是构建社会主义和谐社会的组织者和领导者，要把构建社会主义和谐社会的任务落到实处，就必须高度重视党的自身建设，尤其是党的内部的作风建设。作风建设搞不好，极有可能激化社会矛盾，引发群体性事件，给社会和谐与稳定带来严重影响。人民群众看社会是否和谐，不仅看党的方针政策是否代表他们的根本利益，更直观的是看党员干部的作风是否端正，是否为他们办实事、办好事。我们提倡的和谐社会并不是没有矛盾的社会，改革会涉及方方面面的利益调整，必然会引发一些矛盾，这些矛盾要在经济社会的全面发展中把握和解决。实践证明，我国的经济建设出现了快速、协调、有序发展的良好局面，这一切得益于全党各级领导干部对科学发展观的正确认识和坚定不移地贯彻落实，得益于坚持立党为公、执政为民的政治理念，得益于以人为本的亲民作风。因此，只有坚持不懈地抓好党员干部队伍的作风建设，教育和引导广大党员干部切实转变作风，才能纠正违背科学发展观的观念和行为，解决好制约科学发展观的突出矛盾和问题，不断开创各项工作的新局面。只有这样，才能真正维护社会的公平与正义，理顺群众情绪，消除社会不和谐因素，为建设富裕文明的和谐社会奠定强而有力的基石。

（二）党的作风建设是构建社会主义和谐社会的重要途径

习近平指出："着眼的是'保持党同人民群众的血肉联系'这个作风建设的核心问题，切中的是党群干群关系受到损害的重要根源，解决的是群众反映强烈的突出问题，目的就是要使全党同志以优良作风树立榜样，把人民紧紧凝聚在一起，为实现伟大的中国梦而共同奋斗。"党的作风建设是社会主义物质文明、政治文明和精神文明建设的重要促进力量，也是构建社会主义和谐社会的一条重要渠道。从发展生产力的角度看，紧紧围绕经济建设这个中心开展党的作风建设，及时发现和解决影响改革发展的突出问题，优化经济发展环境，能够促进经济持续快速健康发展，推动社会主义物质文明建设不断进步。从发展社会主义民主政治的角度看，抓住易于滋生腐败的关键环节和重点部位，通过深化改革、发展民主、强化监督，用制度和法律规范权力的运行，有利于促进社会主义政治文明建设深入发展。从发展先进文化的角度看，党风政风影响和带动社会风气，只有通过加强教育和管理，坚定党员干部的理想信念，提高党员干部的道德修养水平和廉洁从政意识，才能促进全社会形成诚信友爱的风气，推动社会主义精神文明建设向前发展。抓好党的作风建设是构建社会主义和谐社会的有效途径。

（三）党的作风建设是构建社会主义和谐社会的重要保障

人民群众是推动和谐社会发展的力量源泉。历史和现实的经验都证明，执政党处理好与人民群众的关系，社会才能和谐发展；反之，社会就会失去活力，矛盾丛生，甚至引发社会动荡、政权更迭。中国共产党最大的政治优势是密切联系群众，党执政后的最大危险是脱离群众。优良的作风，严明的纪律，是党团结和带领人民群众走向胜利的成功经验，也是构建社会主义和谐社会的重要保障。加强党的纪律建设，特别是严肃党的政治纪律，坚决维护党中央的权威，坚决维护党的团结统一，保持全党全国在指导思想、路线方针政策和重大原则问题上高度一致，能够为推进和谐社会建设提供重要的政治保障。

高校基层党支部是建立在院（系）级的党组织，是高校党委和师生员工之间的桥梁，其工作关系到和谐校园的建设。但基层党支部要能充分发挥作用，就必须有一个作风过硬的核心组织——支部委员会。以它为统领，才能有效地调动整个支部全体党员的积极性，较好地完成党委交给的各项任务。高校基层党支部的战斗力如何，直接影响到党支部的工作效果。而党支部战斗力如何又与自身的作风建设息息相关。党的基层组织是党的全部工作和战斗力的基础，党从"三湾改编"开始就确立了"支部建在连上"的原则，从此高度重视基层党组织建设，充分发挥党支部作用的传统一直传承下来。事实证明，党支部是党的各项任务的执行者。党的决策最终能否转化为群众的行动，关键就在于直接面向群众的党支部工作做得如何。

要发挥党支部的作用，首先就必须建设好支部委员会。有一个坚强的核心，才能带出一个好支部，做好群众的工作。支部委员会的建设是多方面的，作风建设是其中重要的一环。作风是一面镜子，党的纲领路线、党员的党性观念，无不从作风中体现出来。作风如何是人民群众认识、评价政党、干部以及一个单位的重要依据。思想建设、组织建设、制度建设等方面是否做得好，完全可以从作风上表现出来，因此必须把支部委员会的作风建设当作极其重要的事情，抓紧抓好。

总而言之，基层党组织作风建设在新形势、新国情下具有更加重要的战略意义，其核心就是保持党同人民群众的血肉联系。大学生党员是中青年高素质、高文化的优秀群体，是中国特色社会主义各项建设事业的中坚力量，承担着继往开来、迎接挑战，推动中国走向世界强国之林的历史使命。

二、党推进作风建设的经验

中国共产党成立以来，创造性地运用马克思主义建党学说，卓有成效地推进了党的作风建设，在实践中积累了丰富的经验。总结和回顾党在作风建设方面取得的丰富经验，对不断加强和推进党的作风建设、使党成为社会主义现代化建设更加坚强的领导核心，具有重要意义。

（一）始终从关系党的形象、关系人心向背、关系党的生命的战略高度，不断加强和改进党的作风建设

党的作风就是中国共产党在长期的革命、建设和改革开放的伟大实践中，由全体党员在思想、政治、组织、工作和生活等方面表现出来的一贯态度和行为的高度凝练，是党的内在精神、整体素质、政治倾向和纪律规范的体现和反映。党的作风建设是党的建设的重要组成部分，关系党的形象，关系人心向背，关系党的生命。党在奋斗历程中，充分认识到作风建设的重要性，自觉地将作风建设放在党的建设的突出位置，并针对不同历史时期的新特点，创造性地加强党的作风建设，取得了显著成效。

毛泽东在无产阶级政党建设史上首次提出了作风的概念，并系统概括出了党的三大优良作风，形成了党的作风建设的一整套理论。其先后起草了《关于纠正党内的错误思想》《改造我们的学习》《整顿党的作风》《反对党八股》

等重要整风文献，深刻剖析了党内存在的党风、学风、文风不正的思想根源及其危害，批判了主观主义、宗派主义、教条主义。1945 年 4 月毛泽东在《论联合政府》的政治报告中总结概括出党理论联系实际、密切联系群众、批评与自我批评的三大作风。在新中国成立前夕，毛泽东郑重告诫全党，务必保持谦虚谨慎、不骄不躁的作风，务必保持艰苦奋斗的作风。在新中国成立后，以毛泽东为核心的党中央开始执政之后党的作风建设，在全党范围内开展了大规模的整风运动，较好解决了党的作风建设各方面存在的问题。

以邓小平同志为核心的党中央恢复和重新确立了实事求是的思想路线，实现了党的工作全面的拨乱反正，开创了在新的历史时期加强和改进党风建设的新局面。1979 年 11 月，中共中央、国务院印发《关于高级干部生活待遇的若干规定》。邓小平认为，如果党的领导干部自己不严格要求自己，不遵守党纪国法，违反党的原则，闹派性，搞特殊化，走后门，铺张浪费，损公利私，不与群众同甘苦，不实行吃苦在先、享受在后，不服从组织决定，不接受群众监督，甚至对批评自己的人实行打击报复，怎么能指望他们改造社会风气呢？这些充分说明了领导干部以身作则在党风廉政建设中的重要性。只要各级领导干部廉洁自律，在广大党员中发挥表率作用，树立良好的形象，那么广大党员和群众就会心悦诚服地学习这种好榜样，从而在全党形成良好的党风。相反，领导干部带头以权谋私，行贿受贿，普通党员和群众必然会效仿，结果造成党风和社会风气不正。所以，各级领导干部特别是高级干部在党风廉政建设上必须有极高的警觉性和自觉性。1980 年 2 月，党的十一届五中全会通过《关于党内政治生活的若干准则》，概括了党的历史上处理党内关系和整顿党风的经验，要求恢复和发扬党的优良传统和作风。1982—1984 年，从中央到地方逐级开展了一场以克服官僚主义、形式主义和提高机关办事效率为目标的机构和干部制度改革。1989 年，邓小平视反腐败为关系到党的命运的全局性问题，要求“常委会的同志要聚精会神抓党的建设”。

以江泽民同志为核心的党的第三代中央领导集体把党的作风建设提高到关系党和国家生死存亡的战略高度。1998 年，党中央开展了以“讲学习、讲政治、讲正气”为主要内容的党性党风教育，创造了党的建设新途径，取得了良好的效果。讲学习，主要是学理论、学知识、学技术，首先是学理论。讲政治，包括政治方向、政治立场、政治纪律、政治鉴别力、政治敏锐性。讲正气，就是要继承和发扬党在长期革命和建设事业中形成的好传统、好作风，坚持真理、坚持原则，坚持同一切歪风邪气和各种腐败现象做斗争。党的十四大把党风“是关系党的生死存亡的问题”这一论断鲜明地写进了《党章》。2001 年 9 月，党的十五届六中全会通过的《中共中央关于加强和改进党的作风建设的决定》提出了“八个坚持，八个反对”，并提出了“执政党的党风，关系党的形象，关系人心向背，关系党和国家的生死存亡”的著名论断。

以胡锦涛同志为总书记的党中央提出，越是发展社会主义市场经济，越要加强和改进党的作风建设。党的十六大刚刚结束，胡锦涛就向全党发出了牢记“两个务必”（务必使同志们继续地保持谦虚、谨慎、不骄、不躁的作风，务必使同志们继续地保持艰苦奋斗的作风）的号召。2003 年，党中央颁布实施了《中国共产党党内监督条例（试行）》《中国共产党纪律处分条例》。2005 年，党中央制定了《建立健全教育、制度、监督并重的惩治和预防腐败体系实施纲要》。2006 年 1 月，胡锦涛在中央纪律检查委员会第六次全体会议上要求党员、干部自觉加强道德修养，常修为政之德，常思贪欲之害，常怀律己之心。在党的十六届三中全会、四中全会上，胡锦涛再次强调，要坚持立党为公、执政为民，做到权为民所用、情为民所系、利为民所谋。党的十七大提出，要以改革和创新的精神全面推进党的建设新的伟大工程，坚持贯彻为民、务实、清廉的要求，严格执行党风廉政建设责任制。党的十七届四中全会通过的《中共中央关于加强和改进新形势下党的建设若干重大问题的决定》进一步强调，执政党的党风，关系党的形象，关系党和人民事业的成败。在第十七届中央纪律检查委员会第六次全体会议上，胡锦涛发表重要讲话。他强调，要大力加强干部队伍作风建设，保持党同人民群众的血肉联系。2012 年 11 月 8 日，胡锦涛在中国共产党第十八次全国代表大会报告中提出，弘扬党的优良传统和作风，教育引导党员干部牢固树立正确的世界观、权力观、事业观，坚定政治立场，明辨大是大非。抓好道德建设这个基础，教育引导党员干部模范践行社会主义荣辱观，讲党性、重品行、作表率，做社会主义道德的示范者、诚信风尚的引领者、公平正义的维护者，以实际行动彰显共产党人的人格力量。

以习近平同志为核心的党中央提出紧紧围绕保持党的先进性和纯洁性，以为民务实清廉为主要内容，以县处级以上领导机关、领导班子和领导干部为重点，切实加强全体党员进行马克思主义的群众观点和党的群众路线教育。其切入点是，贯彻落实中央八项规定。教育活动重点对象是，县处级以上领导机关、领导班子和领导干部。2013 年 6 月，党的群众路线教育活动第一批启动，2014 年 1 月第二批启动。教育活动对于教育引导党员干部牢固树立宗旨意识和马克思主义群众观点、改进工作作风、赢得人民群众的信任和拥护、夯实党的执政基础、提高为人民服务的本领，具有十分重大而深远的意义。

（二）始终把理论联系实际、密切联系群众、批评与自我批评作为作风建设的核心内容不断推进

理论联系实际、密切联系群众、批评与自我批评的作风是中国共产党的三大优良作风，是毛泽东在党的第七次全国代表大会上作的《论联合政府》的政治报告中总结概括出来的，是中国共产党在长期的革命斗争中，特别是在延安整风运动中形成的全党统一的优良作风，是中国共产党同其他政党相区别的显著标志。所谓理论和实际相结合的作风，是把马克思列宁主义的基本原理同中国革命的具体实践相结合、从实际出发、实事求是的作风。所谓密切联系群众的作风，是党的各级组织和党员干部要和党内外的群众结合在一起，密切党和人民群众的关系，一切为了群众，一刻也不脱离群众。批评与自我批评是正确处理和有效解决党内矛盾，克服缺点、纠正错误的科学方法。

理论联系实际的作风就是把马克思列宁主义的基本原理同中国革命的具体实践相结合，从实际出发、实事求是的作风。理论联系实际是马克思主义的本质要求，是马克思主义的一个最基本的原则。把马克思主义的普遍真理和中国革命的具体实践相结合，走自己的道路，这是中国共产党人的一贯思想原则。党的发展和进步，就是从同一切违反这个真理的教条主义和经验主义作斗争的过程中取得的，教条主义脱离具体的实际，经验主义把局部经验误认为普遍真理，这两种错误思想都是违背马克思主义的。因此，要实现理论联系实际，既要反对教条主义，又要反对经验主义。在理论联系实际的过程中，必须始终坚持实事求是的思想路线，并把调查研究作为理论联系实际的根本途径，善于应用马克思主义的立场、观点和方法，认真研究和解决中国的实际问题，并进行理论上的创造。

密切联系群众的作风，是指党的各级组织和党员干部要和党内外的群众结合在一起，密切党和人民群众的关系，一切为了群众，一刻也不脱离群众。政之所兴在顺民心，政之所废在逆民心。人心向背，是决定一个政党、一个政权兴衰的根本因素。密切联系群众是党的三大作风之一。在革命实践中正确分析客观形势并和群众的革命创造力结合起来，有着极其重要的意义。毛泽东十分重视党的群众路线，他指出，全心全意地为人民服务，一刻也不脱离群众；一切从人民的利益出发，而不是从个人或小集团的利益出发；向人民负责和向党的领导机关负责的一致性，这些就是我们的出发点。共产党人的一切言论行动，必须以合乎最广大人民群众的最大利益、为最广大人民群众所拥护为最高标准。党的历史经验告诉我们，凡是正确的任务、政策和工作作风，都是和当时、当

地的群众要求相适应的，都是联系群众的；凡是错误的任务、政策和工作作风，都是和当时、当地的群众要求不相适应的，都是脱离群众的。党在任何时候都应把群众利益放在第一位，同群众同甘共苦，保持最密切的联系，要经常教育党员要热爱人民群众，细心地倾听群众的呼声，要和群众打成一片，而不是高居于群众之上。邓小平也指出：“我们的历史经验是，越是困难的时候，越要关心群众。只要你关心群众，同群众打成一片，不仅不搞特殊化，而且同群众一块吃苦，任何问题都容易解决，任何困难都能够克服。”党的十八大报告中明确指出，要完善党员干部直接联系群众制度和完善各级代表联系群众制度。

批评与自我批评的作风，是正确处理和有效解决党内矛盾，克服缺点、纠正错误的科学方法。批评是指对别人的缺点或错误提出意见，自我批评是指政党或个人对自己的缺点或错误进行的自我揭露和剖析。党内批评是解决党内矛盾、坚持真理、修正错误的基本方法，是在马克思主义原则基础上巩固和加强党的团结、加强党内监督、保持党的肌体健康、使党充满生机和活力的有力武器。任何一个政党、任何一个党组织或党员，都不可能没有缺点和错误，但只要像洗脸和打扫灰尘那样，经常通过批评与自我批评来清除缺点和错误，那他就能永葆生机和活力。2012 年 12 月 4 日，习近平主持召开的中共中央政治局会议，审议通过了中央政治局关于改进工作作风、密切联系群众的八项规定。该会议强调，领导干部特别是高级干部作风如何，对党风政风乃至整个社会风气具有重要影响。抓作风建设，首先要从中央政治局做起，要求别人做到的自己先要做到，要求别人不做的自己坚决不做，以良好党风带动政风民风，真正赢得群众信任和拥护。要下大决心改进作风建设，切实解决群众反映强烈的问题，始终保持同人民群众的血肉联系。

（三）始终把思想作风建设、工作作风建设和学风文风建设作为作风建设的重点不断加强

建党的历程证明，党始终把思想作风建设、工作作风建设和学风文风建设作为作风建设的工作重点不断加强，着力解决突出的问题，这是加强作风建设的一条基本经验。

思想是作风的基础，作风是思想的体现。党性强则作风正，党性差则作风歪。党历来坚持把思想作风建设放在首位，既把解放思想、实事求是、与时俱进作为一种行为准则来遵循，又把其作为一种日常习惯来培养，更把其作为一种能力来提高。在抗日战争时期，毛泽东写了《实践论》《矛盾论》，从世界观的高度对主观主义、教条主义的作风进行了深入批判，为党的优良作风形成奠定

了思想理论基础。他把理论联系实际和马克思主义学风称为“实事求是”，把“实事求是”纳入马克思主义认识论的范畴，并作为一个政治标准——党性的表现和共产党员应该具备的态度。邓小平在《解放思想，实事求是，团结一致向前看》的讲话中，第一次把解放思想、实事求是统一起来论述，并强调首先是解放思想。江泽民在《关于改进党的作风》一文中，第一次对解放思想、实事求是的思想作风和从实际出发、理论与实际相结合的马克思主义学风分别加以论述。

工作作风是党的作风的重要组成部分，是党组织和党员个人在工作中表现出来的一贯态度和行为，它是一种外在的表现，其本质反映的是党性和世界观。工作作风是人们在工作中所体现出来的行为特点，是贯穿于工作过程中的一贯风格。党的群众路线也是党的根本工作路线。保持党同人民群众的血肉联系是党的工作作风建设的核心问题。工作作风说到底是一个世界观问题，是世界观的外在表现形式。加强和改进党的工作作风建设，必须坚持群众观点和群众路线，坚决反对形式主义和官僚主义，真正做到权为民所用、情为民所系、利为民所谋。党的工作作风是党风的最直接的体现，给人民群众以最直观的印象，是党的形象展示的一个窗口。人民群众判断一个政党的性质，最直观的就是看党的工作作风。党的历史经验证明，正是有了好的作风，在民主革命时期，党与人民之间才形成了血肉联系，为夺取新民主主义革命的胜利奠定了坚实的群众基础，在新中国成立后党很好地保持了优良的传统和作风，继续获得了人民群众的衷心拥护和支持。

学风、文风也是党的作风建设的重要内容。学风主要是指对待马克思主义的态度问题、对待理论与实际的关系问题。它包括：学习理论的动机和掌握理论的途径，解决实际问题的思想方法和工作方法，对待重大政治问题的立场和观点，对待群众实践活动的认识和态度等。这些问题解决得好不好，既与党的性质密切相关，又决定和影响着党员干部的世界观、人生观和价值观的形成，政治素质、思想素质、政策水平和工作能力的高低，以及思想作风、领导作风、工作作风和生活作风的优劣。可以说，学风不仅是党的作风建设的重要组成部分，而且决定和影响着党的作风，是党的作风建设的思想理论基础。端正文风对端正党风同样具有带动和促进作用。一方面，文风是党风的反映；另一方面，文风对党风又具有反作用，文风好坏直接影响着党的作风优劣。领导干部写文章、做报告在一定程度上代表着党的声音，是贯彻决策、部署工作、交流信息、引导群众的重要载体和工具。文风不正则形式主义盛行，便无法有效地运用党的理论和政策指导实际工作。因此，端正文风，同样成为党的作风建设的当务之急。

毛泽东是刻苦学习的典范，也是党内第一个提出学风文风问题的领导人。毛泽东在《中国共产党在民族战争中的地位》一文中说到，所谓学风，不但是学校的学风，而且是全党的学风。学风问题是领导机关、全体干部、全体党员的思想方法问题，是我们对待马克思列宁主义的态度问题，是全党同志的工作态度问题。既然是这样，学风问题就是一个非常重要的问题，就是第一个重要的问题。在《改造我们的学习》等文献中，他明确提出了要反对主观主义，树立马克思主义学风。毛泽东认为，学风、文风问题的实质是对待马克思主义的态度问题，正确的学风、文风坚持理论与实际相结合。毛泽东创造性地把学风与党风统一起来，揭示了学风、党风和党性、世界观之间的内在联系。他在《整顿党的作风》中指出，学风和文风也都是党的作风，都是党风。只要我们党的作风完全正派了，全国人民就会跟我们学。党外有这种不良风气的人，只要他们是善良的，就会跟我们学，改正他们的错误，这样就会影响全民族。江泽民《在庆祝中国共产党成立七十周年大会上的讲话》中说到，学风问题也是党风问题，是关系党的兴衰和事业成败的一个重大政治问题。毛泽东历来强调要把马列主义基本原理与中国的具体实际相结合，坚持运用理论武器解决实际问题。他把树立和发扬理论联系实际的学风，称为党领导中国革命必须解决的“第一个重要的问题”。改革开放以来，邓小平在新的历史条件下带领全党发扬理论联系实际的学风，开创了马克思主义的新境界，开辟了建设中国特色社会主义的新道路，极大地促进了改革开放和现代化建设事业的发展。历史证明，学风端正，事业兴旺；学风不正，事业受损。

（四）始终把提高执政能力、促进科学发展、服务人民大众作为作风建设的立足点和归宿

建党以来的实践证明，党始终注意自身所处环境条件的变化，紧密结合党的任务的发展变化，及时预见和发现党所遇到的新情况和新问题，把提高执政能力、促进科学发展、服务人民大众作为作风建设的立足点和归宿。

党的作风建设要围绕执政能力、促进科学发展、服务人民大众来加强党的作风建设，振奋党的精神，凝聚党的队伍，促进和保证党的政治路线的贯彻执行。毛泽东把党的作风建设作为提高党的执政能力建设的重要内容。在新中国成立前后，他多次要求党的高级干部不犯胜利时骄傲的错误，并郑重告诫全党：务必保持谦虚谨慎、不骄不躁的作风，务必保持艰苦奋斗的作风。改革开放以来，邓小平把执政能力、促进科学发展、服务人民大众作为作风建设的立足点和归宿，解决了向改革、开放和现代化建设实行根本性战略转变时期的党的作风建

设问题，为党在创造社会主义新模式的风云变幻的年代指明了既保持党的本色，又实行开拓创新的作风建设方向。以江泽民为核心的党中央把党的作风建设提高到关系党和国家生死存亡的战略高度。党的十四大把党风“是关系党的生死存亡的问题”这一论断写进了《党章》。2001 年 9 月，党的十五届六中全会通过的《中共中央关于加强和改进党的作风建设的决定》提出了“八个坚持，八个反对”，并提出了“执政党的党风，关系党的形象，关系人心向背，关系党和国家的生死存亡”的著名论断。以胡锦涛为总书记的党中央从提高执政能力、促进科学发展、服务人民大众的高度出发，提出牢记“两个务必”的号召，并在党的十七届四中全会上，有针对性地号召全党大兴四种风气，即大兴密切联系群众之风、大兴求真务实之风、大兴艰苦奋斗之风、大兴批评和自我批评之风。2012 年 12 月 4 日，习近平主持召开中共中央政治局会议，出台八项规定改进工作作风。这一系列的新举措表明，党把转作风、促新风摆到了空前的高度上。要加大问责力度，用严格的纪律、完善的制度督促党员干部切实转变作风，以优良的党风促政风、带民风。

纵观中共党史，党中央都十分重视党的作风建设，他们在不同时期关于作风建设的理论正确指导了党的作风建设的实践，使党的作风建设与思想建设、组织建设一道成为中国共产党的优良传统和政治优势。党之所以能够夺取政权和巩固其执政地位，之所以能够不断从一个胜利走向另一个胜利，关键在于党始终保持了优良作风，赢得了广大人民群众的衷心拥护和支持。在新世纪，国内外形势多变，党肩负的任务更加艰巨，党面临的执政考验、改革开放考验、市场经济考验、外部环境考验更复杂、更严峻，党的作风建设比过去任何时候都更为繁重和紧迫。因此，我们必须按照科学发展观的要求，紧密团结在以习近平同志为核心的党中央的周围，努力提高党的执政能力和领导水平，提高拒腐防变和抵御风险的能力，始终保持党的先进性，不断巩固党的执政地位，全面地推进社会主义现代化建设。

三、高校基层党组织作风建设的内容

高校担负着全面贯彻党的教育方针，培养德、智、体、美全面发展的社会主义建设者和接班人的重要使命。高校能否真正完成培养人才的根本任务，关键在于党。历史经验告诉我们，高校党的建设的状况如何，直接关系到高校的工作成效。只有切实加强高校党的建设，特别是作风建设，才能进一步凝聚人心、统一思想，以良好的作风带出良好的教风、学风和校风，从而推动高校各项事业的发展，使高校真正成为科教兴国的强大生力军。做好高校党风建设，前提是对当今高校党风有一个基本认识。在党中央的领导下，教育形势不断发展变化，高等教育的成就巨大，业绩辉煌。可以说没有党的领导，没有党的优良作风，就不可能有如此伟大的成就，就不可能有高等教育的今天。

相对于社会中的基层党组织建设而言，高校基层党组织有其自身鲜明的特点，大学生党员知识相对全面，接受新事物的能力相对较强，有其自身的价值观。因此，高校基层党组织作风建设更应因地制宜，精炼教育形式，突出时代特点，真正体现作风建设的实效性和先进性，真正从思想、学习、生活三个层面提高大学生党员的综合素质。高校基层党组织作风建设的主要内容如下：

（一）坚持解放思想、实事求是的思想作风，发扬求真务实、勇于创新的精神

加强和改进高校基层党组织作风建设，必须把思想作风建设摆在第一位。高校党委要坚持用马克思列宁主义、毛泽东思想、邓小平理论、“三个代表”重要思想、科学发展观、习近平新时代中国特色社会主义思想武装基层党员干部特别是领导干部的头脑。要坚持对高校党员尤其是领导干部深入开展马克思列宁主义、毛泽东思想、邓小平理论、“三个代表”重要思想、科学发展观、习近平新时代中国特色社会主义思想，党的基本路线，党的基本知识，共产主义理想和道德，党规国法，形势政策教育等教育活动，不断提高广大党员领导干部的思想政治素养，使其树立正确的世界观和方法论，增强其历史使命感、责任感和求真务实、积极探索的创新精神，这样才能正确认识和理解党的方针、政策，使党的方针、政策真正得到贯彻落实。党支部应当针对党员队伍中存在的问题，通过有计划、有步骤地实施教育，切实帮助党员提高政策水平。面对已经遇到的或将要遇到的各种各样的新情况、新问题，我们仍然要坚持解放思想、实事求是的思想路线，既要立足校情，又要面向社会；既要立足当前，又要放眼长远。以科学的态度研究新情况、解决新问题，以与时俱进的思想观念、奋发有为的精神状态和实事求是的思想作风，紧紧围绕培养人才这一中心，建设高素质的教师和管理干部两支队伍，以此为基础，努力在实践中探索，在探索中前进，走出一条既坚持社会主义办学方向，着力培养社会主义现代化事业建设者和接班人，又符合高等教育发展规律和趋势的新路子。

（二）理论联系实际，学以致用，切实改进学风

理论联系实际是党一贯倡导的优良学风，也是我们做好作风建设工作的根本方法，是党具有旺盛创造力的关键所在。大力弘扬这一学风，提高高校党员干部的马克思主义理论水平和解决实际问题的能力，是加强和改进高校党风建

设的一项基础性工作，是高校党风建设的一项重要的政治任务。学风问题不仅决定着党的理论学习的方向和水平、党的建设的方向和水平，更重要的是决定着党所领导的革命、建设事业的兴衰成败。对于如何改进党风，党的十七届四中全会阐述得很清楚、很明确，这就是“要认真研读马克思主义特别是中国特色社会主义理论体系基本著作，切实提高战略思维、创新思维、辩证思维能力，带头探索回答重大理论和实践问题。大力弘扬理论联系实际的学风，引导党员、干部把学习理论同研究解决人民最关心、最直接、最现实的利益问题、本地区本部门改革发展稳定的重大问题、党的建设突出问题结合起来，增强工作的原则性、系统性、预见性、创造性”。党的十八大强调：“以增强党性、提高素质为重点，加强和改进党员队伍教育管理，健全党员立足岗位创先争优长效机制，推动广大党员发挥先锋模范作用。”总体来讲，就是要理论联系实际，学以致用，用以促学。

高校教师科研教学任务重，易于形成重业务、轻学习，甚至忽视马克思主义理论学习的现象。对此，我们必须从讲学习、讲政治、讲正气的高度入手，着力抓好党员干部的学习，带动广大师生的理论学习，并用制度加以保证。要坚持用马克思列宁主义、毛泽东思想、邓小平理论武装全党，深入学习“三个代表”重要思想，不断深化对共产党执政规律、社会主义建设规律、人类社会发展规律的认识，在改造客观世界的同时不断改造主观世界，牢固树立正确的世界观、人生观、价值观。要把学习理论与总结实践经验结合起来，与学习党的历史、中国历史和世界历史结合起来，与学习当代经济、科技、文化等知识结合起来。高校领导干部特别是走上新岗位的领导干部，要认真学习和掌握与本职工作相关的方针政策和法律法规。对世界各国一切科学的新经验、新思想、新成果，都要积极研究和借鉴，但不能脱离国情照抄照搬。领导干部要做学习的表率，打牢马克思主义理论功底，坚定理想信念，提高政治敏锐性和政治鉴别力，增强工作的原则性、系统性、预见性和创造性。坚决纠正轻视理论、忽视学习、放松世界观改造的倾向。要注意避免理论学习和实践创新中的两个偏向：一方面要避免不重视学习，特别是不重视马克思主义理论的学习而陷入事务主义的思想倾向；另一方面要避免理论与实际相脱离、教条主义、本本主义的思想倾向。要努力把理论学习同实际问题统一起来，把解决主观世界的问题与解决客观世界的实际问题统一起来，真正做到学而思、思而信、信而行。高校党员干部特别是领导干部要开动脑筋，以改革开放、现代化建设和我们正在做的事情为中心，着眼于对马克思主义理论的运用，着眼于对现实问题的理论思考，着眼于新的实践和发展，切实解决高校在发展过程中面临的实际问题。

高校党政领导机关要建立健全调查研究制度，深入基层调研，努力了解真实情况，掌握第一手材料，总结经验，探索规律，指导工作，解决问题。高校党风建设能否取得实效，归根结底要通过学生的学风来体现和检验。在当前的学风建设中，迫切需要增强学生的主人翁责任感，激发学生参与高校建设的热情。

（三）深入实际，密切联系群众，积极转变高校干部作风

密切联系群众是马克思主义政党实现立党宗旨的一个基本途径，也是马克思主义政党区别于其他政党的显著标志之一。党在长期的革命和建设实践中，把密切联系群众升华为党的优良作风和基本的工作路线、工作方法，增强了党的凝聚力和战斗力，保证了革命和建设的不断胜利。在新的历史形势下，党清醒地认识到，密切联系群众既是其最大优势，同时也是执政党面临的最大危险。提高党的领导水平和执政能力，提高党的拒腐防变和抵御风险的能力，关键在于党能不能做到始终密切联系群众、保持先进性。高校党的建设是党的建设工作的一个重要组成部分，能否密切高校党组织、党员干部与群众的联系，对高校党建和其他工作的开展具有极其重要的意义。在高校中，最广大的群体就是知识分子和青年大学生，党和国家对青年的教育、培养和发展寄予了无限的期望。高校党组织要紧紧依靠、团结广大知识分子和青年大学生，要教育、引导他们树立正确、坚定的世界观、人生观、价值观，在为人民服务中体现自我价值。要适当关心、了解、理解和支持他们，深入他们日常的工作、生活和学习，与他们结交为知心朋友，共同把高校建设成为青年向往学习、教师乐于工作，相互激励，不断创出佳绩的地方。密切联系群众就要深入群众，为群众解决实际问题。高校领导干部要深入课堂、宿舍、食堂，听取广大师生的意见，特别是要到矛盾积累比较多、师生员工意见比较集中、工作开展比较困难的单位进行调查研究。要了解群众疾苦，尤其要关心特困生群体，确保每一个学生不因家庭经济困难而辍学。要督促有关部门尽快解决群众所反映的问题，对不能解决或一时解决不了的问题，要在规定时间内有明确答复。要坚持群众路线，加强调查研究，以防止决策上的官僚主义。

高校领导要做到密切联系群众，就要加强与群众的沟通。关系高校发展和稳定的大事小情都应及时向群众通报，认真落实“三重一大”（重大事项决策、重要干部任免、重要项目安排、大额资金的使用必须经集体讨论做出决定）制度。在重大政策出台前，要广开言路，通过各种方式听取群众意见，如召开两级教代会、民主人士座谈会、离退休职工通气会、学生报告会等，与广大师生取得联系并进行沟通。勤政为民，真抓实干，是密切联系群众的根本要求。

（四）坚持党的民主集中制原则，尊重和保障党员权利，调动广大党员的积极性

民主集中制是党的根本组织制度和领导制度，也是马克思主义认识论和群众路线在党的生活和组织建设中的运用和体现。党的十八大报告中指出："要坚持民主集中制，健全党内民主制度体系，以党内民主带动人民民主。"对高校两级领导班子和干部来说，这一制度能否正确地贯彻执行，直接关系到高等教育事业的兴衰成败。积极贯彻执行民主集中制，能充分调动领导班子成员的积极性、主动性和创造性，能更好地发挥领导班子的整体作用，实现决策的民主化、科学化。当前，面对高等教育大众化的新形势和新问题，高校两级领导班子，能否坚持和观察民主集中制原则，是衡量领导班子和干部素质高低的重要方面，也是增强领导班子凝聚力、战斗力和创造力的关键，更是推进高等教育事业健康顺利发展的前提。

在加强高校领导班子民主集中制建设的工作中，思想认识是关键，应该从领导班子个人着手，加强其思想认识，转变其工作观念；从班子建设着手，提高班子整体素质；以制度建设为保障，监督管理制约机制，有效促进民主集中制的贯彻执行。坚持民主集中制，就要发挥党委政治核心作用，牢牢把握住社会主义的办学方向，充分发挥党委在管方向、抓大事、谋思路、带班子、强队伍、保稳定方面的作用，积极地支持高校行政部门独立负责地开展工作。按照"集体领导、民主集中、个别酝酿，会议决定"的原则，正确处理党政关系、书记校长关系、民主集中关系等。

党的十八大报告指出，党内民主是党的生命，党员是党的行为主体。党内民主的实质是尊重和保障党员的民主权利问题。尊重和保障党员民主权利是发展党内民主、增强党的团结统一的重要基础，是提高党的执政能力的必然要求。近年来，党在尊重和保障党员的民主权利方面做了大量工作，取得了重大进展。2004 年 9 月，中央发布《中国共产党员权利保障条例》，完善了党员民主权利行使的程序，使党员民主权利保障进一步制度化、规范化。高校应认真抓好《中国共产党员权利保障条例》的贯彻落实，切实保障党员民主权利，不断发展党内民主。同时，高校还要拓宽党员参与党内事务的范围。党员的知情权和参与权是党员民主权利的重要内容。应制定有关法规，落实党务公开和党员政治参与程序，除涉及党和国家机密以外的党内活动，要尽量对党员公开。创新党务公开制度，如公开办事程序和决策程序等。建立工作流程和结果通报制度，领导班子成员特别是主要领导应定期向党组织报告工作，让广大党员增进对党内

事务的了解。规范权力运行，增强权力运行透明度，减少“暗箱操作”。拓宽信息通报渠道，在党务管理工作中引入现代科技新成果、新方法，提高党务工作的质量和效率，增强党务工作的有效性和科学性。建立保障党员表达意志的新机制，完善干部与党员协商交流等制度，以保证基层党组织和党员在更大范围表达自己的意愿，真正形成充满活力的党内民主氛围。比如，在重大问题的决策过程中要集中党员群众的智慧、发挥党员的监督作用。校党委在决策前要深入基层调查研究，注意听取群众的意见，吸取群众的合理化建议，坚持走群众路线；在决策中，注意调动党员干部的积极性，认真开展民主讨论，允许党员发表不同意见，坚持决策过程中的民主性和科学性；在决策执行过程中，注意宣传和发动群众，及时收集群众的反馈意见，不断补充和完善原有的决策，纠正各种决策偏差，以保证决策的民主性和科学性。

（五）严守党的纪律，增强组织观念和纪律性，反对自由主义

党的各级组织和全体党员严守党的纪律、自觉接受党的纪律约束，是党的重要优势，也是党始终保持先进性的重要保证。党的纪律是党的各级组织和全体党员必须遵守的行为规则。严守党的纪律，是维护党的团结统一、贯彻落实党的路线方针政策、确保政令畅通的重要组织保证。从党的发展历史来看，严守党的纪律是党在建设过程中形成的一条重要经验，对于不断增强党的创造力、凝聚力、战斗力，确保党在革命、建设、改革时期领导各项事业的胜利和顺利发展发挥了重要作用。

在党的各项纪律中，最重要的是党的政治纪律。当前，我们严格遵守政治纪律，必须做到：一是坚持党在社会主义初级阶段的基本理论、基本路线、基本纲领和基本经验不动摇；二是坚持以习近平同志为核心的党中央的领导，坚决贯彻执行中央重大战略决策和部署，做到令行禁止；三是增强政治敏锐性和洞察力，保持政治上的清醒和坚定，共同维护和谐、稳定的环境；四是增强保密观念，严格落实保密制度，强化保密措施，严守党的秘密。党的秘密对党和国家的安全和利益至关重要，每个党员都要以身作则，带头执行好各项保密制度。高校党组织和全体党员必须坚持党的基本路线，自觉同党中央保持高度一致。对党的决议和政策如有不同意见，在坚决执行的前提下，可以声明保留，并且可以向党的上级组织直至中央提出，但不得公开发表同中央决定相反的意见。坚决反对阳奉阴违，搞“当面一套、背后一套”的“两面派”行为。不允许编造、传播政治谣言及丑化党和国家形象的言论。禁止参与各种非法组织和非法活动。严格遵守党的组织、宣传、群众、财经、外事、保密工作等方面的

纪律。高校全体党员要增强纪律观念和法制观念，自觉用党纪国法规范自己的行为。遵守党的章程和纪律，是高校党组织和每个共产党员应尽的义务。依法治国是党领导人民治理国家的基本方略。高校党组织必须在宪法和法律的范围内活动。党员干部要努力学习和掌握党章党规以及国家法律法规，做遵纪守法和依法办事的模范。

另外，要严格遵守组织纪律。党的组织纪律是维护党的团结统一的原则和规范，是处理党组织之间和党员之间关系的纪律，其核心是民主集中制原则。民主集中制是党的根本组织制度和组织纪律。坚持民主集中制，既要充分发扬党内民主，保障党员的各项民主权利，又要实行正确的集中，使全党在思想上、政治上保持高度统一，在行动上做到步调一致。对每个党员来说，最重要的是正确处理好个人与组织的关系，做到个人行为遵守党的组织原则、个人利益服从集体利益。

（六）加强高校学术道德建设

教风是高校学术道德建设的重要体现，学术道德建设是教风的核心。我国高校经过多年改革、开放，逐步形成了崇尚科学、宽松自由、百花齐放、百家争鸣的学术氛围，建立了一支思想活跃、有较高学术水平和较强竞争力的教师学术队伍。但同时高校中也存在一些学术道德和治学上的问题，如学术道德观念淡薄、学风浮躁、急功近利、弄虚作假、治学不严谨等。解决这些问题，当前的着重点是加强学术道德建设。

加强学术道德和学风建设，对于弘扬科学精神、繁荣发展学术事业、净化校园环境、提高人才培养质量、践行社会主义荣辱观、引领社会风尚，具有非常重要的意义。加强学术道德和学风建设是提高科研水平、建设创新型国家的必然要求；是提高人才培养质量、建设高等教育强国的必然要求；是引领社会风尚、建设社会主义核心价值体系的必然要求。首先，要加强教育引导，提高科研人员的道德自律水平。增强自律意识、严守学术诚信是开展学术研究、维护学术道德的基础。广大科研工作者要树立正确的荣辱观，增强历史使命感、政治责任感，始终坚守社会正义，在科学探索的过程中，修身正己、自我约束，学高为师、身正为范，自觉维护科研工作者的良好形象和人格尊严，努力做优良学风的维护者和弘扬者，以诚实守信和严谨治学精神走在社会道德的前列。要坚持实事求是、追求真理，反对急功近利、弄虚作假；坚持潜心研究、严谨治学，反对心浮气躁、粗制滥造；坚持尊重劳动、客观公正，反对虚荣浮夸、徇私舞弊；坚持甘于奉献、尊重他人，反对唯利是图、损人利己。其次，要组织教职工参加教育部《关于进一步加强和改进师德建设的意见》《关于加强学术道德建设的若干意见》和社会主义荣辱观等专题的学习。要求广大教师、教育工作者增强献身科教、服务社会的历史使命感和社会责任感，坚持实事求是的科学精神和严谨的治学态度，树立法制观念和知识产权意识、尊重他人劳动成果和权益，认真履行职责，维护学术评价的客观公正，为人师表、言传身教，加强对青年学生进行学术道德教育，努力成为良好学术风气的维护者、严谨治学的力行者、优良学术道德的传承者。要加强高校学术道德建设，营造良好的学术氛围和制度环境，建设一支热爱祖国、具有强烈使命感、学术作风严谨、理论功底扎实、富有创新精神的高素质学术队伍，促进学术进步和科技创新。再次，要加强制度建设，强化学术行为的制度约束。加强学术道德和学风建设，制度建设是保证。建立健全科学有效的学风制度，对规范学术行为、防范学术不端行为具有重要作用。在工作中，要建立健全对学术不端行为的惩处制度。高校对本校学术不端行为的查处负有直接责任。要建立健全对学术不端行为的惩处机制，制定处理办法和实施细则，做到有法可依、有章可循。要认真受理对学术不端行为的举报并及时妥善处理。最后，要加强社会监督，营造学风建设的良好环境。阳光是最好的防腐剂，要进一步推进“阳光工程”，在教师聘任、职称评定、职务晋升、著作出版、论文发表、成果奖励等过程中，实行信息公开，增强公开性和透明度，自觉接受社会监督。要充分发挥媒体、网络和学术团体的监督作用，形成以遵守学术道德为荣、以违反学术道德为耻的良好氛围，使师生对坚持什么、反对什么、提倡什么、抵制什么，是非清楚，旗帜鲜明。在舆论氛围上对学术不端行为始终保持高压态势，使更多的人引以为戒、自尊自律。

第六章　以高校基层党建推动培育和践行社会主义核心价值观

党的十九大提出，要以政治建设为统领，全面推进党的政治建设、思想建设、组织建设、作风建设、纪律建设，把制度建设贯穿其中。培养中国特色社会主义合格建设者和可靠接班人需要加强党的政治建设，进一步发挥党员的带头作用。高校基层党组织坚持以政治建设为统领，就能紧扣高校党建的枢纽，抓住高校党建的根本，对于坚持党对高校的全面领导，坚持社会主义办学方向，培养德才兼备、全面发展的中国特色社会主义建设者和接班人具有重大而深远的意义。

第一节　以高校基层党组织引领思想建设培育和践行社会主义核心价值观

一、高校基层党组织思想建设存在的问题及成因

一些高校在思想建设领域也同样存在着理想信念不够坚定、入党动机不够纯粹等问题。造成这些问题的原因包括经济全球化的影响、市场经济的冲击、西方价值观的影响、部分党员忽视了思想的自我修养等。

（一）高校基层党组织思想建设存在的问题

自改革开放以来，高校基层党组织在思想建设上不断探索和大胆实践，取得了很大的进步，同时积累了大量的宝贵经验。随着经济全球化局势和国内形势的深刻变化，高校基层党组织思想建设的难度进一步加大，呈现出许多新的发展机遇，也面临着更多新的挑战。当前，一些高校基层党组织思想建设的针对性和有效性不足，尚不能满足新形势下党和人民提出的新任务和新要求，主要表现为以下几个方面。

1. 部分党员思想政治素养有待提高

部分党员思想政治素质有待提高，这表现在其忽视了政治理论的学习，在日常生活中纪律观念不强。

一是理论认识不深刻，学习自觉性不够。高校基层党组织拥有一大批青年党员，这些党员受教育程度较高，知识获取能力较强，是应当具备更高的马克思主义理论水平的人才。但是部分高校基层党组织并不重视对马克思政治理论的强化学习，对基层党员的教育时间和力度都存在明显不足，而且存在看重入党前教育而忽视入党后再培养的现象。同时，部分党员学习自觉性不够，自我学习意识不强，认为学习党的理论知识是入党前的功课，在入党后开始放松对理论知识的学习。因此，部分高校基层党员对理论知识的掌握还停留在了解和简单记忆的层面，而没有达到深刻理解的程度。

二是纪律性和自律性不强。受西方自由主义思想的影响，部分高校基层党组织中仍然有一些党员组织观念薄弱，轻视党的基本纪律。其具体表现为，向党做思想汇报不积极、未按时交纳党费、经常缺席党的组织活动等。这些纪律涣散的行为成了一些党员习以为常的事情，严重地影响了党组织纪律的威信力，也影响了党的形象。另外有一些党员避开了上述的典型错误，学会了刻意躲避监督，未发现其有违反基本组织纪律的行为，但这些党员并没有真正将党纪转化为个人的自律精神，他们形式主义严重，对于党纪的认识，只停留在违反的后果和惩戒的方法上，而没有认识到党纪除了是做一名合格党员的底线外，也是指引我们迈向先进、端正思想的路牌。一些党员纪律性和自律性不足，对高校党的思想建设产生了很多负面影响，制约着高校基层党组织的思想建设发展进程。

2. 部分党员理想信念不够坚定

部分党员的理想信念不够坚定，在组织上入了党，但在思想上却没有真正入党，共产主义信仰模糊，对中国特色社会主义缺乏信心，党员意识不强。

一是共产主义信仰模糊。从思想上接受和树立共产主义信仰是成为一名党员的关键一步，但在一些高校基层党组织中，一些党员并没有真正从思想的深层次上做到坚定共产主义信仰，而是把这种追求放在了思想的最表层上。

二是对中国特色社会主义缺乏信心。一些高校的青年党员喜欢将中国特色社会主义制度同西方资本主义制度做比较，他们通常把物质生活水平作为关注点和判断标准，以中国与一些发达国家物质生活水平上的差异和距离作为资本主义制度优于社会主义制度的判定理由。他们建设中国特色社会主义的使命感开始弱化，对党对人民的忠诚度逐渐下降。这种思想上的不自信导致其在工作上的消极懈怠，不仅影响党的工作进展，也破坏了高校基层党组织思想建设的环境。

三是精神匮乏，党员意识不强。一些高校基层党员在入党之后认为自己已经成为正式党员，达到了其功利化的目的，没有加强反而降低了对自己身为一个党员的要求，不思齐，不自省，逐渐变得思想迷茫，精神空虚，意志消沉，缺乏干劲和进取心，离一名合格的党员的标准渐行渐远。这样一来，其就更加容易受到个人主义和自由主义的影响，变得我行我素，忘掉了党员的职责和义务，对待群众态度冷漠，对待群众工作不积极，开始脱离人民群众，无法发挥先锋模范作用。

3. 部分党员价值取向偏离主流

部分党员世界观、人生观、价值观没有得到很好的改造，入党的动机不纯，宗旨观念淡化，这表现在以下方面：

一是入党动机不纯，功利化色彩浓厚。当前，一些学生和教师的入党动机功利化，比如，想通过改变政治面貌以寻求好的工作职位、获取政治资源，以及进行攀比和炫耀等。这些入党动机绝大多数都带有功利化色彩，是一种是以获取好处、得到便利为目的的入党心理。持有这类功利型的入党动机的青年学生政治意识模糊，看重索取，关注自身的利益得失，而不是考虑为党和人民多做贡献，与党的根本宗旨大相径庭。入党动机的考量是审查一个党员是否在思想意识领域上符合一个合格党员标准的重要判定准则，却在一些高校基层党组织中失去了作用，这是这些高校基层党组织在思想建设中存在的明显漏洞。对于要求入党的大学生来说，端正入党动机是首要的问题。这是争取做一名合格党员的起点，是正确行动的精神力量，是经受得住党组织考验的保证。实际生活中存在的种种不良动机应引起高校基层党组织的足够重视，这是高校基层党组织在做好吸收党员工作和加强思想建设中必须正视的问题。

二是党员宗旨观念淡薄，利己主义倾向严重。任何一个党员都该牢记党的宗旨是全心全意为人民服务，对于高校基层党员来说，党的宗旨更多地体现为全心全意地为身边的同学和教师等服务，帮助他们解决学习和生活上遇到的困难。但是一些高校基层党员并没有适应和找准自身党员角色定位，未能有效地将宗旨意识转化为实际行动，习惯把自己的行为标准降低为一般群众，在身份上承认自己是党员，在行动上却没有发挥党的先锋模范作用。

（二）高校基层党组织思想建设存在问题的原因分析

高校基层党组织在思想建设中出现以上这些问题绝不是偶然的，而是在各方面原因共同作用下的必然结果。其中既包含国际环境影响的原因，也包括国内党员自身发展不足的原因，同时还有多媒体信息化萌发的原因。其具体体现为以下几个方面。

1. 经济全球化背景下多元化思潮对主流思想的冲击

随着商品全球化的快速发展，人民的精神需求逐渐打破地域和种族的限制，融入经济全球化的进程中。作为世界第二大经济体，中国与世界其他经济体的往来更加密切，一些国外思潮借此涌入国内，影响着人们的思维方式和价值取向，人们的思想呈现出差异化和多变性的特点。同时，多元思潮不可避免地流入了党的各级组织中，高校基层党组织作为传播和践行马克思主义的重要领域和培育社会主义建设者和接班人的主要园区，已然成为多元思潮互相激荡的最前沿，是最为活跃的平台。

2. 西方文化对社会主义价值观念的影响

高校由于其自身独特的文化属性，成为国际思想文化交流的重要领域和外来思想文化向国内输入的重要窗口。近些年来，中外的文化交流与合作变得更加频繁和深入，在一定程度上削弱了高校基层党组织思想建设的实效性，给高校基层党组织的思想建设工作带来了考验和挑战。

3. 市场经济发展过程中个人主义思想对主流价值体系的侵蚀

社会主义市场经济的快速发展为我国的经济建设赢得了巨大的成就，为“五位一体”（经济建设、政治建设、文化建设、社会建设和生态文明建设）的党建工作提供了物质保障，特别是为党的思想建设提供了新引擎。随着社会主义市场经济的不断发展，我国的社会体制的进一步改革，经济体制的逐步调整，社会经济成分、经济组织结构变得越来越多样化，人们的视域变得更为宽广，认知体系不断扩大，思想观念日渐活跃，思维方式上的独立性、选择性以及价值观念上多变性、差异性特点明显增强。在市场经济发展过程中产生的不良现象使主流政治价值面临认同危机，给党建工作特别是高校基层党组织思想建设工作带来了一定的负面影响。

4. 网络新媒体时代多元化信息对本土思想文化的消解

全球步入信息化时代以来，信息技术的迅猛发展催生出许多新媒体，以互联网为代表的新媒体实现了信息的大量和快速传播，形成了一个多维度的信息传播空间。网络新媒体具有开放性、共享性、渗透性等特点。中国是网络大国，各种多元化信息以互联网等新媒体为载体开始快速传播，以文化渗透的方式进入国内的各个思想文化领域。对于高校基层党组织而言，高校青年党员和学生是走在网络前沿的主要群体，他们更乐于通过网络新媒体接收新鲜的思想文化信息，因此也更加容易受到多元化信息的影响。很多青年党员和学生通过网络新媒体所接收到的思想文化信息已经远远超出他们直接获取信息的范围，固有的高校思想政治文化的界限被打破。他们所接触到的非本土思想文化信息呈现多元化特点，多元化的信息通过网络加工和渲染，很有可能成为带有一定危险性的文化武器，对党的主流思想和传统文化的优秀部分产生影响，而马克思主义指导下的本土思想文化在某些程度上就有可能被逐渐稀释，弱化了本土思想文化主流的导向作用，影响了青年党员和学生对本土主流文化和对优秀传统文化的继承和发扬，阻碍了他们人格、价值观念的形成，以及文化素养的养成，这对高校基层党组织的思想建设带来了强大的冲击。

二、以高校基层党组织引领思想建设培育和践行社会主义核心价值观的意义

（一）“富强、民主、文明、和谐”是中国特色社会主义建设的奋斗目标

“富强、民主、文明、和谐”是马克思主义理论体系指导下的社会意识和价值认知。践行“富强、民主、文明、和谐”的价值理念，对于高校基层党员和大学生增强理论自信、道路自信、制度自信，塑造马克思主义主流价值观，增强共产主义理想信念具有现实导向作用。高校基层党员和大学生肩负着实现中华民族伟大复兴的中国梦的历史重任，这是国家和人民赋予其的责任和使命。有担当就要有自信，自信来源于坚定的共产主义理想信念和对马克思主义一元化指导思想的深刻理解。在思想建设中融入国家层面的核心价值观，引导基层党员和大学生从马克思主义的角度看待国家和民族问题，有助于提高其政治文化敏感度和在复杂的多元化社会意识环境中辨识主流价值观的能力，进一步凸显马克思主义思想在高校中的重要指导作用。因此，从国家层面来看，以思想建设引领社会主义核心价值观的培育为高校基层党组织思想建设夯实了理论基础，也为社会主义核心价值观的培育提供了实践载体。

（二）“自由、平等、公正、法治”是社会实践中基本的价值诉求

践行“自由、平等、公正、法治”的社会主义核心价值观，为高校基层党员和大学生树立和加强法治观念，正确理解社会主义市场经济内涵，抵御西方思想的入侵提供了切实办法。社会主义制度下的自由、平等、公正、法治符合历史发展趋势，不同于资本主义制度下的价值取向，是基于中国特色社会主义实践特点和价值导向的科学理解。在思想建设中融入社会主义层面的价值观，有助于深化基层党员和大学生对市场经济的理性认知、对社会主义价值观念的情感认同和对法治社会的客观认识。把青年党员和大学生的价值追求同人民大众的社会需求统一起来，才能真正形成思想共鸣，达成现实社会中的价值共识，在多元化社会意识中强化主流意识，才能保证中国特色社会主义发展的正确方向。因此，从社会层面来看，以思想建设引领社会主义核心价值观的培育为高校基层党组织思想建设加强了理论基础，也为社会主义核心价值观的培育奠定了现实基础。

（三）“爱国、敬业、诚信、友善”是社会基本道德规范

践行“爱国、敬业、诚信、友善”的社会主义核心价值观，有助于高校基层党员和大学生加强自身修养，树立正确的人生观、世界观、价值观。高校是中华民族优秀传统文化传承和先进的马克思主义文化传播的重要领域，也是青年一代进一步加强道德修养的实践平台。在新的历史时期需要对青年党员和大学生进行道德标准的培养，使其树立正确的世界观、价值观和人生观，养成良好的个人修养和行为习惯，充分实现内化于心和外化为行。在思想建设中融入个人层面的核心价值观，就是以核心价值观为枢纽，通过个人思想进步与党组织思想建设发展的合力，增强高校基层党组织对基层党员的吸引力和思想建设的凝聚力，同时激发基层党员对党组织的向心力和为集体利益不断创新自我的活力。因此，从个人层面来看，以思想建设引领社会主义核心价值观的培育为高校基层党组织思想建设提供了运行保障，也为社会主义核心价值观的培育增加了实效性。

总之，将社会主义核心价值观的培育和践行融入高校基层党组织思想建设中，是为了更好地发挥社会主义核心价值观的凝聚力，是为了巩固党的思想教育阵地，也是将社会主义核心价值观的理论价值向实际成效转化的重要手段。

第二节　以高校基层党组织加强组织建设培育和践行社会主义核心价值观

一、高校基层党组织组织建设存在的问题及成因

（一）高校基层党组织组织建设存在的问题

高校在多年的党组织建设过程中，已经形成了特有的组织及制度体系。特别是2003年10月第十二次全国高等学校党的建设工作会议召开，2005年《中共中央组织部、中共教育部党组、共青团中央关于加强和改进在大学生中发展党员工作和大学生党支部建设的意见》，2010年《中国共产党普通高等学校基层组织工作条例》的颁布，使高校基层党组织在组织建设方面有了全新的跨越。但伴随着改革开放的不断推进以及全球化局势和国内形势的变化，党的建设也发生着一系列重大的转型，在呈现着许多新的发展机遇的同时，也面临着许多新的挑战，其面临的新情况和新问题主要表现在以下几个方面。

1. 一些党支部组织生活不规范，政治功能弱化

一是组织生活不规范。党的组织生活是党内政治生活的重要内容和载体，是党组织对党员进行教育管理监督的重要形式。党的组织生活必须围绕党的路线方针政策和中心工作，围绕党的自身建设，围绕基层党组织来进行。注重党的组织生活是马克思主义政党加强自身建设的优良传统和保持党的先进性、纯洁性的重要法宝。但是，当前一些高校基层党组织的组织生活仍存在着不经常、不认真、不严肃、随意化、庸俗化、平淡化等问题。有的基层党组织随意更改组织生活的内容，用业务讨论代替政治学习，用党组织学习的时间进行教学和管理的工作部署和安排；有的基层党组织随意减少组织生活的频次，部分高校学生党支部从大一到大四呈现组织生活频率递减的趋势，导致个别党员长期不参加组织生活；有的基层党组织将组织生活当成一种走过场，浮于形式，流于表面，将批评与自我批评演变成相互吹捧。此外，还有一些基层党组织，借组织生活之名，行游山玩水之实，使组织生活变了味儿，完全背离了党性教育、党的优良传统作风教育的初衷。这种种行为严重侵蚀了党的肌体健康，影响了党组织的创造力、凝聚力、战斗力。

二是政治功能弱化。政党是运用政治规律从事政治活动的政治组织。作为

高校来说，其基层党组织是党的路线方针政策落实到高校基层的战斗堡垒，是党团结和联系广大教师和学生的桥梁纽带，是办好中国特色社会主义大学的重要支撑，应当把推动政治要求贯穿在教育教学和科研活动全过程中。但是，当前一些高校的基层党组织政治功能薄弱，在部分教育教学、科研管理等重大事项中不能把好政治关。

2. 部分基层组织服务性建设有待提高

一是部分基层党员干部的服务意识和理念相对较弱。党的十七大报告强调，要充分发挥基层党组织推动发展、服务群众、凝聚人心、促进和谐的作用。这赋予了包括党支部在内的基层党组织战斗堡垒作用以新的内涵，由原先对党员的“教育、管理、监督”转变为“教育、管理、监督、服务”。党的十八大报告中又进一步提出“以服务群众、做群众工作为主要任务，加强基层服务型党组织建设”的工作要求。但是，一些高校基层党组织党员干部服务意识和理念薄弱，对于高校服务型党组织建设不重视，使基层党组织内党员的服务意识无法提高，服务理念不能确立。还有一部分党员干部在工作中缺少服务性思考，重科研教学，轻服务师生，一味强调责任和义务，不讲究人文关怀和服务。不能把立德树人、规范管理的严格要求和春风化雨、润物无声的灵活方式相结合，把解决师生的思想问题和解决师生的教学科研、学习就业等实际问题相结合，这一方面使党员自身在联系、帮助和服务群众方面的能力弱化，另一方面也造成师生归属感不强，有问题不愿意找组织反映，有困难不愿找党员帮忙的局面，严重背离了党的群众路线的精神。

二是部分基层组织服务方式简单、工作方式落后。服务方式相对简单就不能兼顾活动目的与实效性的发挥。部分高校基层党组织在服务型党组织建设过程中还是缺少有针对性的思考和设计党组织的活动，相对于共青团、学生会等群团组织开展的活动而言，其形式和内容比较单一，缺乏吸引力，忽视了党支部成员的兴趣爱好和实际需求，过度依赖诸如报告会、专题讲座、民主生活会、座谈会和主题党日活动等形式，无法充分调动党支部成员的积极性，也无法吸引党外师生的关注。少数党员干部综合素养的薄弱和能力的缺失限制了服务型基层党组织的服务水平的提高，使基层党组织在遇到新形势、新情况，产生新问题时，不能及时做出反应，严重阻碍了高校服务型党组织的建设进程。

三是工作方式和工作程序相对落后。从客观上来说，高校在服务型基层党组织建设的具体工作中的工作方式和程序已经有了很大的转变，但是部分高校基层党组织的工作方式还是相对陈旧，还有些党员干部不能适应新形势的要求，不敢突破，不善突破，总是用老眼光、老办法来看待和解决问题。比如，在高校基层党组织建设工作中信息化的应用水平不高，不能适应“互联网+”的新模式，不善于利用新媒体开展党组织的活动。一些党员干部特别是年龄稍大的老党员，对新媒体平台的使用在思想上不重视，在实际操作上还存在一定的困难，在和青年教职工的交流上，更善于道理灌输和批评教育。这种工作方式和工作程序相对落后，使基层党组织的服务缺少实效性，基层党组织的核心凝聚力将会被弱化，基层党组织在高校思想政治工作中发挥作用的效果会受到影响。

3. 部分基层党组织组织建设有待加强

一是党支部设置需要进一步优化。党支部的建立应该按照有利于发挥党支部战斗堡垒作用和党员先锋模范作用，有利于开展党员教育、管理、监督和服务，有利于密切联系师生，有利于促进业务工作的原则来设立，并积极探索党建工作向最活跃、最具创新能力方向拓展，扩大党组织工作的覆盖面。

二是基层党组织建设保障机制有不完善的地方。少数党支部书记党务能力不足，很多年轻的党支部书记缺少经验，缺少党员干部的核心凝聚力和感召力，调动和奖励党务工作人员积极性的机制办法不够健全。尽管党组织建设应该讲究奉献和付出，但是良好的激励机制可以让党员干部的服务热情得到更好的激发。教师身兼教学和科研双重任务，责任重大，而辅导员每人要面对几百名学生，工作琐碎繁杂，学生党员也要面对沉重的学业负担和未来职业发展的压力，一味地只讲付出和奉献，会导致很多人不愿意在基层党组织的建设上投入精力。党组织建设经费和基础设施不尽如人意，尽管高校基层党组织都有专门的经费划拨，但是很多高校这些下拨的经费并不能满足基层党组织自身建设的需要。党组织建设经费的缺乏已经成为影响党组织活动有序开展的一个重大因素，此外，场地和时间也是重要的制约因素。因为需要优先安排教学科研活动，很多高校基层党组织都没有固定的时间也缺少固定的场地来组织活动，极大影响了基层党组织的建设。

（二）高校基层党组织组织建设存在问题的原因

高校基层党组织组织建设中出现以上这些问题绝不是偶然的，而是各方面原因综合影响的结果。其中既包括改革开放后社会转型出现的新情况对党的建设的影响，也包括基层党组织建设过程中党员干部自身的一些问题。其具体体现在以下方面。

1. 转型期出现的新情况

伴随着改革开放的不断推进，社会转型出现一些新的情况。比如，经济成分和利益主体的多样化导致党员的经济地位出现了差异；社会生活的多样化也造成了党员自身需求的多样性；网络新媒体时代多元化思潮的出现给党员的理想信念带来冲击。在这样的新情况下，作为执政党未来的发展定位应当是突出党的政治作用，突出党在整个社会精神文化潮流和走向上的引领作用。然而一些党员干部并没有从巩固党的执政地位的大局上看问题，而只是从局部利益或个人利益出发，忽视党的建设，导致高校党委领导作用的发挥层层递减，工作责任制落实不到位，党的建设工作存在薄弱环节，政治保障作用未能充分发挥。

2. 基层党员干部综合素养不足

加强高校基层服务型党组织建设，不是一个人的单打独斗，而是一个群策群力的过程。当前部分高校基层服务型党组织建设不尽如人意的一个很重要的因素就是基层党员干部的综合素养不足，缺乏专业知识过硬、政治素养良好、实践能力突出的优秀人才。

一些教师党员知识结构更偏向于学科专业教育，对于党的理论的学习和理解偏弱，导致其在教学工作上表现得心应手，但是在党组织工作方面却束手无策，不能在组织活动中发挥自己的创造力，完全依赖上级的指示。一些党组成员身兼数职，对党组织工作流程不熟悉、不重视，将更多的精力放在其他工作上。另外，党员干部的流动性较大，难以长期坚守岗位，造成高校服务型基层党组织的骨干队伍建设不能持续。

3. 基层党组织创新能力薄弱

高校基层党组织建设要想得到跨越式发展，就必须紧跟新形势，以创新推动改革，以创新引领实践。目前，我国高校基层党组织的工作内容和形式落后，其实是部分党员干部创新意识和能力不足的体现。各个高校的基层党组织应当结合自己的特色和实际需求加强创新，找到契合自己的工作方式，达到更好的服务效果。现在已经是网络新媒体信息时代，党的很多工作也要和新媒体平台广泛结合，但是基层党组织的创新能力薄弱，导致部分高校基层党组织在工作方式上还未能和信息化相结合，落后的工作方式和内容不能引起广大师生的兴趣，不利于基层党组织战斗堡垒作用的发挥。部分高校不能结合新形势的发展实际，优化党支部的设置，将党建工作向最活跃、最具创新能力的方向拓展，也不能结合自己的特色，创新保障机制，保证基层党组织活动的有序开展。

高校基层党组织应当把社会主义核心价值观宣传教育实践活动与广大教

师、学生党员的兴趣爱好和实际需求有机结合起来，找到社会主义核心价值观与广大教师、学生党员思想的共鸣点，通过不断创新活动内容和形式，增强党员的主体意识和参与意识。

二、以高校基层党组织加强组织建设培育和践行社会主义核心价值观的意义

社会主义核心价值观对于加强高校基层党组织的组织建设具有重要意义，为高校基层党组织的组织建设扩充了指导思想的内容。通过社会主义核心价值观的理论指引，一方面可以强化干部队伍的领导能力，提升干部队伍的综合素质，为党组织建设提供最有力的保障；另一方面可以推动高校大学生党员、教职工党员队伍建设，推动党员思想觉悟和整体素质的提升。所以，社会主义核心价值观对于加强组织建设的培育和践行具有重要的意义。

（一）为高校基层党组织的组织建设引领了正确方向

践行“富强、民主、文明、和谐”的价值理念，以中国梦引领党的基层组织建设，对提升基层党组织组织建设水平具有重要意义。基层党组织的工作目标就是巩固党在群众中的地位，保障有新鲜血液输入，以更好地为人民服务。这与“富强、民主、文明、和谐”的国家层面的社会主义核心价值观是一致的。将社会主义核心价值观融入基层党组织的建设中，是对马克思主义理论在实践中的进一步丰富和发展，对促进国家主流价值观的形成、凝聚基层党员干部和人民群众的共同价值追求、形成全社会的价值共识和思想共鸣、保证中国特色社会主义发展的正确方向有着重要的意义。高校学生党员是我国社会未来发展的中坚力量，是社会主义事业的建设者和接班人，引导他们把个人理想融入国家富强、民族振兴、人民幸福的伟大事业中，让学生党员强化认识，深入领会发展社会主义市场经济、民主政治、和谐社会、生态文明的深刻内涵和重大意义，将他们培养成弘扬和建设“富强、民主、文明、和谐”的社会的主力军是高校基层党组织的重要任务。因此，从国家层面来看，以加强组织建设来强化社会主义核心价值观的培养具有重要的意义。

（二）为高校基层党组织的组织建设提供了理论支持

践行“自由、平等、公正、法治”的社会主义核心价值观，全面依法治国，加强党的组织建设，为高校确保社会主义办学方向提供了理论支持和现实策略。高校肩负着学习研究宣传马克思主义、培养中国特色社会主义事业建设者和接

班人的重大任务。在高校中培育和践行社会主义核心价值观，关系到“为谁培养人、怎样培养人、培养什么人”等根本问题，这是中国特色社会主义高校的本质要求，也是高校党组织的责任所在。“自由、平等、公正、法治”是高校基层党组织组织建设必须坚持的价值导向，要将其渗透到高校党员发展、管理、教育的各个环节中。当前我国正处在转变经济发展方式的关键期和深化改革的攻坚期，社会思想观念和价值取向复杂，这就要求高校基层党组织要加强和改进思想政治工作，培养一大批认可“自由、平等、公正、法治”理念的党员来发挥党员的先锋模范作用，带头构建“自由、平等、公正、法治”的社会，实现依法治国，依法治党。因此，从社会层面来看，以加强组织建设来强化社会主义核心价值观的培养，为高校基层党组织的组织建设提供了理论支持。

（三）为高校基层党组织的组织建设提供了操作抓手

践行“爱国、敬业、诚信、友善”的社会主义核心价值观，扩充了基层党员干部修身笃行、坚守理想信念的指导思想，可以帮助和促进基层党员干部提升自身的政治素养。“爱国、敬业、诚信、友善”是党的建设工作中必须坚持的内在约束，要想实现中国梦，就要有“爱国、敬业、诚信、友善”的社会公民。高校作为传播思想文化和培养人才的重要场所，是我国社会主义意识形态工作的前沿阵地，也是青年大学生培育与践行社会主义核心价值观的重要阵地。青年的价值取向决定了未来整个社会的价值取向，而青年又处在价值观形成和确立的时期，抓好这一时期的价值观养成十分重要。正如习近平所说：“这就像穿衣服扣扣子一样，如果第一粒扣子扣错了，剩余的扣子都会扣错。人生的扣子从一开始就要扣好。”高校基层党组织必须开展行之有效的社会主义核心价值观教育，引导党员以社会主义核心价值观的个人层面来要求自己，并发挥模范带头作用，最终把“爱国、敬业、诚信、友善”化为个人行为的内在约束。

总之，将社会主义核心价值观的培育和践行融入高校基层党组织的组织建设中，可以引领社会思潮，牢牢把握高校在思想方面的领导权和主动权，确保社会主义大学的办学方向，可以凝聚共识，形成合力，推动高校各项事业的发展。同时，高校基层党组织的组织建设还要发挥社会主义核心价值观培育和践行的主要抓手和重要载体的作用。

第三节　以高校基层党组织促进作风建设培育和践行社会主义核心价值观

一、高校基层党组织作风建设存在的问题及成因

（一）高校基层党组织作风建设存在的问题

总体来看，大多数高校党组织继承和发扬了党的优良作风和传统，充分发挥了基层党组织的先锋模范和战斗堡垒的作用，领导广大党员干部坚定不移地为党的教育事业不懈努力，取得了一定成绩。但仍然有部分高校党组织在作风建设上存在一些与中央要求不符的问题，在工作和生活上出现一些与党的“理论联系实际的作风，和人民群众紧密联系在一起的作风，批评与自我批评的作风”三大作风内在要求不符的表现，这些也是高校教育在改革发展的过程中所具有的问题，主要表现在以下几个方面：

1. 思想作风问题

部分高校基层党组织的思想建设出现了懈怠的问题，一些党员对高等教育建设发展任务的长期性、艰巨性认识不足，干事业的激情有所衰退；有的基层党组织宗旨意识有所淡化，主动服务于教育事业发展的意识不足，主动服务于师生成长的意识欠缺。此外，经验主义、主观主义等问题在部分高校基层党组织中还不同程度地存在，以人为本的观念、责任意识、政治意识、看齐意识等尚不够牢固。一些高校基层党组织对如何建设中国特色社会主义大学以及如何推进我国高校人才培养工作进程缺乏思考，如在学校政策的制定上，理论没有很好地联系实际，一味地追求国际化高层次办校，在学科建设上，标新立异，脱离本校实际，增加一些新专业，片面追求扩大本校的基础建设规模。

2. 工作作风问题

一些高校基层党组织工作流于表面，对立德树人的工作要求把握不牢，对教育规律性研究不够，存在“八分规划、两分落实”的问题，工作开展的成效不够明显，特别是在思想工作方面，缺少行之有效的管理引导机制；一些高校基层党组织缺乏担当精神，改革力度不够大，缺乏创新精神，工作循规蹈矩，安排工作、处理问题常秉承经验主义，开拓意识和创新精神不足；一些高校基

层党组织务实精神不足，大局观念不强，求“新”不求实，喜欢搞表面文章，贯彻科学发展和可持续发展力度不够，政令不通，缺乏正确的“政绩观”。

3. 生活作风问题

一些高校基层党组织存在铺张浪费的问题，不能够做到厉行节俭，在开展一些重大活动时，片面追求完成工作的质量和效率，不考虑控制经费的使用；一些高校基层党组织对党风廉洁教育重视不够，缺乏预防贪污腐败的机制建设；一些高校基层党组织监督机制严重不足，对党员干部的监督不力，党员干部不想腐、不敢腐、不能腐的态势尚未形成。

4. 领导作风问题

高校基层党组织的领导水平和决策能力亟须提升。基层党组织在党建工作和学生工作面临新情况和新问题时，主动探索的精神不足，缺少深入研究精神，主动深入一线调研、分类指导做得不够。一些高校党建工作者对基层单位的工作关心不够，对二级部门的工作动态掌握不够及时准确，对师生员工的诉求不够关心，对基层干部群众所反映的突出问题不够重视、处理不够及时；一些高校基层党组织党管干部的意识非常薄弱，贯彻执行民主集中不够；一些高校基层党组织存在重大决策科学化、民主化不够的问题；一些高校党建工作者集体意识不强、领导班子整体比较涣散、主要党建工作者驾驭全局的能力较弱；一些高校基层党组织贯彻民主集中制时搞实用主义，搞因人而异、因需而异等。

5. 学习作风问题

一些高校基层党组织存在重业务、轻理论学习的问题，对党的理论知识学习不够，理论没有很好地联系实际。一些高校基层党组织学习作风建设流于表面，对各级重要讲话、重要文件精神学习不够深入，讲数量、轻质量，学习方法比较单一，学习内容相对单调，工作落实力度不够，存在以会议贯彻会议的情况，以文件落实文件的问题仍存在，甚至出现生搬硬套的现象。一些高校基层党组织理论没有很好地联系实际。部分高校基层党组织把理论学习作为任务来应付，存在“要我学我才学”的问题，学习主动性不足，主动学习、经常学习的习惯尚未养成，汲取新知识的能力不足，对社会新动向的调查研究仍不够深入，思想上停滞不前、故步自封。

（二）高校基层党组织作风建设存在问题的成因

高校基层党组织作风建设之所以出现这些问题，原因复杂多样。这与改革与发展的过程中社会风气的深刻影响分不开。如改革日趋深入，经济、社会、文化等各方面都有了很大变化，在推进作风建设的过程中，力度不够、监督不严、执行不力等。

1. 思想认识不到位

思想认识不够深入一直是高校作风建设存在问题的根本原因。一些高校基层党组织对作风建设的重要程度认识不足，对思想作风建设的内容界定模糊不清，经常出现“口号喊得响、落实不到位”的现象。高校对作风建设一直停留在文件上，忧患意识和责任担当不足。部分高校基层党组织不能清醒地认识到自身在作风建设方面所存在的问题与不足，价值取向以及思想观念存在严重的偏移与错位的倾向，钻营于权力、金钱和利益等，本位主义和利己主义侵蚀着基层党支部和党员同志的思想和行为。

2. 体制机制存在缺陷

体制机制建设是高校作风建设能有效开展的基本保证。部分高校基层党组织不重视体制机制建设，导致相关制度存在缺陷，造成了党组织政治生态混乱。一些高校基层党组织的现有制度落后陈旧，无法满足国家改革发展、高等教育跨越式推进的需要；一些高校基层党组织在推进作风建设制度建设的过程中，存在滞后现象和针对性、操作性不足的问题，空白地带、管理漏洞较多。高校纪检监察部门作为高校党委领导下的一个部门缺乏独立性，在工作开展的过程中无法得到应有的体制机制保证，因而在干部管理、领导任免、福利待遇等涉及切身利益的方面无法实行有效的监督。

3. 制度执行不力

制度执行不力是高校作风建设中的常见现象。部分高校基层党组织的工作存在内容空洞、针对性不足，缺乏指导性、操作性和时效性，制度流于形式，起不到应有的作用。有些基层党组织作风建设不能与本校教学、人事、后勤等方面制度相配套，可行性不足、操作性不够，不能很好地构成威慑力。

4. 社会多元化冲击

作风建设不是孤立存在的，它深受外界环境的影响。当前，我国正处在社会转型时期，社会多元化日益复杂，这给党组织的作风建设带来了很大的环境冲击。社会在不断变化着，这些变化必然会对社会风气带来一定影响。社会转型造成社会利益格局和利益关系的不断调整，在资源分配的过程中，行政权力分配和市场分配体系交织在一起，为权力“寻租”和腐败的滋生提供了土壤。此外，市场经济体制强调个人物质利益的追求以达到推动社会经济发展的目的，在这一过程中，人们往往都在寻求利益的最大化，进而形成了拜金主义等不良社会风气，这些都与社会主义核心价值观是冲突的，因而引发部分党员信仰动摇，一些党性修养不高的党员易走向极端，出现作风问题。

二、以高校基层党组织促进作风建设培育和践行社会主义核心价值观的意义

（一）加强思想作风建设推动国家层面价值观的践行

加强基层党组织作风建设最为重要的就是要加强思想作风建设，而坚定理想信念，激发党员干部干事创业的斗志则是思想作风建设中的重点。加强基层党组织思想作风建设这一目标与社会主义核心价值观中在国家层面所倡导的“富强、民主、文明、和谐”这一目标具有高度的一致性。中国特色社会主义是全体中国人民自己的事业，国家层面的价值目标为中华民族指引了前进的方向，使发展成为人民所盼、人心所向。大学生教育关乎中国特色社会主义建设的未来，是中国特色社会主义事业的重要一环，是中国特色社会主义事业不可分割的一部分。加强高校基层党组织作风建设，特别是加强高校基层党组织的思想作风建设要以中国梦为引领，号召广大高校干部坚定“四个自信”，不断激发全体党员干部干事创业的热情，引导广大党员干部自觉把个人的人生理想融入中国特色社会主义的伟大事业当中。

加强高校基层党组织的作风建设，尤其是加强思想作风建设，就是要教育和引导广大党员干部聚焦新时期党和国家的中心工作，专注于高校发展的中心工作，社会主义核心价值观在国家层面上的目标就是要建设富强、民主、文明、和谐的社会主义现代化国家，这也是党在现阶段的中心任务。加强作风建设，尤其是加强党组织思想作风建设，就是要教育和引导广大党员干部紧紧围绕国家层面价值目标推进作风建设。通过不断加强作风建设，特别是加强思想作风建设，进一步教育和引导广大党员干部充分认识到新时期高校在发展和改革中所面临的重大机遇和挑战，进一步统一思想，创新思路，明晰目标，引导广大党建工作者增强“四个意识”（政治意识、大局意识、核心意识、看齐意识），消除思想懈怠，增强适应形势变化的能力，提升驾驭全局的能力和执行力。

加强高校基层党组织作风建设，要特别注意用共同理想凝聚力量，用理想信念鼓舞士气。中国特色社会主义共同理想凝聚于社会主义核心价值观国家层面，通过不断强化党的作风建设，特别是思想作风建设，教育和引导广大党员干部专注于在高等教育领域干事创业，继承和发扬党的优良传统和作风，以更加务实的行动，为高等教育事业的发展以及中国特色社会主义事业的发展提供

更为有力的支持，注入正能量。要教育和引导广大党员干部，坚守本职工作，消除消极思想，拒绝软弱涣散，深入结合各个高校工作的具体实际，求真务实、锐意进取，进而形成更为强大的凝聚力和战斗力，不断破解高校改革发展的难题，大力推进高校改革与发展，促进社会主义核心价值观中国家层面的价值观的培育和践行。

（二）夯实工作作风建设推动社会层面价值观的践行

高校基层党组织作风建设，特别是工作作风的建设，要求能够塑造良好的教育工作氛围、环境和风气，进一步理顺高校工作规范，使党员干部工作行为有法可依、有章可循，进一步引领高校党员干部坚持以“自由、平等、公正、法治”的工作理念服务全校师生，推进工作，打造安定和谐的政治局面，而这一要求是和社会主义核心价值观在社会层面所倡导的价值取向高度一致的。加强高校基层党组织作风建设，尤其是着力夯实工作作风建设，需要进一步系统阐释马克思主义自由观、平等观，促进实现社会公平和正义，培育良好的社会风气，为加快建设和谐有序的现代社会氛围筑牢基石。加强党员干部工作作风建设，教育和引导广大党员坚持求真务实、艰苦奋斗的工作作风，密切联系群众的作风，理论联系实际的作风，是教育系统能够正常运转的重要价值引领，也是高校得以安定和谐的根本。

加强高校作风建设，特别是加强高校工作作风建设，就要求在高校营造自由的学术氛围。在开展党员干部的作风建设时，要坚决消除官本位思想，鼓励学术自由和学术创新，努力在高校营造良好的学术环境和氛围，这一目标要求与社会主义核心价值观社会层面的价值取向中的“自由”的导向是内在统一的。加强党员干部的工作作风建设就需要党员干部树立正确的“权力观”，要进一步发扬民主，自觉祛除官僚思想。尊重和鼓励师生员工的首创精神和主体意识，尊重和保护师生员工的人格以及合法权益，确保校内相关主体的平等性，这一目标与社会主义核心价值观社会层面的价值取向中的“平等”的导向是内在统一的。加强工作作风建设还要求党建工作者在开展工作的过程中，坚持原则，做人做事公道正派，清正廉洁，以师生员工的利益为重，实现好、维护好、发展好广大师生员工的根本利益，这一目标与社会主义核心价值观社会层面的价值取向中的“公正”的导向是内在统一的。作风建设要求党员干部树立和贯彻“依法治校”的工作理念，自觉严格按照相关法律法规和校规校纪办事，严禁任何人以任何方式超脱法律之上，在工作中要始终坚持制度化、法制化，为师生打造优越的人文环境，这一目标与社会主义核心价值观社会层面的价值取向中的“法治”的导向是内在统一的。

（三）改善学习作风、生活作风建设推动个人层面价值观的践行

在高校中加强作风建设，特别是加强学习作风和生活作风建设就要求广大党员干部追求崇高的道德境界，培养社会主义的崇高理想人格，努力让价值准则不断“内化于心、外化于行”。既要不断内化为精神追求，形成内心的自觉，又要不断外化为自觉行动，逐渐变为日常的行为准则。这些都是社会主义核心价值观中对个人层面价值体现的要求，也是高校党员干部学习党的“三严三实”（“三严”是严以修身、严以用权、严以律己，“三实”是谋事要实、创业要实、做人要实）的成果体现，也要求高校党组织持续深化学习作风和生活作风建设，坚定理想信念，坚守高尚的道德情操，树立正确的世界观、价值观和人生观，努力成为新时代的楷模，在为推进高等教育事业大发展而努力奋斗的道路上，带头实现价值。

加强作风建设尤其是加强生活作风建设，这就要求高校党建工作者要严以修身，增强党性意识和党性修养，坚定理想信念，增强“四个自信”，以爱国主义为引领，努力在工作中发挥先锋模范作用，把爱国、爱党、爱校有机统一起来，践行到促进高校改革发展的工作实际之中，这就是对中国特色社会主义核心价值观中个人层面“爱国”导向的有力践行。加强作风建设特别是加强生活作风建设，要求坚持谋事要实、创业要实。广大党员干部要结合高校实际需要，积极努力工作，遵循工作规律，爱岗敬业、创先争优，这些与社会主义核心价值观个人层面“敬业”导向高度统一。加强作风建设特别是加强生活作风建设要求坚持严以律己、做人要实。广大党员干部要严格要求自己，忠于党的事业，真诚对待师生，努力“做老实人、说老实话、干老实事”，这是对社会主义核心价值观个人层面“诚信”导向的践行。要加强作风建设，特别是要进一步加强生活作风建设，就要求广大党员干部做到严以用权，牢固树立宗旨意识，坚持为人民服务，不摆“官”架，不发“官”威，践行群众路线，发扬“密切联系群众”的作风，在工作中走进学生中间，走到一线，全心全意做好人民群众的“孺子牛”，真心为所有师生谋福利，这是对社会主义核心价值观个人层面“友善”导向的践行。

第七章　“互联网 +”时代高校基层党组织建设变革

截至 2020 年 12 月，中国网民数量达到 9.89 亿人。互联网普及率达到 70.4%。互联网凭借其信息来源广、信息容量大、传播速度快等优势，创造了人与人之间沟通交往的全新方式，对社会生活的各方面都产生了极其重大的影响。在高级知识分子最为集中的高校，网络已经成为大家工作和生活不可或缺的一部分。计算机、互联网技术在为高校的教学、科研及管理提供服务的同时，也给高校的党建和思想政治工作带来了机遇和挑战。努力使信息网络化建设在党建工作中发挥更大的作用，是高校党建工作面临的一项紧迫的时代课题。党的十七届四中全会通过的《中共中央关于加强和改进新形势下党的建设若干重大问题的决定》，首次提出“推进高校基层党组织工作信息化”的时代命题，并做出了把网络信息技术运用于党的建设的新部署，推进信息化在高校基层党组织工作中的应用。这一思路对于高校做好基层党建工作具有重要的意义。高校基层党组织担负着直接联系、组织、团结广大师生，把党的路线方针政策落到实处的重要责任，是党在高校全部工作和战斗力的基础。因此，高校基层党组织在党建的整个过程中具有非常重要的地位和作用。在高校基层党建的过程中，积极地利用网络文化多元化、快速性、隐蔽性等特征的积极方面加快建立并健全党建机制，尽可能避免网络文化带来的消极影响，促进和推动高校基层党建的稳定、健康的发展，培育出一批具有高素质的基层党员群体，使之成为社会主义现代化建设中的优秀人才和中流砥柱。这也是党在基层建立党组织、发展党员的重要目的之一。

第一节　“互联网 +”时代与党建工作

一、“互联网 +”应用于党建工作的必要性和新要求

面对新一代网络信息技术的蓬勃发展，党必然紧随时代潮流，在不断探索中坚持与时俱进。将“互联网 +”应用于党建工作，是时代使然，更是落实“四个全面”（全面建设社会主义现代化国家、全面深化改革、全面依法治国、全面从严治党）战略布局的必然选择。

（一）“互联网 +”应用于党建工作的必要性

1. 推进全面从严治党的必然选择

党的十八届六中全会聚焦“全面从严治党”这一主题，是贯彻落实习近平提出的“四个全面”战略布局的必然要求。党的十九大以来，全面从严治党已经成为新时代党的建设的新常态，成为当前基层党组织贯彻落实的重中之重。全面从严治党的落实需要借助信息化的手段，健全机制、落实责任、建立规范的考核标准。发挥互联网的数据分析与整合的作用，明确奖惩标准；建设完善的、全覆盖的互联网党建平台，通过浏览积分、网上考核等方式调动广大党员参与党内生活的积极性，真正解决“难衡量、难落实、难考评”的问题；利用互联网开放性、即时性、创新性、互动性的优势，创新党建活动形式，丰富活动内容。

2. 顺应时代发展的必然要求

2015 年美国《华尔街日报》评选出了中国社会年度五大热词，其中“互联网 +”位列榜首。“互联网 + 政务”“互联网 + 金融”“互联网 + 医疗”“互联网 + 教育”等互联网产业的积极效应日益凸显，推进“互联网 + 党建”亦是大势所趋。

党建工作要与时俱进，这是由党的根本任务决定的，体现了党建的适应性与能动性。不同时期、不同阶段，党建工作重点都会有所不同，党建应该因时而谋、顺势而动。面对互联网对党建工作带来的发展机遇以及各种严峻考验，党建要想在信息化浪潮中趋利避害，真正实现网络信息为我所用，继续保持党的先进性、纯洁性，就必须要积极完善党建制度、方法、载体等，与时代要求吻合，与外部环境适应。党建工作与互联网相融合，以信息化手段主动地去适应变化着的执政环境，是提高党建工作科学化水平的时代需要。

3. 增强党的凝聚力的重要手段

当前随着网民队伍的日益庞大，高学历、高素质的人群逐渐成为网络用户的主力军。他们有知识、有思想，对社会变化的敏感度高。但是，他们对传统的政治思想教育方式、舆论宣传工作接受程度相对不高。以互联网为代表的新媒体的出现提供了更加自由、开放、个性的思想舆论阵地，也为进一步增强党的凝聚力提供了与时俱进的手段。广大网友通过生动形象的方式、具有说服力的内容，提高了政治素质，增强了对党的认同感。同时面对当前流动党员管理难的问题，互联网提供了新的管理工具，通过建立“网上党支部”、微信群等方式使流动党员无论走到哪里，都能及时保持与党组织的联系，接受党组织的教育，有利于增强党的凝聚力。

4. 完善基层党组织建设的迫切需要

与传统基层党建工作相比，互联网的出现满足了完善基层党组织建设的迫切需要。新形势下广大群众在职业、收入、受教育程度等方面的差别造成利益多元化、个体个性化、思想开放化等新特点，迫切需要基层党组织探索党建工作的新思路、新方式。互联网的出现实现了基层党建工作理念的革新，为当前党建工作提供了平等、透明、开放的网络思维和创新思路，实现了基层党建活动方式的变革，突破了时间与空间的限制，实现了线上互动与线下交流相结合，拓展了活动平台。这为党联系群众、服务群众、发展基层组织开辟了新的渠道，为基层党务管理、党员教育创造了更加及时有效的网络平台，为提升新时期党建工作的实效性夯实了基础。

（二）“互联网 +”应用于党建工作的新要求

改革开放以来，市场经济的快速发展拓展了互联网的应用空间。互联网从军事领域向社会经济领域再向政务领域扩展，是执政党与时俱进，顺应民众意识不断增强，更好地应对网络危机事件的必然选择。

1. 与时俱进把握新政策、新形势

重视信息化建设一直是中国共产党的优良传统。自改革开放以来尤其是党的十六届四中全会以来，党中央多次就信息化建设制定战略、全面谋划。党的十六届四中全会明确提出了“法律规范、行政监管、行业自律、技术保障”的互联网管理方针；党的十六届六中全会强调要“使各类新兴媒体成为促进社会和谐的重要阵地”；党的十七大报告指出，要全面认识信息化发展的新形势和新任务，“加强网络文化建设和管理，营造良好网络环境”；党的十七届四中全会提出了“推进基层党组织工作信息化”的时代命题；党的十八大报告中也提及信息、信息化、信息网络、信息技术与信息安全等，明确地把“信息化水平大幅提升”纳入全面建成小康社会的目标之一；党的十八届三中全会则要求“健全网络突发事件处置机制”“加大依法管理网络力度”“加快完善互联网管理领导体制”；党的十八届五中全会提出，要实施网络强国战略，实施“互联网+”行动计划，发展经济，实施国家大数据战略；党的十九大报告进一步提出，要“善于运用互联网技术和信息化手段开展工作”。正是在党中央与时俱进的战略方针的指导下，我国的互联网建设一步步走向成熟，从以电子商务为主要特征的互联网企业发展到互联网城市、互联网政务、互联网教育、互联网金融、互联网医疗等，涵盖社会生活的方方面面。

“互联网＋党建”时代的到来，是党建信息化的新阶段，把握党的新政策与新形势，以现代科学技术为手段，全面提高党的建设科学化水平是“互联网+”时代对党执政的新要求。新形势下党承担着贯彻落实“四个全面”战略布局的历史任务，执政考验、改革开放考验、市场经济考验、外部环境考验更加突出，精神懈怠、能力不足、脱离群众、消极腐败的危险依旧存在。“互联网＋党建”需要充分发挥互联网的功能与特殊优势，完善党建工作机制，开展网络舆论引导，形成和谐稳定、生动活泼的社会氛围，将党建工作全面融入社会主义现代化建设的伟大事业中去。

2. 掌握网络舆论主动权

以互联网为代表的信息传输技术的迅猛发展和广泛应用，给当今中国的舆论环境、舆论生态、舆论变迁等诸多方面带来了深刻而巨大的变化。民众的自由、平等、民主、法治、开放意识增强，思想和行为的独立性、选择性、差异性、多变性尤其明显，社会认同感和社会参与度明显提高，当前互联网对社会舆论的介入与推动产生的影响超过了以往的任何时代。思想是行动的先导，执政党必须掌握网络舆论主动权，引导正确的舆论导向，积极应对社会事件，为实体党建与虚拟党建工作营造和谐、纯洁的舆论环境，为“互联网＋党建”的开展奠定坚实的思想基础。

网络舆论主动权的掌握需要完善的网上信息发布渠道、互动性强的网上党建理论研讨阵地。通过建立网上信息发布渠道，利用互联网的开放性、即时性的优势，第一时间发布实时新闻、事件进展，保证广大网民以最快的速度了解国内外政治、经济与社会生活信息，了解社会突发事件进展程度、真实原因，避免网络不良信息的影响，确立正确的舆论导向。将互联网建成新的党的宣传舆论阵地，将党的经典著作、党的路线方针政策、党和国家领导人的重要讲话、优秀的影视文学作品等上传到网络上，为广大党员干部、群众提供强有力的思想理论武器。通过建设网络党建理论研讨阵地，定期发布党建理论成果，引导党员与群众关注理论热点；通过建设热点问题论坛等渠道，引导网民踊跃参与，积极发言，实现统一思想的目的。

3. 创新党建工作

创新党建工作方式，将现代网络技术应用到党建工作中，有效拓展党建工作阵地、创新党员教育方式、完善党组织服务模式、创新社会管理方式等，是党建工作与时俱进的必然选择。党的十九大报告明确提出，加强互联网内容建设，建立网络综合治理体系，营建清朗的网络空间。因此，“互联网 + 党建”工作的开展应围绕方向正、内容新、形式活、更新快的总体要求，充分运用“平台思维”“用户思维”等互联网思维，发挥好网络的平台、资源、技术等优势，大胆推进党建工作创新，不断提升网络党建工作的科学化水平。

要创新党建工作，就要坚持务实求变，充分利用扁平化的互联网党建结构，重视网民的力量，实现党员教育由单一灌输向双向互动转变，党的服务工作由被动、大众化向主动、个性化服务转变，实现实体党建向实体与虚拟党建相结合发展，真正利用互联网提高党建工作效率，提高党建科学化、信息化水平。

二、“互联网 +”对党建工作带来的机遇与挑战

党建工作是执政党抓好各项工作的根本。党建工作抓好了，基层党组织才能够更好地发挥其核心领导作用，才能真正增强党的凝聚力和向心力。网络信息技术以其先进的技术应用极大改变了党的工作环境、工作对象与工作手段，为进一步加强党的执政能力建设、纯洁党内政治生态等带来了难得的机遇，也为党建工作的具体实施带来了不容忽视的挑战。

（一）“互联网 +”对党建工作带来的机遇

网络作为一种新的信息交流工具，已成为当前最先进、最活跃的生产力要素，为我们在新形势下加强党的建设、开展党的工作带来了难得的机遇。

1. 为加强党内政治生活、落实全面从严治党的要求提供新手段

党的十八届六中全会以制定《关于新形势下党内政治生活的若干准则》和修订《中国共产党党内监督条例》为重点，研究全面从严治党。党内政治生活包括坚定理想信念、坚持党的基本路线、严明党的政治纪律、保持党同人民群

众的血肉联系、坚持民主集中制原则、发扬党内民主与保障党员权利、严格党的政治生活制度、加强对权力运行的制约与监督等。互联网为党内政治生活的开展提供了有效平台。通过网络开展形式多样的理想信念教育，可以提升教育效果。党员可以快捷地获得丰富的信息，利用手中的民主权利参与决策，保证党内民主。通过“网上党支部”等落实“三会一课”制度，可以完成党费交纳、党员管理，严格党内政治生活等。总之，“互联网 +”的融入为落实全面从严治党提供了新手段，为党内政治生活的规范有序创造了新载体。

2. 为加强党的执政能力建设、先进性与纯洁性建设提供新方法

有学者认为，互联网既是一种新的认识工具，又是一种新的交流工具，还是一种新的生产力。因此，在“互联网 +”时代，实现党建工作与互联网相结合，就是同新的认识工具、新的交流工具和新的生产力相结合，这正是中国共产党代表先进生产力发展要求的具体表现。在党建工作中，利用网络来宣传党的指导思想和国家的大政方针政策，扩大党的影响力，增强党的凝聚力，实现党建工作网络化，完善网络化党建平台，建立党建信息系统，开通网络交流渠道，充分利用网络执政，不但能降低党的执政成本，而且能提高党的执政效率。推进网络监督平台的建设，利用互联网匿名性、开放性等优势，保护网民的参与权，支持民众发表观点、表达诉求的主动性与积极性，可增强党内生机与活力。

3. 为推动党内外监督、加强党风廉政建设提供新工具

网络信息技术的应用为增强党内外监督实效性提供有效工具。一方面，互联网为群众监督、舆论监督、党外民主人士监督等党外监督提供更加便捷与多元化的监督渠道，设立专门的网上举报与互动交流平台，在产生、行使、制约、罢免等权力运转的各个环节实现全面公开，增强工作透明度与加大工作监督力度。另一方面，互联网为党组织的监督与党员的相互监督提供信息获取平台与实现渠道。设立完善各级纪检监察网站，通过加强纪检监察日常监督工作与人民群众进行实时互动，使人民群众的意见和建议直达纪检监察部门和被监督者。利用互联网媒体影响面广、导向作用强的优势，设立专题栏目，广泛传播党内监督知识，弘扬廉政事迹等，为完善党内监督贡献力量。

4. 推动党建工作创新意识的觉醒

科学的巨大力量不仅体现在发展社会生产力上，而且体现在以科学思想作为精神力量推动社会进步上。首先，有利于促进党员干部的思想解放。广大党员干部通过互联网眼界得到开阔，思想更加活跃，其进一步将先进的思想观念落实到党建工作中去，勇于接触新鲜事物，敢于利用互联网等新工具创新工作

方式，善于向优秀党组织学习先进经验等。其次，有利于促进思维方式的变革和创新。通过网上办公、网上学习、网上交流等活动，党员干部的思维方式实现由单向向多向、由平面向立体、由封闭向开放、由收敛向发散、由线性向非线性等方向转变。思维方式的变革和创新必将极大地推动执政工作方方面面的创新，使党永葆先进性。

（二）“互联网+”对党建工作带来的挑战

在庞大的网络空间中，网络用户通过信息链接和交换，形成虚拟的网络社会。在虚拟的网络社会中，人们通过信息的生产和再生产过程，超越时空的限制，实现了信息的相互交流、物质的相互交换、利益的相互博弈、关系的相互增进。网络空间催生网络政治空间，网络用户成为党建工作的重要参与主体。信息化时代的新变革使原有的党的工作方式、思维与行动方式等方面受到了新的严峻考验。

1. 工作环境的挑战

党的工作方式是对外在物质与精神世界所处的社会环境不断适应的产物。传统工业社会以机械性、集中化、权威化、系统性为主要运行特征，自上而下单向运行是保证社会正常工作的组织范式。这就决定了政党内部组织结构运行模式是集中性、权威性的。中国共产党是诞生在半殖民地半封建社会的无产阶级政党，这就决定了其工作方式既具有无产阶级政党的普遍性又具有鲜明的中国特色，集中性、运动性是其显著特征。所谓集中性是党的工作方式的自上而下的垄断；运动性是党的工作方式的外部动员的社会性。有一段时期，集中性与运动性的工作方式有效促进了中国革命、建设和改革的伟大实践，但是，面对以互联网为代表的网络信息技术的迅猛发展，社会新环境呈现个体化程度高、流动性强、信息碎片化传播等特点，对党的工作方式提出了新的挑战。

2. 工作对象的挑战

互联网时代的活动主体是人。受互联网的影响，各社会群体的变化主要体现在以下方面。一是互联网的思维方式，即信息化的思维方式，主要是指人们在认识问题时的非线式、共域性、系统化的思维过程，表现出横向平面的思维偏好。由于网络信息的开放性与共享性，人们对某一问题的认识往往受到来自外界碎片化信息的影响较大，由多方面的信息拼凑成关于该问题的观点。党组织要抓住网络舆论主动权，适应双向互动思维活跃的政治参与主体，面临着很多挑战。二是网络化的行为方式。随着民众参与意识的增强、运用互联网能力的提高，网络时代与信息化时代为网民发表自己观点、表达利益诉求提供了更加便捷的渠道。互联网已经部分承担了传统政党的利益表达与利益整合的功能，成为民众参与社会生活的新平台。党的工作需要尽快适应网络党建的需求，而建立在利益一致性与社会结构均质化基础上的传统的社会动员已经受到互联网时代个体利益重要性增强、逐利欲望变强、社会格局碎片化的影响，这也是传统党建工作要面临的难题。

3. 信息技术的挑战

工业社会是建立在报纸、广播、电视等机械化技术之上的，这决定了工业社会党建工作主要是依靠报纸、广播、电视等媒介作为信息传播载体，具有形式单一、被动灌输的特点。而以互联网为代表的信息化技术则拥有比机械化技术灵活得多的技能。信息技术为信息传播提供了除文字、图片、声音之外的更加丰富多样的方式，同时互联网的开放性、即时性、共享性推动信息超越时空的限制，在全社会范围内自由流通，而且传播速度不断加快，极大地降低了传统信息采集、编码、传递的成本，使社会民众获取信息更加便捷。如何将以大数据、云计算为代表的网络信息技术充分应用到党建工作中，完善党建平台化建设以实现资源的有效利用，是党建工作的又一大挑战。

第二节 “互联网 +”时代执政党建设创新

一、“互联网 +”与党的执政理念创新

执政理念是政党对以执政宗旨为核心的一整套价值判断，包括执掌政权的宗旨、目的和任务，以及实现这一任务所需要的执政方针、执政手段等方面的理性认识和总体把握。执政理念在执政党的一切思想和行动中，具有统领全局的地位和作用。“互联网 +”的发展，使党的执政生态发生了重大变化，对党的执政理念和执政方式已经产生并将继续产生重大影响。在这样的背景下，党如何强化执政理念，更新执政观念，提高执政能力，就成为日益紧迫的党建课题。

（一）“互联网 +”时代的政治生态

当前，国家的最高决策层越来越重视网络舆情，一些省、市级政府也利用网络平台让网民对本地的发展献计献策，通过网络进行干部评议和政绩评估，越来越多的政府官员或实名登录论坛，或实名开设博客和微博。诸多事实表明，

互联网不仅已经深刻改变了中国普通民众的生活，同时也开始逐渐改变中国的政治生态。

1. 便捷表达：人的能动性被激发

在当今的网络时代，人们的信息获取与信息传播变得更加自主、平等、民主，信息的接受与传播呈多向发散状。在网络上，所有的网民都直接面对广泛而丰富的信息资源，网民不仅可以主动地选择信息，更为重要的是其可以积极地发布信息。一旦进入网络空间，个人和组织便能够凭借网络建立多向的相互联系。专家学者在分析第三次浪潮对社会的影响时认为，第三次浪潮的变革，只会使生活越来越多样化，而不是更进一步标准化。这就像思想观念、政治观念、教育方法、饮食习惯、宗教观点、种族态度、音乐爱好、时尚风范、家庭模式一样，都是自然产生的。网络的便捷表达大大地激发了人的主观能动性，为人类想象力和创造力的发展提供了一个巨大的空间。

2. 传播工具：趋向非群体化和多样化

按照加拿大著名学者马歇尔·麦克卢汉的观点：媒介是人的延伸，每一种媒介都是人的延伸，它不仅影响着人类的感官能力，还触发了社会组织的巨变。也就是说，在网络信息时代，人们的思维方式、思维空间、信息获取方式都在改变。《世界人权宣言》第十九条规定：人人有权享有主张和发表意见的自由，此项权利包括持有主张而不受干涉的自由和通过任何媒介和不论国界寻求、接受和传递消息和思想的自由。它阐述了人类的共同理想。中国网民正在互联网这种传播自由度最高的信息平台上不断开辟自身的话语空间。在这个自由、开放、平等的时空环境中，人人都有发言权，每个人都可以根据自己的需要不受他人制约地自由选择。

3. 倾听民意：民主政治的本质与核心

人民当家作主是社会主义民主政治的本质和核心，人民民主是社会主义的本质属性，也是社会主义与其他社会形态的本质区别之一。没有人民民主，就没有社会主义。早在延安时期，毛泽东在面对民主人士黄炎培如何防止国家政权“其兴也勃焉，其亡也忽焉”周期律的提问时，就鲜明地回答，我们已经找到新路，我们能跳出这个周期律。这条新路，就是民主。只有让人民来监督政府，政府才不敢松懈。只有人人负责，才不会人亡政息。伴随着网络产生而发展起来的各种新媒体，从诞生之日起就推动着网民民主意识的逐步增强，从而改变着现实中的政治生态，让政府在治理公共事务的过程中越来越重视倾听民意。

（二）“互联网 +”时代党的执政理念建设的着力点

在网络时代，执政党要强化执政理念，就要做到以下几点：

1. 深刻认识互联网的划时代意义，树立互联网是先进生产工具的理念

从先进性来看，互联网是工业革命以来最伟大的发明，其首要特性、首要功能不是媒介而是生产工具，是当代社会先进生产力最具标志性的工具。目前，社会运行的基本信息系统如通信、金融、广电、航空、医疗、教育等都在互联网上，是新经济的本源。以信息技术为核心的先进生产工具正在使社会生产力发展到一个新的阶段，人类社会也正在由工业社会向信息社会转变。既然互联网是先进生产工具，在当代党要始终代表中国先进生产力的发展要求，就必须立足于信息社会的互联网工具。

从重要性上来看，立足媒体的视角的互联网主要是提供信息传播平台。中国自1994年全功能接入国际互联网以来，新媒体迅猛发展，出现了融报纸、广播、电视、杂志等为一体的多媒体，特别是以动态网页技术集合的数据库，使人人有了传播平台，网民不只是信息接收者，而且是信息发布者。由于网络媒体的传播技术创新与信息内容发布的主体是分离的，传播技术越来越先进，与信息内容越来越多元相同步，呈现了高度发达的平台承载鱼龙混杂的信息的传播特征。现在，群众在网上、青年在网上、民意在网上，中国共产党要联系群众、依靠群众，要代表、赢得、依靠广大青年，就必须充分发挥互联网了解社情民意、扩大民主参与、实施民主监督等重要作用。

2. 深刻认识网络执政的时代效应，树立网络资源是重要执政资源的理念

利用网络引导舆论是网络执政的重要内容，关键是要把网络作为民主执政的手段，作为联系群众、组织群众的手段。党的十八大报告中提出，要更加注重健全民主制度、丰富民主形式，保证人民依法实行民主选举、民主决策、民主管理、民主监督。在互联网时代，网络作为一种新的工具和手段，成为普通民众最重要的公众参与形式，为中国共产党运用网络进行问政与执政提供了有效工具和平台。要充分利用网络进行科学、依法、建设性监督，及时发现问题，并采取有效措施解决问题，使中国共产党始终置于人民群众的监督之下，始终保持健康的体魄和旺盛的生命力。要运用网络营造良好舆论，塑造良好形象，提升软实力。网络即时海量的信息更便于社会接收，要善于从网络特点出发，组织宣传营造氛围。

3. 深刻认识“问题是时代的格言”，树立解决问题比舆论引导更重要的理念

存在决定意识，现实影响舆论。化解舆论危机、解决问题比舆论引导更重要，讲真话比讲技巧更重要。最根本、最有效的舆论引导就是解决实际问题，用事实说话就是发布事件真相，用真情表达，在相互影响、整合、转化的舆论博弈场上，发布权决定话语权，话语权决定主动权。能否有效发布权威消息，回应社会所关注的问题，澄清网民质疑，决定着舆论引导的成败。

一要及时。信息传播具有先入为主的特点，互联网尤其如此。应对突发事件舆情，谁首发谁占先机，一定要第一时间及时发声，凡事要把舆论引导应急预案与突发事件应急预案同等对待。舆情苗头掌握越早、处置越快，工作就越主动，要构建广泛覆盖的网络舆情监测汇集系统，形成上下联动、左右互通的工作格局，准确分析网民关注热点，及时掌握舆情发展态势，早发现、早预警、早处置。对舆情种类、性质、危急程度做出分类，对舆情发展趋势、走向、可能的影响范围做出评判，对舆情苗头迅速发出预警，组织调研，摸清情况，分类处置。二要真实。做好新闻发布和舆论引导工作需要技巧，但技巧是第二位的，第一位的是要抒真情、讲真话，坚持实事求是，不能忽视社情民意，不能低估网民智商，不隐瞒事实，不回避问题，不掩盖真相，用真实表达回应社会关切，赢得社会信任。三要准确。舆论引导的公信力不仅取决于真实，更取决于准确，尤其是舆论场处在偏激共振的时间，极小的误差也会引起极大的反弹。

二、“互联网 +”与党的意识形态工作创新

意识形态作为社会上层建筑的重要组成部分，具有非常特殊的作用。党的十九大报告指出：“牢牢掌握意识形态工作领导权。意识形态决定文化前进方向和发展道路。必须推进马克思主义中国化时代化大众化，建设具有强大凝聚力和引领力的社会主义意识形态，使全体人民在理想信念、价值理念、道德观念上紧紧团结在一起。”如何应对挑战，重塑意识形态，保持和重建其凝聚力，是我们不能不认真思考和研究的重大问题。

（一）建设更合理、更科学的意识形态话语表达体系

创新意识形态理论是在继承的基础上对马克思主义意识形态进行补充、完善并赋予其新的时代内容。创新并不是要创造出一套完全不同的意识形态话语体系，而是要在已有的话语体系中增添新的时代内容，建设更合理、更科学的意识形态话语表达体系。我们要通过创新意识形态理论，建立以增强中国社会主义意识形态吸引力为目的，使社会主义意识形态所倡导的理想信念、价值规

范、策略目标成为广大人民群众发自内心认同并自觉践行的意识形态话语表达体系，即把作为理论体系的主流意识形态转化为常识意识形态的民众意识与观念，从“以人为本”的视角对意识形态的话语表达进行现代性、生活性的转化。

1. 坚持以人民为中心的价值取向

人民性是中国共产党的意识形态的本质特征。它不仅是中国共产党的主流意识形态正当性的真正根源，还是在网络社会发展的根本方向。人民性是主流意识形态的基本尺度。主流意识形态始终坚持人民性的根本取向，认为人民具有至高无上的地位，人民手中掌握着真理。在网络社会中，以“人民”的名义所展开的观点和活动，仍具有天然的正当性。社会变革方案的合法性、思想观点的流行性，均在很大程度上有赖于以“人民”的名义为其所做的辩护。因此，主流意识形态的正当性仍然维系于其人民性追求，要求创新意识形态理论，应顺应人民群众的需要，虚心向人民群众学习，保持恒久的进步追求，坚持人民性的价值取向，要求马克思主义实现大众化转型，以保持其在网络社会的理论活力。在本源意义上，意识形态既是关于观念起源的科学，又是关于观念表达的科学。

2. 实行开放性的操作策略

创新意识形态理论，实现主流意识形态的开放发展，是网络文化交流的客观要求。当下，网络空间成为文化交流的新场域。网络是一种与现实世界联结的数字化生活空间，人们可以在其中结成新型的在线交往关系。这种在线交往以数字代码身份为主，通过构建在线人格与他人进行互动，从而使地理接近性不再是网络交往的基础，而旨趣认同则成为在线聚集和交流的出发点。因此，文化边界取代地理边界成为网络交流的主要制约。地理边界的消退使网络交往的开放程度更高，网络成为人与人之间全方位的、多层次的交往界面。一方面，基于网络信息的文本互动，各种文化交流都以数字化的形式整合在一个平台之上；另一方面，交往主体构型的变化使网际交往可以演绎出不同的跨文化交往情境，从而形成一种文化互动的深度模式。伴随网络文化交流的不断深入，主流意识形态的发展环境发生改变，进而可能产生新的文化效应。反思自身，改变发展策略是主流意识形态应对外部挑战的必然选择。

3. 丰富和发展新理念、新思想

主流意识形态不断前进的过程是与繁杂的意识形态体系、多元价值体系、多种文化因素发生碰撞、竞争、交融、整合的过程，这个过程成为保持主流意识形态说服力和感召力的关键所在。在网络时代，应在保留一些传统的意识形态口号（如“人民当家作主”“立党为公、执政为民”等）的同时，不断地创新意识形态理论，应当增添、充实民主、法治、公正、责任、发展等新理念、新思想。

（二）坚持马克思主义的指导地位，弘扬网络主旋律

社会主义核心价值体系是我们社会主义意识形态的本质所在，马克思主义是支撑整个体系的灵魂。马克思主义作为党的指导思想，在网络上应该对引领社会思潮有所担当。事实已经证明，互联网这块阵地，马克思主义不去占领，就会被其他不健康的、非马克思主义的甚至反马克思主义的意识形态所占领。我们必须充分认识到互联网对社会主义意识形态工作的机遇和挑战，从战略的高度重视网络思想文化阵地的建设，不断加强党对意识形态的领导，确保意识形态领域的领导权牢牢掌握在忠于马克思主义、忠于党和人民的人手里。

1. 着力推进网上马克思主义大众化

主流网站要推出与民共享的便民服务信息，满足群众现实所需，解决群众现实所求。在表彰社会主义先进事迹方面，要树立有爱国主义情怀、具备时代气息、靠近现实生活的范例。在网上进行马克思主义教育时，要从逻辑上能准确表述、内容上能吸引人、道理上能说服人着手，特别是针对青少年网民更要如此。通过党政机关的门户网站建设，打造出综合、立体、生动的意识形态宣传旗帜。在建设宣传网站时，贵在“精”，不在“多”，应强调以质量取胜而非以数量取胜。此外，要考虑网络能够带来的经济效益。网络凭借信息充分的优势，改变了信息不对称的旧格局，极大地减少了人们需要支出的成本。因此，利用好这一优势，在建设宣传马克思主义的网站时，适时地引入市场竞争机制，实现内部竞争从而优胜劣汰。一旦找到合适的盈利模式，就能摆脱受国家财政补贴的尴尬处境，在运作模式上就有了更多的选择权，最终实现以市场经济的力量推动马克思主义意识形态的网络建设。

2. 着力以一元化的指导思想引领网上多样化的社会思想

要唱响网上理论研究、宣传的主旋律，确保马克思主义在网络意识形态中的主导地位，就要积极利用网络推进马克思主义中国化、时代化、大众化活动，引导人们用马克思主义的立场、观点和方法认识问题、观察世界，努力探索用社会主义核心价值体系引领社会思潮的有效途径，主动做好网上意识形态工作，既尊重差异、包容多样，又有力抵制各种错误和腐朽思想的影响。要重点支持建设好国内一批重点知名理论网站，把党和国家的重点新闻网站建成宣传马克思主义理论和党的路线方针政策的主阵地。

3. 着力践行马克思主义的信念承诺

一切政治行为的起点和重点，都是与利益最紧密地联系在一起的。正如马克思所指出的："人们奋斗所争取的一切都同他们利益有关。"要想在网络阵地上削弱和消灭各种非马克思主义和反马克思主义思想，党和政府就必须在现实生活中兑现马克思主义的信念承诺，全心全意为人民服务，保障全体人民共享经济社会发展的成果。马克思主义所代表、所维护的是以工人、农民和知识分子为主体的广大人民群众的利益，如果党制定的政策不能切实有效地维护人民群众的根本利益，势必会影响到马克思主义的吸引力和战斗力。从这个意义上说，满足人民的利益诉求，切实维护公平正义，是马克思主义意识形态的核心内容之一，也是社会民众对于社会主义最直接的价值诉求。一方面，要把公平正义的价值理念纳入意识形态话语表达之中，找准理论表达与现实社会热点问题也就是民众切身关注的重大问题的结合点，避免大量使用抽象、宏观的宣传用语，做到弘扬社会主义意识形态主旋律与汲取草根话语并重，注重在威严大气的话语风格中加入平民元素，改变说教式的叙述方式。话语表达的宣传媒介运用新兴的网络载体平台，通过论坛、微博等快捷、隐性的方式传递，变意识形态的被动说教为自觉坚守，完善民众对意识形态的认同，促进意识形态功能的发挥。另一方面，要确保公有制经济健康发展并发挥主导作用，改善工人和农民阶级的经济状况，防止其沦为弱势群体，切实解决好民生问题，特别是广大工人、农民普遍关心的看病难、上学难、买房难、就业难等问题，缩小贫富差距、城乡差距，维护社会公平正义。

三、"互联网 +"与党的群众工作创新

党的十九大报告明确强调，要增强群众工作本领，创新群众工作体制和方式方法。群众工作是指，在接触群众时要做的工作或为宣传、组织、服务群众而做的工作。党的群众工作是宣传群众、组织群众、发挥群众积极性和创造性，以实现推动社会前进为目标的工作，是党的全部工作的基础。在网络环境下，党的群众工作面临着许多新情况、新问题，既有机遇又有挑战。总的来看，网络扩大了群众工作的覆盖面，促进了群众工作方式方法的转变，开辟了群众工作的新途径，提高了群众工作的时效性。在网络信息条件下，群众工作的任务不是轻了而是重了，领域不是窄了而是宽了，方法不是少了而是多了。

（一）强化党建工作者做好网上群众工作的责任意识

各级党员干部必须转变思想观念，顺应时代要求，重视网络、熟悉网络、运用网络，不断与时俱进，创新社会管理，通过互联网倾听群众呼声、解决群众困难，努力提高新形势下群众工作的水平，进一步密切党与群众的血肉联系。随着网民规模的逐渐扩大，网民结构与现实生活中的结构逐渐趋近，并呈现大众化的趋势。互联网“隐蔽、多元、互动”的特性使其成为广大网民意愿表达的主要平台。群众平时在现实生活中不敢说、不愿说、无法说的话，往往能原汁原味地反映在互联网上。这些信息大多数都能够帮助我们发现不足，改进工作。当然，也有一些不实信息会给工作带来较大的负面影响，加之网络信息传播速度快、覆盖面广，致使一些党员干部对网络存在抵制心理，甚至谈“网”色变。有些党员干部认为网络是民众宣泄不满、发泄牢骚的场所；有些党员干部认为与网民打交道只是宣传部门的事，与党委的中心工作关系不大；有些党员干部之所以应付网络，不是想工作有改进、作风有改善，而是看到其他地方领导这样做，便被动地跟上形势、做做样子。这些落后的思想意识导致部分党员干部特别是党建工作者既看不到网络新媒体为中国共产党快速动员群众搭建了新平台、为中国共产党正确实施舆论引导开辟了新途径、为中国共产党深入做好群众工作开辟了新阵地的客观现实和有利条件，又对网络给党的群众工作可能带来的挑战没有心理准备，当然更谈不上有效的应对举措。

（二）构建网络党群沟通机制，保证信息传播的通畅

沟通理论是研究公民政治参与的重要理论，要衡量一个社会政治参与水平就要看其政治主体（尤其是政府与公民）之间的沟通质量，即政治主体之间的信息传播是否真实、快捷、有效。党群沟通机制是指政党与群众在沟通过程中形成的主体、信息、渠道、载体、效果等要素构成的有机整体以及各要素之间相互依存、相互制约、相互作用的关系。党群沟通的本质是政党与群众通过基于公共性和相互理解的对话协商，达成对沟通事务的一种共识，以促进问题的解决。互联网以其传播速度快、范围广、信息量大、公共性强等特点成为越来越重要的沟通载体，导致了党群关系沟通机制的加速重塑。中国共产党应充分利用网络平台加强与群众之间的沟通，围绕党群沟通的行为主体、程序规则、渠道载体、方式方法以及效果评估等关键环节，积极创设有利于促进网络沟通发展的条件，完善网络沟通机制。

1. 构建有效的网络沟通机制，打造良好的党群沟通新秩序

推动科学决策、民主决策，使网络民意最终在现实的公共决策和政策执行过程中展现出来，必须使网络沟通更有效，而有效的网络沟通不应只是一种形式和平台，还应形成一个网络沟通的有效机制。构建网络沟通的有效沟通体系应包括五个机制：识别机制，通过科学判断与筛选，获得真实客观的信息和理性的民意；交流机制，使民意的表达从偶然性、随机性走向常规化、制度化；对接机制，将成功的经验赋予制度性的保障；反馈机制，对于网民关心和希望解决的问题给予实时信息发布；问责机制，网民对于在线沟通中未能解决的问题可以对领导干部进行问责，这是保证有效在线沟通的最重要的机制。

2. 拓展党群沟通渠道，建立网上党群联络平台

党组织可以按照管理、引导、建设一体化的思路，通过网络视频、网上党群活动室、个人博客和微博、网上党建论坛或设立网络举报信箱等方式来进行大规模的意见交流与思想沟通，加强党与群众的沟通，接受群众监督，了解民情，从而实现党的群众工作方法从自上而下的单向推动到自上而下与自下而上的双向互动，群众从被动参与到主动表达和参与，从单一、简单、平面到多样、复杂、立体展开，从重点推进到全面覆盖的根本转变，真正体现党的群众工作的现代性。通过政党网站在网页上及时、准确、权威地公布党的相关方针政策，及时回应网民提出的问题和意见，适时组织党的领导人同群众进行网络对话，以网络问政拉近党的领导人同群众之间的沟通距离。党员干部尤其是党建工作者，要经常深入网络社区，走近网民，利用在线交流、实名上网、个人博客等网民容易接受的形式，运用网民所喜闻乐见的语言与党员群众进行平等的交流、真诚的沟通，拉近党员干部与群众之间的距离，了解网民的心声，增进网民的理解与信任，巩固和扩大群众基础。

（三）搭建网上党群互动机制，拓展交流空间

网络党建的网络互动机制是指党员之间以及与基层党组织之间通过基层党组织网站中的互动栏目实现信息交流、情感沟通、政治参与和组织管理的成熟稳定的运行过程与方式。运用网络互动形式加强党的建设的工作包含着丰富的内容，是一个系统工程。基层党组织运用网络互动形式加强自身建设还是一个新生事物，互动机制的建立与运行也需要一个逐渐培育的过程。要让网络互动机制真正建立运转起来，并取得良好的互动效果，从而为新形势下网上群众工作的深入开展提供一种新的有效的方式。

1. 建立互动栏目，并保证其处于开通状态

互动栏目是实现下情上达和互动交流的重要平台，互动栏目的建立与开通是互动机制建立的必要条件。互动栏目办得好，就可以汇聚人气、累积共识、扩大影响。我们应在这方面狠下功夫，要立足于本地，面向全国乃至全球，从栏目设计、议题设置等方面努力，采取切实有效的措施，精心打造影响力强、知名度高的网络互动栏目。例如，人民网的强国论坛、新华网的发展论坛、大河网的大河论坛，还有不少网站的高端访谈、网络直播，都是互动性很好的品牌栏目，深受广大党员群众的喜爱。从许多地方基层党建的现状来看，制约其发展的一个重要瓶颈就是普通党员找不到一个能够方便、快捷地行使自己权利的途径，而互动平台的出现恰恰提供了一个新渠道。我们在调查中发现，有些网站页面上显示有“相关互动”平台但当点击时却打不开。所以，相关部门不但要建立一个互动栏目，还要有相关页面的链接设置，并保证其能够开通使用。

2. 科学设置互动程序，保证互动善始善终

据有关调查发现，基层党组织的网络互动栏目在实际操作中存在一定的问题，缺乏一套完善的切实可行的运行程序，具体应包含以下环节。第一，参与环节，参与环节主要对谁能参与和怎样参与做出一定的规范，既要做到鼓励党员积极参与，又要防止一些不文明的上网行为。在本环节中，一是通过建立完善的党员管理体系使基层党员配有自选的用户名和密码，二是互动栏目的左侧要列有相关法律法规以起到警示作用。第二，受理环节。受理环节是相关基层党组织对党员在互动栏目中提出的各种问题进行受理。本环节主要从谁来受理、受理流程和受理时间方面做出规范。具体来说，一是每一个基层党组织应有专人来负责网络互动平台的日常管理和维护，二是要将党员的问题根据反映的数量和重要性分为蓝、黄、橙、红四个等级，然后根据反映问题的性质提交相关部门进行处理，三是受理人对党员提出的问题从受理到分类整理再到提交相关部门处理都必须在规定的时间内完成。第三，反馈环节。反馈环节是处理单位将处理意见反馈给受理人，受理人再将意见反馈给参与人。

3. 建立网络互动能力评估体系，为互动机制提供制度保障

要把网络互动栏目的建立及运行效果作为考核各级基层党组织领导人员的重要标准。建立网络互动能力评估体系，推动网络互动回应能力建设，形成信息传递的运行回路。各级党组织的行为方向是受到绩效评估内容的指引的，因此对网络互动能力的评估工作将会有效引导基层党组织的行为。对互动栏目建设的完整性、有效性、创造性，建立运行情况，沟通方式，回应队伍建设情况，

回应速度，回应效果以及社会评议的情况，回应的效能评估的情况，党员群众参与热度等进行测评，推动网络互动工作的深化。只有这样，才能切实提高各级基层党组织领导人员对该问题的重视程度，最终有利于推动网络互动机制的建立与运行。

第三节 “互联网+”时代基层党组织建设环境的新变化

一、“互联网+基层党建”的内涵和新模式

“互联网+基层党建”是互联网广泛应用的时代产物。不断探索基层党建与“互联网+”融合的新方向，既是“互联网+党建”在党的基层组织中的实践、拓展与延伸，更是“互联网+”时代进一步夯实党的执政基础的必然要求。

（一）“互联网+基层党建”的内涵

1.“互联网+基层党建”的含义

“互联网+基层党建”是运用以互联网技术为代表的新一代信息技术与传统党建在党员组织管理、舆论宣传工作、党员教育、监督工作以及服务群众等领域进行深度融合的新模式。运用互联网创新党组织设置形式和组织活动方式，拓展服务载体，变革党员教育管理和服务模式，打破地域、时空界限和党组织间的壁垒，有效整合党的组织资源，推动党建工作向深度和广度发展，不断开创党建工作新局面。

2.“互联网+基层党建”的特征

“互联网+基层党建”的特征是与互联网的特征紧密相关的。互联网具有共享性、开放性、虚拟性、即时性、交互性等特征，同时赋予基层党建工作资源共享性、内容多样性、监督即时性等特点。

（1）资源共享性

互联网生来就是一个全球媒体和无形的壁垒，跨越了地域、时间、世界变成一个信息交流系统的整体。党建微博等网络平台的建立与发展，使党的路线方针政策能够更加迅速地传播开来。广大党员能够在任何时间、任何地点更加自主、高效地完成学习教育任务。信息的公开性与资源的共享性更加充分地保证了党员的知情权、参与权与监督权。不过，党建资源的共享性需要坚守适度

的原则，关于组织工作的涉密信息、党员的重要个人信息等需要更加规范的网络信息系统加以保护。同时，信息资源的共享也为基层党组织的管理带来了一定的难度。

（2）内容多样性

基层党建信息具有海量性和多样性。一方面，相比于报纸、杂志、电视等传统媒体受版面大小、播放时长等的限制，网络新媒体具有几乎无限的存储空间，能够提供丰富多彩的网络信息。互联网缓解了信息不对称的问题，大量的党建信息可以来自党政部门、党员干部，可以来自各类党建网站、微博、微信等官方网络党建平台，也可以来自覆盖范围更广的大众公共网络平台，这就为基层党员群众获取信息提供了更加多样化的途径。另一方面，基层党建信息的多样性还表现在信息传播的多样性，通过互联网能够呈现出文字、图片、声音、视频等多种形式，极大增强了党建工作的吸引力。

（3）监督即时性

互联网具有实时性、自由性，一个地方发生的事件，几秒钟之内就能够图文并茂地传递到全国甚至全世界。运用网络信息技术实现基层党建监督的即时性主要表现为以下两点。一是网络舆论监督的实时性。互联网庞大的网民群体就是最管用的“千里眼”，基层党员的工作、生活、学习等全天候、无死角地暴露在网民的视野下，网络监督已经成为广大群众参与反腐、监督党员、监督党建工作者的重要手段。二是党建工作实时量化考核。运用云计算、大数据技术建立起完善的党员管理信息系统、党建工作者考核系统等，将基层党建工作以数据形式量化出来，实现对工作过程与效果的实时监督与考核。

（二）“互联网+基层党建”的新模式

1. 以“互联网+”创新党建工作新方式

①完善党员干部信息数据库。信息技术的迅猛发展、云计算等信息技术的广泛应用推动人类社会进入大数据时代。“互联网+”时代的组织工作要充分发挥大数据的价值，重视基层党组织数据库建设，尤其是基层党组织书记、大学生村官队伍，以及基层党务工作者信息的收集与掌握。要充分利用云计算、大数据技术对相关数据进行处理，构建起科学完整的党的基层组织党员干部信息数据库，为提高基层党组织的组织管理水平，进一步加强基层党员干部队伍建设提供科学的依据。

②构建党建工作云平台。以云计算为技术支撑构建党建信息系统，搭建党建工作云平台，为各级党组织和广大党员搭建工作、学习的互动交流平台。比如，设立“书记信箱”，建立党员与党委书记交流的直通车，党员有渠道表达自己的利益诉求，党委书记有窗口了解普通党员的所思所想，真正解决与广大党员切身利益密切相关的现实问题。

③强化党员教育管理。社会主义市场经济发展迅速，新型工业化、信息化、城镇化同步推进，党员流动更加频繁，尤其是越来越多的农村党员走进城市，导致党组织联系不到党员、党员找不到党组织。互联网技术的发展尤其是近年来移动互联网的普及，为流动党员管理搭建了新平台。“互联网＋计算机＋手机终端”的新模式打破了时间与空间的限制，借助微信群、QQ 群等网络载体，以地域、职业等为标准，按照同一地域、同一行业等标准，将流动党员联系起来，真正解决党组织联系服务党员“最后一公里”问题。同时以地域、行业、商铺、楼宇等为单位建立起网络党组织，通过网络党组织为流动党员办理党组织关系转接，通过网上银行缴纳党费等，真正实现通过网络平台加强党员教育管理。

2. 以“互联网＋”强化舆论宣传新思维

基层党组织是党的舆论宣传工作得以发挥作用的关键环节，在新的时代背景下，基层党组织的舆论宣传工作应该与时俱进，以互联网平台为切入点，创新工作形式，强化舆论宣传的互联网思维，运用互联网切实增强思想政治工作的实际效果。

①建设党建宣传网络新平台。建设专门的党建宣传平台，立足于党的路线、方针、政策，探索党建舆论宣传工作与满足党员群众需求的结合点，挖掘网络平台新功能，做好网络平台的升级创新，以适应广大网民的兴趣与需求，将其建设成为集网上办公、知识学习、活动展示功能为一体的网络宣传与学习的平台。

②培养网络党建舆论宣传队伍。培养起专业技术过硬、政治立场坚定的党建宣传信息员队伍是落实党建舆论工作的关键。加强教育培训工作，提高宣传队伍适应网络要求的写作技能以及多媒体的应用能力，在保证信息质量的前提下，重视作品的趣味性与创意性，以适应新时代网民的需求。要重视培养宣传队伍的政治性，提高大局意识与纪律意识，把好信息传播与交流关口，保证信息的真实性、正面性，避免不良影响出现。

③正确引导网络舆论方向。网络媒体即时性、开放性、互动性的特点有助于基层党组织把握舆论方向的主导权。及时发布党中央最新方针政策与各级党

委的最新动态，定期进行党务、政务公开，与广大党员群众形成线上与线下互动交流的良好状态，对于各种突发事件更要把握舆论方向的主导权，将新闻事件、相关信息在互联网上及时、公开、透明地传播，达到引导大众舆论正确方向的目的。

3. 以“互联网 +”开启党员教育新方向

①拓展“移动互联网”党员教育培训平台。4G 智能的普及与 5G 时代的到来促使智能移动应用获得高速发展。党员教育培训应与时俱进，将“移动互联网”作为开展党员教育培训新舞台，充分利用微博、微信、QQ、党员手机报、手机 APP 等网络工具，打破时空限制，破解基层流动党员组织教育难的问题，逐步实现基层党员教育培训“全覆盖”。

②创新党员教育培训模式。传统的单向“灌输式”教育方式已经不能满足党员尤其是年轻党员的学习需要。运用云计算、大数据技术，开发基层党组织党员干部在线学习平台，满足党员经常性、个性化的学习需要。适应移动互联网时代党员接触信息与学习时间碎片化的需求，定时制作一些微课程与微视频，推送到在线学习平台或各类移动互联网平台上，充分调动党员的积极性，实现党员互动与分享，提高其学习效率，保证其学习效果。

③传递党员教育“正能量”。网络舆论纷繁复杂，给党员教育带来新的挑战。党组织必须重视舆论引导作用，对网络热点问题与突发事件进行及时引导，对党中央的路线方针政策进行及时、准确、全方位的解读，引导社会情绪、党员思想向着积极健康的方向发展，传递党员教育“正能量”。

二、“互联网 + 基层党建”发展现状

从中央到地方，各级党组织在党建信息化的建设、应用与管理等方面已经进行了有益的探索，也取得了显著的成效，无论在党建网站建设还是在微信、微博、党建 APP 等方面的探索都获得了有益的经验，为未来的“互联网 + 党建”工作的更好开展打下了坚实的基础。

（一）党建网站发展现状

伴随互联网技术发展起来的党建信息化的步伐在不断加快，尤其以党建网站为平台的信息化建设逐渐完善。我们以“全国党建网站联盟”体系为主要数据来源，借助百度、360 搜索等搜索引擎，对全国 31 个省（自治区、直辖市）的政府党建信息化平台进行研究。

1. 党建网站分布现状

以各级组织部门中的党建网站为例，全国 31 个省（自治区、直辖市）的党建网站总数为 2182 个，约占全国三级行政单位总数的 68%（约 68% 的行政单位建有专门的党建网站）。东部地区建有 572 个党建网站，约占全国党建网站总数的 26%；中部地区建有 764 个党建网站，占总数的 35%；在西部地区 846 个党建网站已经建成，占总数的 39%。西部地区在省级、地级市、区县级市三个层级范围内的党建网站数量位列全国第一。

从全国政府组织建设情况来看，东部地区中有 57% 的政府组织（包括省级、地区级、区县级）建立了专门政府党建网站；中部地区 74% 的政府组织建立了党建网站；西部地区 73% 的政府组织建立了专门的党建网站，东部地区的政府组织党建网站建设率最低。

从党建网站的级别来看，东、中、西部地区的省级政府均建有专门的党建网站，建设率为 100%，地区级政府党建网站的建设率也均在 90% 以上。因此，中、东、西部地区党建网站数量及比例的差距集中体现在区县一级。比如，东部地区的辽宁省区县级政府党建网站数量仅为 23 个，约占全省区县级政府总数的 21%，部分县级市，如锦州、阜新、盘锦等区县暂未入驻党建网站联盟，而河北、山东、广州等地的区县级政府党建网站所占比例也较低，分别为 28%、43%、37%。政府党建网站建设比例较高的中部地区，其大部分省份的区县级政府党建网站建设率较高，如安徽省的区县级党建网站建设率为 100%，湖南省区县级政府党建网站建设率约为 82%；西部地区虽然部分省份经济发展水平不高，但是，区县级政府党建网站建设率较高，如甘肃省为 70%，云南省为 100%。

从更新频率上来看，当前党建网站主要分为四类：正常运行网站（网站内各个模块内容更新都较为及时）、宣传型网站（仅限于舆论宣传、党务新闻模块的更新）、动态型网站（内容更新间隔在 3 个月以上，以中央政策或重大事件作为更新依据）、僵尸型网站（停止更新网站内容在 1 年以上或者网站只有框架无具体内容）。根据不完全统计，全国约有 8% 的政府党建网站属于动态型网站，部分网站尤其是区县级党建网站内容更新间隔时间长，且不重视本地基层动态的宣传与管理；约有 3.7% 的政府党建网站属于僵尸型网站，更新周期在 1 年以上，或者虽然建立了党建网站却几乎无内容更新；有约 4% 的党建网站属于宣传型党建网站，其只重视网站头条的更新，党员教育、干部任免、部门职能、基层党建等模块几乎不更新，信息发布方向的针对性强，缺乏全面性。

2. 党建网站的功能建设现状

通过对全国政府党建网站的分析与调查，以网站的信息时效性、内容丰富性、形式创新性为标准，我们选取57家政府党建网站进行具体调查分析。这57家党建网站具有一定的代表性。其中66.7%（38个）来自经济发展水平较高的东部地区，中部地区的党建网站占17.5%（10个），西部地区党建网站占有率为15.8%（9个）。

目前，在党建网站内容构成方面，33%的党建网站功能普遍局限在舆论宣传、党建专题、信息公开等领域，如全国优秀党建网站安徽先锋网，其舆论宣传功能发挥较好，信息时效性强，中央精神与党建动态、党建专题等信息更新及时，会议活动、工作文件、学习资料、干部任命等党务公开方面也较为完善，其他功能如党务管理、志愿服务等略显不足。

即使是以57家较为优秀的政府党建网站为数据蓝本，仍不可否认多数党建网站尤其是区县级网站都难逃内容单调、形式单一、功能不健全，没有充分发挥互联网的巨大潜力。

在本次抽样分析中，教育型党建网站有12%，该类型网站以远程教育为主要平台，党员教育网络建设从内容到形式都较为全面。比如，齐鲁先锋网的“一网四平台”——齐鲁先锋网、党员教育平台、干部学习平台、党史陈列馆学习平台、党性教育平台。根据山东省委省政府的部署和中央组织部的要求，制定和实施全省党员干部现代远程教育工作规划；做好全国远程教育节目的接收、播出；负责全省远程教育节目的制作播出；搞好网络建设，保证传输正常运行；负责全省党员干部现代远程教育管理工作等功能。

党务管理型党建网站在本次抽样分析中有14%，此类网站以党务管理为主要内容。比如，广东清远党建网的党群服务厅中包括干部品行评价、五级“述评考”、找党组织、党费缴纳、转组织关系等党员管理内容；广西南宁绿城党旗红党建信息平台的党员服务板块，包括网上党组织、网上（手机）缴纳党费、流动党员登记、网上发展党员、网上转接组织关系等内容。

3. 省级机关党建网站建设现状

本次抽样分析还包括对省级机关党建网站的收集，全国省级机关中98%建有机关党建网站；按照网站内容更新及更新程度进行划分，在北京、江苏、浙江等互联网党建工作发展较好的地区，党建网站的建设也取得了显著成效，网站内容全面，包含政策宣传、党员管理等内容，并且相关信息更新频率高，活跃度高，具有较高的社会认可度。

通过上述相关调查分析，所有的省级机关党建网站都拥有舆论宣传与党务公开两个功能，且得到了更好的发挥；党员教育也是党建网站主要的功能，远程教育、网络培训、网上党校是党建网站发挥党员教育功能的主要平台；书记信箱、网上留言等平台的建设，为普通党员群众行使参与权、建议权等创造了更加自由、有效、及时的空间；网上服务、党务管理两大功能的建设依旧处于初步发展阶段，仍有很大的发展空间。

总而言之，党建网站的建设是一个不断发展与完善的过程。如今，以中央级党建网站为基础，以省、市、县三级网站为依托的党建网站群已经逐步建立并日益完善。党建网站着力宣传党中央的一系列方针政策，为创新型、服务型、学习型党组织的建设提供了有效依托，为“三严三实”专题教育等学习教育的广泛开展创新了形式与平台。

（二）移动互联网党建发展现状

从计算机端到手机客户端，从固定性到移动性，从整体化到碎片化，移动互联网时代的网民的行为习惯、思维方式在不断发生变化。伴随着智能手机的普及以及移动互联网的发展，微博、微信、手机应用程序（APP）已经逐渐渗透到党建工作的方方面面。

1. 党建微信发展现状

人民网舆情检测室发布的《2016 上半年政务微信 500 强报告》，评估了政务微信公众号的影响力。分析该报告中的数据可以看出，党建微信影响力状况不尽如人意：500 强微信中党建微信只占 3%；上半年发文量超过 1000 的 46 个账号中，71.7% 的账号属于宣传类，而只有 2.2% 属于党建类；头条阅读量前 100 的账号中，党建类文章只占 1%。这表明在当前微信平台蓬勃发展的移动互联网时代，党建微信依旧具有很大的发展空间，是“互联网 +”时代的基层党建工作在相当长时期内的重要网络平台。

本次数据分析选择“清博指数”微信总榜中 2016 年 10 月 1 日至 31 日党建微信月榜排名的前 100 名作为研究对象，以由原始数据通过计算公式推导出来的标量数值（WCI 指数）为排名依据，旨在以“清博指数”中关于党建微信的总阅读数、点赞数等相关数据为支撑，获得关于“互联网 +”时代党建类微信的发展现状的相关依据。

党建微信月排行榜 100 强中，东南沿海省市级党建公众号上榜数量较多，北京市、浙江省分列第一、二名，而江西省紧随其后，且“江西党建微平台”与“江西组工微讯”分列第五、六位。通过与党建网站建设状况对比可知，党建微信建设数量与活跃度与党建网站建设情况基本成正比。

从级别上来看，中央、省、地级市、区县、乡镇微信账号均有上榜，但是数量差别不小，以省级、地级市为主。党建微信相比党建网站属于互联网与党建工作融合的新阶段，需要更加专业的人才队伍支持、更加健全的基础设施与网络技术保障，因此在区县级及乡镇级基层党组织中还有很大的发展空间。

从上榜的党建微信账号的认证账号信息类别来看，各级党委组织部门是绝对的党建微信建设主力军。各级党委党员教育中心的党建微信发展势头很足：有16%党建微信公众号入围榜单，而且在前十名中就有4个微信账号的认证信息为各级党委组织部门的党员教育中心。认证主体为杂志社的账号也值得重视，虽然数量不多，但是质量很高。

2. 党建微博发展现状

2017年5月，新浪微博发布2017年第一季度财报，截至3月31日，微博月活跃用户达3.4亿，其中91%为移动端用户。微博同微信一道成为互联网时代党务新媒体的重要平台。相比微信偏重于熟人关系链上的沟通与分享，微博是用户获取与分享信息的平台，呈现出明显的媒体、兴趣社区的属性。据中国互联网络信息中心发布的《2015年中国社交应用用户行为研究报告》显示，微博在“及时了解新闻热点”“发表对新闻热点事件的评论”“关注感兴趣的内容”“获取或分享生活/工作中有用的知识”等方面都是用户首选的平台。党的各级党组织、党务工作者、广大党员为了更加有效地开展党建工作，实现进一步密切联系群众、践行党的宗旨的目标，纷纷尝试开设实名认证微博，这些微博被称为党建微博。随着微博的影响力不断提升，党建微博建设初具规模。党的十八大以来，众多党代表都通过微博与群众交流，表达心声。党建微博的强势发展为基层党建工作不断创造新的发展机遇。

随着微博影响力的不断提升，党建微博建设已初具规模。截至2016年9月12日，新浪微博共有2212个与党建工作相关的微博，其中437个获得机构认证，即俗称的“大V”。上述党建微博共发布13.9万条党建消息，关注者超过1712万，已初步形成党建微博的规模效应。微博以其即时便捷、传播迅速、互动性强的优势自产生以来逐渐成为党建工作的新阵地，在传播党建思想、收集民意、接受监督等方面发挥重要作用。“微栏目”可以随时以微博短文的形式开展党建信息交流、宣传国家政策法规、实现实时在线互动收集民意，公布基层党建工作的新动态与新思路，积极报道基层党组织和优秀党员事迹，实现党建舆论宣传引导；“微直播”可以以文字、图片、视频等多种形式，通过手机、笔记本电脑或者平板电脑等各种移动终端实现现场直播，同时又可以链接到相关的博客、论坛、网站或与传统电视台形成多媒体交互。相比党建网站，党建微博在风格上更加贴近生活，既保持生动活泼的互动特色，又不乏严肃谨慎的官方定位，真正贴近群众生活，了解群众需求，接受群众监督，推动党建工作逐渐走向“网络问政”。

3. 党建 APP 发展状况

虽然党建 APP 发展起步较晚，但是近年来日渐增多，不管是地方党务、教育党务，还是企业党务，个性化开发的需求越来越多。2013 年 9 月，由上海理工大学管理学院 2012 级本科生第一党支部所创立的党建 APP“沪江党建云”正式问世，逐渐形成了“技术维护 + 内容输出 + 应用推广”的运作模式。2014 年 4 月，由中国共产党新闻网自主研发的全国党建云平台正式开通，同时基于移动互联网的安徽安庆移动党建平台同期试点上线。2014 年以来，党建平台如同雨后春笋般不断涌现，苏高新（苏州高新区）党建平台、贵州党建云平台、瓯海智能党建平台、深圳南山区南山先锋平台、北京石景山区“一呼百应”平台、惠州市惠州先锋平台等相继建立并且不断发展完善。中国软件与技术服务股份有限公司开发的“党信”投入使用，取得了明显效果。

相比党建网站的发展状况，微博、微信、APP 等移动新媒体在推动党建工作方面依旧存在不足。微博、微信平台更加侧重综合服务，与党务工作、党员管理、党内组织生活的密切程度不够。这是未来党建类微博、微信平台的发展方向。

综上所述，互联网时代充分运用党建网站、微信、微博、APP 等发展基层党建是顺应时代发展的必然要求。互联网与基层党建工作相融合是一个不断探索的过程，需要基层党组织在工作中根据自身实际情况不断探索，真正为党的基层组织建设实现创新模式、强化舆论宣传、开启党员教育新方式、打造网络监督新平台、开创服务群众新局面。

第四节 “互联网+”时代高校基层党建工作

一、“互联网+”时代高校基层党建工作存在的问题

我国一些高校积极利用网络优势，开展高校基层党建工作，如利用地区特色开展的红色教育网站与大学生红色论坛等。由此可以看出我国高校党务工作者对于网络科技给予的重视，也可以看出网络对高校基层党建工作的影响。但与此同时，我们也清楚地看到，高校党建工作仍然存在一些问题。根据网络背景下高校基层党建工作的实际情况可以看出，当前工作中存在的问题主要包括以下几个方面。

在高校中，一些党组织不了解网络时代的快速发展，没有将高校基层党建工作和网络进行有效结合。这些党组织的工作态度、工作喜好仍偏向于传统的单调灌输与命令下达，不愿借助网络技术来开展高校基层党建工作，在自身方面也没有接受先进技术的思想准备。一些党员缺少对网络的客观了解与考察，便直接看到网络技术消极的一面，仅仅将网络平台上的高校基层党建工作看成传统党建工作模式的阻碍，不能清楚地认识到网络是目前社会发展的高科技产物，是最先进的生产力的直观体现。一些高校党务工作者在应对工作科技化、现代化的过程中处于劣势，在接受信息化的过程中略显被动，不能积极全面地运用网络技术和信息技术来解决高校基层党建工作存在的实际问题，或者没有足够敏锐的洞察力和快速的行为来迎合时代的特点，无法真正跟上时代发展的步伐。与此同时，处于教育一线的党员往往没有时间和精力去探索这个领域的理论研究，甚至没有余力去浏览和学习高校基层党建工作的相关理论。这导致大多党建工作缺少直接的理论指导，使党务工作者往往“摸着石头过河”，只能在实践中自行总结经验教训。这些显露出来的弊端会在一定程度上制约高校基层党建工作质量的提升。

高校基层党建工作是教育工作的重要组成部分。教育行为的内容取决于教育主体。众所周知，目前高校中的大学生党员队伍基本都是智商与情商较高、兴趣广泛、对社会关注度较高的青年群体，他们愿意接受大量的社会信息。如果党建工作的内容不能够调动大学生党员的兴趣与关注度，不能够以一定的工作形式表现出来，那么可想而知，这样的党建工作效果一定不会很好。目前，许多党建工作的内容仍然处于学习党的基本理论知识和文献的阶段，不能对大

学生产生足够的吸引力。同时，一些高校确实利用了网络开展高校基层党建工作，但没有外部结构。一些网络党建工作的内容不实，不能保证其真实性和权威性。在网络层面，大学生党员的思想政治教育缺乏有效互动，效果不强。为了实现党建工作的有效性，许多专业人员已经开始探索网络党建的外部影响，但他们无法保证党建内部运作的有效性。这种网络高校基层党建工作不能充分服务于高校基层党建，多数还在继续沿袭传统的工作道路。

社会经济和科学技术的迅速发展使高校基层党建工作方法始终面临新的挑战。在其他学科都已经在网络这个高速公路上飞驰，开展譬如远程课堂之类的教育活动时，大学生党员的教育模式仍停留在原有的集体报告会、讲座和书面学习上，效果不明显且不受教育客体关注。尽管一些高校已经利用一些新方式与新方法来促进高校基层党建工作的开展，但从整体来看还是缺乏连续性与整体性。教师党员与大学生党员之间沟通不够，教育行为和教育效果不能很好地产生共鸣。一些大学生党员和普通学生的学习效率较低，接受新知识和新思想的过程缓慢，很难完成对于新事物的个人想法的更新。大多数党员认为，目前高校党建工作形式较为单调，迫切需要改进。网络层面的高校基层党建工作在过去收效甚微，需要进一步做好完善工作。一些党员习惯于传统的工作模式，导致网络中的大量资源无法被充分利用。再加上工作方法的局限，高校基层党建工作在网络环境中的作用不能得到充分发挥。

中国共产党自成立以来，在多年的进步与实践中，一直没有离开核心思想理论的研究。在历史长河中，中国共产党一直秉承用理论指导实践，用实践验证理论的传统。近年来，各高校在开展高校基层党建工作方面形成了一系列宝贵的理论经验。当飞速发展的网络技术一次次冲击传统的高校基层党建工作时，证明我们的工作还没有取得想要的效果，没有达到预期的成绩，这就对更加深入透彻的理论研究提出了需求。同时，网络时代高校基层党建工作的相关制度建设滞后，由于高校党员对网络党建工作理论研究不全面，对工作规律没有清醒的认识与把握，并缺少工作经验，也就更无法对工作中凸显的问题在理论层面做出科学分析。缺乏理论研究将使网络时代高校基层党建工作无法适应青年学生党员日益增长的文化需求和精神需求。我们必须大力倡导研究网络时代高校基层党建工作的理论基础，确保网络时代高校基层党建工作的全面实施。

二、“互联网 +”时代高校基层党建工作的新要求

我们要清醒地认识到，伴随着社会经济发展而来的是社会意识和价值观念趋向多样化，它会影响我们对社会主义的本质和前途的认识。这种严峻形势迫切要求我们加强思想建设，建立思想政治防线，始终牢记党建工作的目标和任务；引导学生继承和发扬中华民族的优良传统和精神，吸收人类文明的优秀元素，抵制腐朽落后的思想文化，提高政治敏锐性和政治洞察力，尽快成长，抵御各种风险和考验；为国家培养高素质的党员队伍。

互联网作为一种新的信息媒体工具，已日益成为当代大学生获取知识和各种信息的重要渠道。面对新形势和新任务，高校党建工作要努力创新，紧跟时代步伐，使马克思主义占据主导地位。网络的发展与普及实现了社会生产的智能化以及人的社会活动的虚拟化，促进了人类文化的发展。它冲破了地域的限制，促进了民众对外来文化的了解，同时也促进了新文化的诞生。正确认识这一问题，适应新时代党建工作的特征，是网络时代高校基层党建工作创新的新要求。

高校辅导员的工作直接关系到大学生思想建设情况，他们是学生成长最直接的影响因素。在今天的高校基层党建工作中，必须要求辅导员有较强的学习能力与适应能力，并具备创新意识与创新能力；在熟悉自己所在学院各专业特点的基础上，不断钻研新方法，接受新知识；能够结合自己所在学院的实际情况，全面拓展自己的工作，加强思想学习，提高实践水平。

第五节 “互联网 +”时代高校基层党建实例

一、高校基层党建云平台的网络模式——以易班网为例

党的十八大以来，习近平高度重视青年思想政治教育和高校党建工作，明确指出要加强创新体制机制，改进工作方法，提高党的基层组织做好思想政治工作的能力。因此，为进一步提高党的科学建设水平，发挥高校党组织战斗堡垒的作用，一些高校以互联网平台为载体，以云计算、大数据等技术为核心，搭建了高校基层党建云平台，宣传党建知识，推进高校党建工作落实。这不仅是在新的历史条件下对基层党组织的新探索，也是新时期占领网络思想政治教育新阵地的重要举措。

易班网是国家教育体系的知名文化品牌。该网站集成了主流的Web2.0应用程序（如论坛、社交网络、博客和微博），为高校教师和学生提供了教育教学、生活和文化娱乐的一站式服务，并支持网页、移动客户端和其他形式的访问渠道。近年来，易班网凭借在线定制校园活动、班级管理、社区交流、教学资源共享等特色功能，成了高校解决日常事务和开展校园活动的有效工具。基层党组织要充分发挥易班网的新媒体优势和学生的作用，搭建高校基层党建云平台，开展校园党建活动，加强高校思想政治教育，从而有效解决传统党组织在大学生党员培育中遇到的问题。

一方面，互联网的发展为高校党建工作提供了新的思路，增强了基层党组织的吸引力和凝聚力。高校基层党建云平台从工作手段、培养方式、教育机制以及活动载体等多方面入手，以学生更加喜闻乐见的方式推进基层党组织工作创新。同时，结合高校党组织的建设实际和当代大学生的特点，在平台内开展党建宣传、党务管理、在线学习等服务，从而补充和延伸传统的高校基层党建工作，更好地扩大传统党校的覆盖面，满足更多学生的学习需求。另一方面，网络主客体的互动性使大学生更好地承担建设社会主义，实现中华民族伟大复兴的历史使命。通过高校基层党建云平台开展的网上党建工作注重交流与互动的实时性，改变了实体党建教育的学习方式，进一步增强了学生的主体意识，充分发挥了学生的学习积极性和主动性，使师生团结在一起，增强了校园红色文化氛围，提高了学生党员的素质和培养效果。另外，由于高校培养大学生党员需要较长的培训期，党组织难以在大学生实习期间对流动党员进行集中培训和定期对话，这导致一些大学生党员与党组织之间的联系逐渐减少，党建工作难以实施。高校基层党建云平台利用网络技术对党建工作进行动态管理、线上与线下联动教育，为流动党员提供了一个可随时参与、随时培训的移动平台。该平台通过构建数据中心，对大学生党员的学习情况进行跟踪记录和在线分析，并提供个性化的培养方案和考察机制。无论是党的阶级理论研究还是党员组织，高校基层党建云平台都能突破对传统党员建设管理的局限，实现移动党员及其附属分支机构之间的实时互动和同步学习。

高校基层党建云平台中网络党建模式的作用包括以下几个方面：

第一，创新党员教育的内容和形式，推动新时期学习型基层党组织建设。

①在网上党校开展党性教育、马克思主义理论教育、党的十九大精神学习等不同专题的课程培训，便于学生根据自身情况进行学习。同时，在后台开辟“每日登录”“政治讨论”“网上问答”等评论区域，确保党员学习的质量。另外，采取投稿专栏、微电影、网上公益等形式，开展内容丰富的红色文化活动，让

生动、鲜活的党史文化真正深入人心，为大多数大学生党员和党派积极分子建立一个在线精神家园。网上党员培训平台的建立，扩大了党员教育内容的学习渠道，大大提高了大学生党员的学习效率。

②建立完善的网上党校培养流程和结业机制。学习内容可分为选修课和必修课两类，评价标准各不相同。其中，党章等必修课的考试，必须以在线答疑获得学分的形式严格进行；对于选修课的内容，则可利用高校基层党建云平台的大数据技术，采取多重量化指标对党员进行灵活考核。结合党员递交的读书报告、培训心得、思想汇报以及自身违纪情况、获奖荣誉、社会服务等数据，多角度评估党员的学习效果。这种综合评估方法突破了传统的党校单一标准评估的模式，有利于提高大学生党员的整体素质和党性修养。

③开展智力测验和趣味竞赛活动，激发大学生党员的学习兴趣。在在线党校的开设过程中，党组织可以根据内容选择合适的材料和主题，并组织学生在平台上进行在线知识抢答或辩论。认可并奖励优秀学生学分，进一步提高学生的学习兴趣，增强学习氛围，引导大学生党员积极参与建设中国特色社会主义事业。

④在网上党校培训过程中进行“积极价值”评估，不断凝聚推动高校党建发展的强大动力。党组织可以通过学生的评论数量、参与程度和互动频率，以及他们在其他平台上发送的照片或视频，定量评估在线党校每个学生的积极价值，大力营造一种重视学习、倡导学习、坚持学习的氛围，带动更多党员参与互动和理论学习。

第二，构建多位一体的育人模式，开创全员育人的党建宣传局面。

①高校各级领导应积极主动发挥领导班子的主导作用。在高校基层党建云平台上，一般由党总支部领导、党支部书记、辅导员和学生组成在线党组织。网上党支部除了负责高校基层党建云平台的日常维护、资讯发布、活动组织、专题调研等工作事务外，还应定期在线与学生进行互动，倾听大学生党员的声音，推动高校各项党建工作的落实。

②邀请不同专业的优秀教师进驻易班网党建云平台，发挥网上党校教师的指导作用。优秀教师渊博的知识和丰富的阅历能够在学业和人生发展道路上给予学生有效的指导和建议，使他们可以发展得更好。因此，邀请优秀的专业教师在易班网的党建云平台上开展党的理论宣传教育活动，引导大学生党员树立正确的世界观和价值观。这在培养中国特色社会主义事业建设者和接班人方面发挥着重要作用。

③表彰优秀党员的先进事迹，发挥榜样作用。为了发挥优秀党员的先锋模

范作用，党组织应该深入开展活动，在易班网的党建云平台上设置“派对之星”栏目。通过这种方式，学生不仅可以欣赏党员的良好精神风貌，还可以认识到自己与优秀党员之间的差距，从而取长补短，争取进步。

第三，推行网络智能管理，打造基层党建现代化服务体系。

①用户凭身份信息登录平台后，系统会根据用户组织层级自动进行权限分类，建立网上党组织体系。把党员信息管理、党费收集、组织关系管理等一般党建工作纳入网络办公系统，实现党建数据自动记录、党建公文电子传递。这不仅为党员提供了有效的服务，也提高了基层党建工作的效率。

②规范党员发展程序。易班网党建云平台严格按照党中央最新要求，实施党员发展管理，实现全程公开记录、公开办理，并接受群众的实时监督。此外，在易班网的党建云平台上，加入党的公防体系，使发展目标能够在平台内得到全面的评估和监督，确保新党员素质，促进党建工作的扁平化管理。

③组织党员在互联网上公开举报不良行为和个人，进行群众满意度调查。在平台内建立民主评议制度，定期组织党员进行网上公开述职，客观地判断各支部工作情况，并对调查结果进行落实和分析，为党员的再教育提出有针对性的建议。

④建立移动党员服务站，实时与海外党组织进行互动。近年来，随着大学生出国留学人数的迅速增加，为了规范移动党员的管理，除了建立一个实体的海外党组织外，也可以通过易班网的党建云平台建立移动党员服务站，为这些移动党员提供随时参与党组织生活的平台。

二、探究大学生易班网党建立体化模式的路径

（一）基于易班网的超媒体与交互功能，创新党员教育培养模式

“培养什么人、怎样培养人、为谁培养人”是高校在办学方向上所关注的一个根本性和方向性问题。只有加强高校党组织的先进性建设，才能保证新时期中国特色社会主义事业的发展，使学生成为在新时代的社会主义事业中获得认证的“建筑商”和可靠的继承者。归根结底，高校党组织的先进性必须体现在每个党员的先进性上。党员的先进性是高校党组织先进性的集中体现。同时，党组织的培养教育具有巨大作用。党校培训是全体基层党组织加强党员教育培训的重要途径，它具有人员集中、内容统一、运行成本低、效率高的特点。但是，传统的党校集中培训也存在一些弊端，如无法满足日益增长的理论教育和党员再培训的需求，教育模式大多采用主体—对象式，形式较为单一，互动性不足，

实用性较差，无法发挥教育主体作用，无法激发学生的内在动力。

网络党校在建设易班网平台的基础上，不仅可以优化党校教育培训模式，还可以拓宽党校教育培训渠道，为大学生和高校党务工作者随时随地提供学习平台。同时，在易班网相册和电子云盘等云存储功能的帮助下，可以整合教育资源，开辟“学习专栏”，实现共建、共享资源，使大学生党员和高校党务工作者能够有选择地学习他们所缺乏的知识，并利用在线考试系统及时测试学习效果，及时反馈评估，实施评估学分制。通过使用微博等在线社区功能，教育工作者可以开展在线知识竞赛，丰富教育培训形式，营造强大的学习氛围，提升教育效果；通过网络论坛等形式，学生可以自由、平等地发表个人观点，并与教学参与者进行互动，体现学习主体地位，激发积极思考的本能和需求，提高教育培训的有效性。

（二）借助易班网的虚拟课堂功能，创新党的组织生活方式

党的组织生活是党建工作的重要组成部分，是党组织对大学生党员进行教育和管理的重要形式。大学生党员定期参加党的组织生活，不仅可以完善他们的政治理论知识系统，而且有助于对党员的情感、态度和价值观进行改进和重建，提高党组织的凝聚力和战斗力。目前，大学生党组织普遍采用“党组织建在班上”的形式，进行“组织全覆盖、工作全覆盖”的积极探索。

利用易班网的虚拟课堂功能，建立大学生网络党支部，拓展传统“班上建设分支机构”的网络。通过准确的数据支持和科学的动态分析系统，促进党务公开、党员发展、党组织网络生活、党员管理等党政事务的动态化和精细化管理，实现网络管理系统化、自动化，提高管理效率和服务效率，确保党务工作的长效机制和全过程监督。党组织可以通过班级功能发布通知、安排任务和征求意见。这不仅保护了成员的知情权、表达权和参与权，还调动了党员参与党建的积极性，加强对党员的教育和管理，实现了组织成员的共同目标和愿景。在易班网的“时空云”功能的帮助下，党组织生活不受时间和地点的限制，这使放寒假和参与实习的大学生党员可以及时与党组织进行沟通，报告流动党员教育管理的思路和规范，弥补传统组织生活的不足，增强组织凝聚力和向心力。

（三）利用易班网的开放与主体功能，创新党的作风建设方式

党的作风建设是党的建设的重要组成部分，是党的性质、宗旨、方针和政策的外在表现，也是党的先进性、凝聚力和战斗力的重要组成部分。优秀的作风是团结党的心灵和力量的巨大力量。在长期的斗争中，党已形成了许多优良的传统，如实事求是、群众路线、艰苦奋斗、批评和自我批评等。这些宝贵的

精神财富必须在新时代的背景下，在新形势、新任务的要求下，得到继承和发扬。

通过易班网的开放与互动功能，党员作为平等主体参与党组织建设，实现主客体间的交流与互动，打破传统的主客体单线工作模式，促进党员权利与义务的正常落实。

党建工作必须充分发挥党员的主体作用，实现从“组织标准”向“党的主体标准”的转变，接受群众的监督。规定党员使用网络磁盘、相册和主题功能上传党务工作的内容和进度；充分征求党员对政策制定和实施的意见，接受党员监督，实行群众路线，营造和谐氛围；利用党建云平台，接受组织和群众的全面检查和监督，完善党的加入检查机制，提高党员素质。进行群众讨论和民主评议，形成相互监督、共同进步的机制，使党员能够进行定期反思和自我批评。严格要求党员，树立榜样，发挥其先锋模范作用，创新党的作风建设形式。

（四）基于易班网的个性化功能，突出基层党建的人文关怀

中国共产党的最终目标是实现共产主义。中国共产党始终重视人的全面发展，突出人文关怀，这充分体现在党的各项政策上。例如，邓小平提出要在“道德、智慧、美丽”的全面发展中，培养“四新”（新思想、新文化、新风俗、新习惯）新人的相关要求；江泽民一再强调，党的教育方针必须以提高人民素质为基础；胡锦涛多次重申，党的教育方针必须坚持以人为本，遵循德育的原则，努力培养道德、智慧、美丽的全面发展的社会主义事业的合格建设者和可靠接班人。习近平在全国教育大会上指出，坚持党对教育事业的全面领导，坚持把立德树人作为根本任务，坚持优先发展教育事业，坚持社会主义办学方向，坚持扎根中国大地办教育，坚持以人民为中心发展教育，坚持深化教育改革创新，坚持把服务中华民族伟大复兴作为教育的重要使命，坚持把教师队伍建设作为基础工作。在人的发展具有主体性和个性特征的前提下，高校党建必须重视人的全面发展，尊重每个教育对象的主体地位；从大学生的身心健康发展规律和需求出发，走近大学生的思想、学习和生活实践，改变传统的教育观念和形式；采用案例教学和多元化的教育方法，以微妙的方式影响学生，实现大学生综合素质全面发展。

党建教育实现了普通课堂和个体辅导的结合。在教学过程中，教师进行个性化的辅导和交流，解决学生的疑虑，突出其个性发展；根据个别学生的不同需求，让学生可以选择与任何优秀教师进行在线互动，提高学生的学习积极性，增强学生的学习自主性；走近学生的学习、工作和生活，并设置不同类型的党建模块，让学生可以根据自己的实际需要和兴趣选择合适的模块进行学习和交

流。如“参加党的积极论坛”“政治理论学习”“访问圣地”“党建工作师”“志愿者精神沟通”等模块满足了学生个性化和差异化的发展，突出了党建的人文关怀属性。

易班网党建云平台是高校党建工作的一种新型教学模式，其平台建设已取得了突破性进展和成果。但在实际应用中，其仍面临许多可能存在的问题。例如，许多高校对易班网的理解不够（包括对信息的安全性、职能的实用性、教师和学生的接受度以及使用成本核算的关注），对易班网仍处于观望状态。此外，易班网党建云平台的发展需要大量具备扎实理论基础的网络党建工作人员，这对传统的党员工作提出了挑战。因此，高校要加强党员网络信息安全和信息技术的培训，提高党员利用易班网开展党建工作的能力。在高校行政权力的推动下，大学生虽然加入了易班网，但使用频率和活跃度仍不高。易班网党建仍然面临如何丰富自己的内容和形式，增强吸引力等问题。在新时代，易班网应该坚持党的建设原则，设计人性化、个性化的模块，将党建工作与学生的日常生活习惯、党员发展、党组织生活以及各种评价等具体指标联系起来。通过各种形式，展示易班网的党建风格，彰显易班网的党建服务师生的精神，让更多的学生成为积极的使用者，进一步参与党建。

第八章　新时代高校基层党组织建设的新要求与展望

新时代的基层党建工作正在以前所未有的速度向前发展，大量实践已经表明，将网络信息技术应用到基层党建工作中是正确的选择。但不可否认的是，当前“互联网+基层党建”工作在思想、管理、制度、保障等方面依旧存在不少需要完善的地方，还有很大的发展空间。

“建设什么样的党，怎样建设党”一直是党建最重要的历史性课题。互联网之于党建工作，既是机遇，也是挑战。以“互联网思维”为指导、以专业人才队伍建设为支撑、以规范化建设为目标，重视网络信息安全，探索新时代党建工作新模式成为必然。

第一节　新时代高校基层党建工作的新要求

网络技术的高速发展对辅导员提出了更高的要求，需要辅导员具备足够的响应能力和强大的工作能力。高校是知识创新和技术更新的集散地，信息技术的更新换代逐步加快，更新的周期逐渐缩短。这充分体现了高速行驶的网络快车正对坐在其中的每位驾驶员——高校辅导员提出更新、更高的要求，那就是必须时刻敏锐地把握时代机遇，抓住瞬息万变的信息变化规律，不断用最新的网络知识与技术武装头脑，及时转变工作方法，面向教育对象时刻做好大学生党员的思想政治教育工作，实现自身素质与大学生党员素质的双提升。与此同时，网络技术的复杂性也要求辅导员要有坚定的政治信念。当下，网络成为多种思想文化传播的高速公路，让信息经过这条高速公路流通到社会上的每一个角落，这就导致网络信息具有广泛的发布者与接受者，最终形成网络信息的复杂性的特点，使信息的内容真伪难辨。这些信息中积极的部分能够帮助高校党务工作者拓宽视野，更新思想意识，提高思维能力，但同时也给网络上的负面信息以传播的机会。这就要求辅导员必须有坚定的政治信仰和识别能力，利用网络接收与传播党的积极信息，大力抵制各种错误思潮的影响与渗透。

第二节　新时代高校基层党建创新的迫切性及基本思路

高校党建是党的事业的重要组成部分，在国内外政治经济形势不断发展变化的信息网络时代，高校党建工作在迎来机遇的同时也面临严峻的挑战。在信息网络时代创新高校党的思想建设，通过信息网络技术整合优化党建工作，对于提高高校党建工作的科学化水平、培养社会主义事业高素质建设者和合格接班人，具有重要的理论价值和实践意义。

一、新时代高校基层党建创新的迫切性

在网络化背景下，高校基层党建创新是适应国际形势发展、巩固主流意识形态的迫切需要。人类社会在进入 21 世纪后，信息化的发展席卷全球，无论是发达国家还是发展中国家，都高度重视信息网络在国民素质和文化传播领域的应用。伴随着国际金融形势的波动起伏，国际政治秩序不断变化，各种思想观念不断碰撞交织，西方多样复杂的人生观和世界观通过网络途径传播到我国，对我国高校大学生群体容易产生不良影响。因此，我们必须立足于信息网络时代的国际化趋势，不断创新高校党的思想建设科学化发展路径，用现代化的手段开辟网络虚拟空间的党建新领域，宣传主流思想，增强党组织的凝聚力、吸引力和战斗力。

在网络化背景下，高校基层党建创新是国情、国力发展的迫切需要。近年来，我国的综合国力不断增强，传统的信息传播渠道已经不能适应当前的信息化要求，我国网民数量已经成为世界第一，其中高校学生是绝对的主力军，信息时代的发展步伐已经不可阻挡。在中国社会快速转型的过程中，各种日趋复杂化和尖锐化的社会问题和社会矛盾日益凸显，影响了社会和经济的稳定发展。如何在新的时代背景下，引领中国先进文化的发展方向，是增强中国共产党领导能力的迫切需要。

在网络化背景下，高校基层党建创新是新时期高校人才培养的迫切需要。新时期高校担负着培养社会主义优秀建设人才的重任，如何在坚持高校人才培养的同时抓好思想政治教育工作，是目前高校党建工作的重要使命。目前，高校大学生群体文化水平得到整体提高，但思想不坚定，个性化趋势越来越强，在网络信息面前，他们容易受到各种不良思想的侵蚀，形成错误的人生观和世界观。面对新一代大学生，传统的人才培养模式和思想教育方法已经不能完全

适应信息网络时代的需求，高校党的思想建设科学化、创新化，成为高校人才培养的迫切需要。

在网络化背景下，高校基层党建创新是保持高校党的先进性的迫切需要。中国共产党成立以来，带领中国人民历经艰难困苦，从革命战争年代到社会主义建设年代，从改革开放到全面建设和谐社会的新时期，党始终是解放思想、实事求是、与时俱进的先进代表。中国共产党是科学化的政党、先进的政党、顺应时代发展的政党。在信息网络技术席卷全球的新时期，高校党建必须创新思想建设科学化，以全新的姿态迎接挑战，只有这样才能引领社会主义建设人才健康成长。

二、新时代高校基层党建创新的基本思路

早在 2000 年 6 月，江泽民在中央思想政治工作会议上就明确指出："互联网已经成为思想政治工作的一个新的重要阵地。"面对信息时代的冲击，我们应该自觉运用电子网络手段，拓展党建工作阵地，改进党建工作手段，增强党建教育效果，掌握网上工作和斗争的主动权，创造性地开展党建工作，这具有十分重要的理论和现实意义。在具体的工作中，我们应该从以下四点入手。

（一）以科学的理论指导信息网络时代高校基层党建工作

高校党的思想建设是高校党建工作的中心内容，是保证党在思想政治上的统一和保持党的先进性的重要手段。马克思列宁主义、毛泽东思想、邓小平理论、"三个代表"重要思想、科学发展观以及习近平新时代中国特色社会主义思想，为在信息网络时代背景下高校推进党建科学化提供了强有力的理论指导。坚持解放思想、与时俱进是提高信息网络时代高校党的思想建设科学化水平的科学指导思想和核心理念，是创新信息网络时代党的思想建设科学化水平的思想保障。创新是中国共产党永葆生机与活力的源泉，是推动信息网络时代高校党的思想建设与时俱进的强大动力。高校知识积累丰富，人才质量较高，对于精神文化追求较高，为开展党的思想建设科学化提供了良好的人文理念和文化基础。推进高校党的思想建设科学化，就必须坚持科学发展观；推进高校党的思想建设科学化，就必须坚持以人为本，以培养社会主义事业的建设者和接班人的可持续发展的长远的目标来开展高校党建工作，把高校党建思想建设的核心集中在学生党员的培养上，注重工作方式方法的创新。坚持解放思想，与时俱进，就要求高校在推进党的思想建设过程中善于总结经验，创新理论，顺应时代发展潮流，开拓进取地推进高校大学生的思想政治教育工作。

（二）以健全的信息化制度保障高校基层党建工作

随着信息网络的发展，各种类型的不良信息开始向高校渗透，经济利益的诱惑和群体性事件中的从众心理，让一些大学生在纷繁复杂的信息面前迷失了方向。因此，健全信息化制度是高校基层党建工作的重要保障。一方面，国家要进一步出台网络信息安全管理法规，加大现有涉及网络文化的法律法规的执行力度和相关司法解释工作力度。各地公安机关要严厉打击各种网络信息犯罪，加强对网络不良信息的监控，尽量减少网络不良信息总量，从而削弱不良信息对高校的冲击。另一方面，高校要加强学生的网络安全意识教育，使其自觉抵制各种不良的网络信息的侵蚀，塑造健康的人格。高校要重视校园网络制度建设，为学生提供积极健康的网络环境和成长环境。在推进校园网络建设过程中，高校要向在校大学生传播渗透党的先进思想，宣传先进校园人物的感人事迹，引导大学生形成正确的人生观和价值观。

（三）以信息化的高素质人才推进高校基层党建工作

信息化时代所依托的是尖端的网络技术和硬件设备以及高素质的管理人才。传统思想建设的思路和方法已经不能适应新的学生主体和社会环境。当代社会的迅猛发展又不断出现许多新问题、新要求，这对于高校党务工作者来说是一个严峻的考验。中国共产党是学习型政党，长久以来坚持全员学习、不断学习、集体学习和自我学习，不断掌握最新的科学技术信息来武装党、建设党。打造高素质的人才队伍是高校基层党建工作信息化发展的关键。要加大对专业人才的培养力度，加强对现有党务工作人员的计算机网络技术的培训，提高他们的信息化管理水平，增强信息网络时代党务人员的创新工作能力，提升其创新精神，通过一段时间的培养，做到在高校党建组织中建设一支数量足、质量优的兼具党建工作能力和计算机知识的复合型技术人才队伍，这是提高高校党的思想建设科学化的重要人才保障。

（四）以科学的管理方法促进高校基层党建工作

高校要运用适应信息化时代需求的科学的管理手段对信息传播进行管理，这是提高高校党的思想建设科学化水平的管理保障。首先，要明确管理主体。从本质上讲，以高校中心工作和高等教育的根本任务来开展党建工作，是高校党的思想建设的出发点和落脚点。因此，要推进网络信息时代高校党的思想建设科学化，必须立足于高校人才教育和大学生党员的培养。其次，要开拓管理空间。以信息网络平台拓展网络党课教育空间，创新载体，提高党组织影响力和吸引力；通过建立党建新闻平台，及时发布党建理论研究成果、理论热点，强化对学生的思想政治素质教育。最后，要创新学生党员的发展模式。高校党组织要充分利用网络平台快速迅捷的优势，开发党建信息管理系统，实现网上与网下的双向互动，加强对入党积极分子和党员的教育、培训和管理，提高党员发展工作效率。以党的思想建设思路创新推进党建管理工作运行机制创新，实施人才强国战略，培养优秀的社会主义事业的建设者和接班人。

参考文献

[1] 曹泽林. 信息时代的党建创新 [M]. 北京：中共中央党校出版社，2003.

[2] 中共中央宣传部．习近平总书记系列重要讲话读本 [M]．北京：学习出版社，2016.

[3] 邓卓明．高校思想政治教育创新研究：以构建和谐校园为视角 [M]．北京：人民出版社，2009.

[4] 韩景阳．高校党的建设研究 [M]．北京：中国人民大学出版社，2009.

[5] 洪向华．媒体领导力：领导干部如何与媒体打交道 [M]．北京：国家行政学院出版社，2013.

[6] 耿中华．新形势下高校学生党员的培养与发展创新方式研究 [J]．科技信息，2011（18）：69.

[7] 王懂棋．三型政党建设的重大意义 [J]．思想政治工作研究，2013（1）：12-13.

[8] 黄志高．高校学习型、服务型、创新型党组织建设的若干思考 [J]．宿州学院学报，2013（6）：29-31.

[9] 李春立，陈彦彦．论高校学习型服务型创新型党组织建设 [J]．学术交流，2013（3）：212-215.

[10] 杨露．高校党建工作品牌创建的理论与实践探讨：基于 H 高校的案例分析 [J]．理论导刊，2014（2）：62-64.

[11] 蓝燕．试论高校创新型党组织建设 [J]．鄂州大学学报，2015（12）：5-7.

[12] 王彦军．构建学习型服务型创新型高校党组织的思考 [J]．陕西青年职业学院学报，2012（4）：3-6.

[13] 庞博．高校创新型党组织建设的现实路径 [J]．吉林工商学院学报，2016（6）：112-114.

[14] 鞠桂萍．新视野下高校学习型、服务型、创新型党组织建设的实践和探索 [J]．中国校外教育，2014（3）：11-12.

[15] 管立国，田克勤．高校创新型党组织的内涵、基本特征及建设路径 [J].

学校党建与思想教育，2017（11）：44-47.

[16] 王凯. 高校机关党组织服务人才培养工作有效途径的研究 [J]. 文教资料，2011（26）：189-191.

[17] 吴晓楠. 浅议高校基层党组织建设内容和形式创新研究 [J]. 中国科教创新导刊，2013（19）：23.

[18] 李燕. 创新工作载体推进高校基层党组织建设 [J]. 广州城市职业学院学报，2015（3）：58-61.

[19] 李向阳. 创新高校基层党组织建设 [J]. 江苏高教，2002（4）：79-81.

[20] 燕爽. 创新学习型党组织建设推进高校科学发展 [J]. 思想政治工作研究，2013（2）：31-32.

[21] 吕映红. 用科学发展观指导高校基层党组织建设的创新发展 [J]. 贵州民族学院学报，2007（4）：155-157.

[22] 王同昌. 当前基层创新型党组织建设面临的问题与破解思路 [J]. 理论导刊，2017（4）：64-67.

[23] 祁鸣，夏歆，倪颖. 利用网络媒体创新高校基层党组织建设的探索 [J]. 学校党建与思想教育，2014（11）：52-53.

[24] 曹君. 开展“网络党建”创新党建工作方式 [J]. 探求，2005（2）：44-47.

[25] 刁新华. 着眼于增强“五力”切实加强新时期高校党建和思想政治工作 [J]. 国家教育行政学院学报，2008（3）：27-29.

[26] 姜丽丽. 网络环境下大学生思想政治教育研究 [D]. 大连：大连理工大学，2008.

[27] 梁堃. 高校学习型党组织建设及创新路径研究 [D]. 济南：山东大学，2011.

[28] 赵魏. 高校学习型党组织建设机制创新研究 [D]. 衡阳：南华大学，2014.